Schröder · Modernes Unternehmens-Controlling

D1675065

Modernes Unternehmens-Controlling

von

Dr. Ernst F. Schröder

Friedrich Kiehl Verlag GmbH
Ludwigshafen (Rhein)

CIP-Kurztitelaufnahme der Deutschen Bibliothek

Schröder, Ernst F.:
Modernes Unternehmens-Controlling / von Ernst F.
Schröder. — Ludwigshafen (Rhein) : Kiehl, 1982.
    ISBN 3-470-56601-1

ISBN 3 470 56601 1 · 1982
© Friedrich Kiehl Verlag GmbH, Ludwigshafen (Rhein)
Herstellung: Hain-Druck GmbH, Meisenheim/Glan.

Geleitwort

Quo-Vadis-Controller? Die vorliegende Neuerscheinung zeigt einen Weg auf, den man in der Bebauung der Controlling-Landschaft zurücklegen kann (und soll): der Weg vom Einrichten eines controlling-geeigneten Rechnungswesens zum Aufbau des operativen Controlling und von da aus ins strategische Controlling.

Die strategischen Überlegungen — doing the right things — kommen zwar logisch und zeitlich vor den operativen Realisierungsplänen — doing things right. Aber in der Entwicklung der Werkzeuge empfiehlt es sich oasen-artig vom Operativen ins Strategische hineinzutasten und die zerbrechlicheren, flüchtigeren, schwächeren strategischen Signale immer auch wieder zu operationalisieren. Die Suppe nämlich, die man sich strategisch einbrockt, muß man in den täglichen Abweichungen auslöffeln. Deshalb führt auch die in diesem Buch herausgearbeitete Vorschau-Denkweise des Controllers nicht nur zu dispositiv-operativen Korrekturzündungen, sondern auch zu einem strategischen Themenspeicher.

Controlling ist nicht schon Controller. Sowie auch Marketing nicht Angelegenheit von ein paar Marketing-Experten ist. Controlling zu tun, ist Sache eines jeden Managers selber. Es ist die Planung und Steuerung auf Ziele hin — und dies nicht per Zufall, sondern systematisch. Unternehmens-Controlling — der Titel des Buches — heißt soviel wie Unternehmensplanung und -steuerung. Controller-Funktion, sagt der Verfasser, sei eine Art „Steuerungs-Motor". Der Controller-Dienst muß dafür sorgen, daß jeder sein Controlling machen kann. Dazu gehört ein Angebot geeigneter Methoden und Werkzeuge, und dazu gehört ein ständiges Interpretieren der aus den Informationssignalen sich ergebenden Notwendigkeiten und Konsequenzen. Das braucht Controller's Hausbesuch — Controller's Rundgang —; braucht ein Zusammenspiel aus Manager und Controller im Team zur Entscheidungsfindung sowie zur Steuerung „unterwegs" auf das Einhalten der Ziele hin. Deshalb ist Controlling auch ein Verhaltensthema.

Wer Controller-Funktion ausübt, hat auch heute noch immer so etwas an sich wie den Rumpelstilzchen-Effekt „Ach wie gut, daß niemand weiß, daß ich hier Controller heiß. . . .". Aber da haben sich die Dinge auch geändert. Die Haussprachen der Unternehmungen haben das Wort Controller schon angenommen, obwohl diese Funktion in den Organisationsplänen oftmals noch anders genannt wird wie z. B. Betriebswirtschaft, Bereich Wirtschaft, Planung und Information, Administration, kommerzieller Dienst, UPS = Unternehmerplanung und Steuerung. Um Controller-Funktion zu erfüllen, kommt es nicht darauf an, wie man heißt, sondern wesentlich ist, was man tut. So wird auch in der kleineren Unternehmung es so sein, daß sich vielerlei Funktionen auf eine Stelle hin bündeln. Dann ist eben jemand Controller und Finanz-Chef und Personal-Chef und Allg. Verwaltung zugleich. Die Fächerung erfolgt dann in der Hierarchie tiefer. Ist das Unternehmen groß, verteilt sich die Controller-Funktion oft auf mehrere Stellen: auf die Unternehmensplanung, auf Betriebswirtschaft und Rechnungswesen, auf Revision, auf Management-Information und Datenverarbeitung und auf dezentrale Controller-Dienste in Sparten, im Marketing, in Werken oder in Forschung und Entwicklung, obwohl es naheliegt, daß man diese Funktionen auf ein Zentralressort bündelt, damit ein einheitlicher Controlling-Thementeppich in seiner ganzen Vernetzung auch kompetent vertreten werden kann.

Und daraus kommt die Frage, ob der „Controller" unterwegs ist, so etwas zu werden wie ein Beruf — mit Berufsbild, systematischer Ausbildung, Abschluß-Diplom. Quo Vadis-Controller also?

Das Clearing im Kollegenkreis — auch zusammen mit dem hier vorgelegten Buch — wird dabei weiterhelfen.

Gautung/München, Juli 1982

Dr. Albrecht Deyhle

Leiter der Controller-Akademie

und

geschäftsführendes Vorstar.dsmitglied des Controller Vereins e. V.

Vorwort

Das Controlling als zukunftsorientiertes Steuerungsinstrument hat in den 70er Jahren im deutschsprachigen Raum eine kontinuierliche Ausweitung erfahren. Es gibt aber nach wie vor viele Unternehmen, in denen Controlling nicht repräsentiert ist und somit Ansätze zu einer zukunftsorientierten Steuerung weitgehend fehlen.

Das vorliegende Buch konzentriert sich auf die Darstellung des Rahmens für eine controlling-orientierte Unternehmenssteuerung. Es gibt eine Bestandsaufnahme des heute praktizierten und damit praktikablen Instrumentariums des operativen und des strategischen Controlling und zeigt die Grenzen in der Anwendung und der Aussagekraft dieser Instrumente. Der Leser findet damit nicht nur den Einstieg in den „Instrumentenkasten" des Controllers, sondern kann auch die relative Stellung der Instrumente beim Aufbau eines Controlling-Systems und bei der Durchsetzung des Controlling im Unternehmen erkennen.

Zielgruppe des Buches sind Führungskräfte und Fachleute aus dem Finanz- und Rechnungswesen und dem Controlling. Darüber hinaus gibt es dem interessierten Leser anderer Unternehmensbereiche die Möglichkeit, die Mentalität des Controlling und dessen Arbeitsweise zu verstehen sowie die Nutzanwendung dieser Tätigkeit für seinen eigenen Aufgabenbereich zu entdecken. Es bleibt zu hoffen, daß dieses Verständnis anderer Bereiche dazu beiträgt, Controlling als echte Führungsfunktion anzuerkennen.

Controlling ist ein engpaß-orientiertes Steuerungsinstrument. Deshalb lassen sich Konzepte, die in einem Unternehmen funktionieren, nicht ohne weiteres auf andere Unternehmen übertragen. So sind auch die im Buch genannten Beispiele und Empfehlungen zu verstehen: eine Übertragung auf ein Unternehmen ohne Berücksichtigung deren spezifischer Besonderheiten muß zwangsläufig die Effizienz des Controlling beeinträchtigen. Das Buch gibt somit weniger Detailhinweise für den konkreten Fall, sondern es ist ein Rezeptbuch, das bei der Konzipierung des eigenen Controlling-Systems hilft.

Controlling ist nicht nur Sache von Großunternehmen. Seine Praktizierung ist auch nicht mit hohem finanziellen Aufwand verbunden. Entscheidend ist vielmehr, daß im Unternehmen die Bereitschaft dazu besteht, eine solche Führungsfunktion anzuerkennen. Wenn diese Hürde genommen ist, kommt es allein darauf an, daß man mit der Arbeit beginnt und das tut, was Controlling will: Schrittmacherdienste und Hilfestellung bei der Unternehmenssteuerung leisten.

Ludwigshafen, im September 1982

Ernst F. Schröder

Inhaltsverzeichnis

Kapitel 1: Controlling — etwas Neues in der Unternehmung?

1. Was ist Controlling?

Controlling bedeutet weder Revision noch Kontrolle. Der Aufgabenbereich des Controlling geht weit darüber hinaus: Controlling ist ein *modernes Konzept der Unternehmenssteuerung*, das die Funktionen
— Planung
— Information
— Analyse und
— Steuerung
einschließt.

Controlling ist abgeleitet vom englischen „to control", was soviel heißt, wie regeln, beherrschen, steuern, nicht also kontrollieren. Der Controller sorgt mit seinen Zahleninformationen und Aktivitäten dafür, daß die Unternehmung auf Kurs gehalten werden kann.

Eine Steuerung ist nur dort möglich, wo es ein Ziel gibt. Unabhängig von allen Zieldiskussionen der Vergangenheit besteht Einigkeit darüber, daß das übergeordnete strategische Ziel einer Unternehmung in der langfristigen Existenzsicherung liegt. Diese Existenzsicherung kann eine Unternehmung langfristig nur erreichen, wenn sie in der Lage ist, brennende Probleme einer konkreten Zielgruppe nachhaltig besser zu lösen als die Konkurrenz, wie es von *Wolfgang Mewes* in seiner Energo-Kybernetischen Managementlehre (EKS) aufgezeigt worden ist. Die langfristige Existenzsicherung bildet damit das strategische Ziel einer jeden Unternehmung:

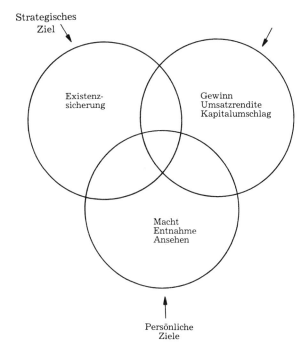

Eingebettet in diese langfristige Unternehmenszielsetzung erfolgt die operative und mittelfristige Steuerung auf ein Zielbündel hin. Dabei ist das Gewinnziel nur ein mögliches Unternehmensziel. Die operativen Ziele sind in
der Regel betriebswirtschaftlich orientierte Zielgrößen, die in ein mehrdi-
mensionales Zielsystem integriert sind. Dieses Zielsystem umfaßt zum Beispiel

— Umsatzrenditen,
— Kapitalumschlag,
— Marktanteilszielsetzungen,
— Produktivitätskennziffern.

Diese operativen, in die langfristige Zielsetzung integrierten Zielkriterien
werden ebenso wie das Ziel der langfristigen Existenzsicherung von persönlichen Zielgrößen der in der Unternehmung arbeitenden Menschen über-
lappt. Dieses Zielbündel von strategischen Zielen, persönlichen Zielen und
operativen Zielen stellt das Gesamtunternehmensziel dar.

Controlling hat die Aufgabe sicherzustellen, daß die Unternehmenssteuerung so erfolgt, daß diese Zielgrößen erreicht werden. Im operativen Bereich
bedeutet dies das Ansteuern betriebswirtschaftlicher Zielgrößen, wobei der
Gewinn oftmals noch der dominierende Faktor ist. In diesem Sinne bedeutet
operatives Controlling Gewinnsteuerung. Hingegen heißt strategisches Controlling (wie *Mann* es formuliert) systematisch zukünftige Chancen und Risiken erkennen und beachten, um hierdurch Problemlösungen der Zielgruppe
zu offerieren, die zur langfristigen Existenzsicherung der Unternehmung
beitragen (Mann, Rudolf: Praxis strategisches Controlling mit Checklists
und Arbeitsformularen, München 1979, S. 29).

Controlling ist aber mehr als diese an operativen und strategischen Kriterien ausgerichtete Steuerungsfunktion: Controlling bedeutet Bereitschaft
und Wille, eine Unternehmung zielorientiert zu steuern und eine Einheit im
Unternehmen zu akzeptieren, in deren Kompetenz und Verantwortung die
Sicherstellung dieser Funktion fällt. Es handelt sich damit um eine „Füh-
rungsphilosophie", bei der ein transparentes, auf die Steuerungsbelange der
Unternehmung aufgebautes System genereller Regelungen anstelle des fall-
weisen Improvisierens tritt, das für den Einzelnen im Unternehmen transparent und praktikabel ist und aktiv genutzt wird.

Controlling ist damit wie folgt zu umschreiben:

● Controlling ist ein modernes Konzept der Unternehmenssteuerung
● Controlling hat die Aufgabe, die Unternehmung auf dem Kurs zu halten,
der zur Zielerreichung führt.
● Aus der Mischung von Planungs- und Kontrollaufgaben wird eine ent-
scheidungsorientierte Unternehmenssteuerung möglich.
● Der Contoller als Steuermann oder Lotse trägt die Verantwortung für den
Aufbau eines funktionsfähigen Steuerungsinstruments.
● Controlling vermeidet die unkoordinierte bereichsweise Steuerung durch
Koordination funktionaler Interessenlagen.

2. Controlling im Wandel

Das Controlling als situations- und engpaßbezogenes Steuerungsinstrumentarium hat im Zeitablauf einen klar abgrenzbaren Wandel durchgemacht. Während zunächst primär Kontrollaktivitäten im Vordergrund standen, hat sich in vielen Unternehmen heute das Controlling als Führungsfunktion durchgesetzt. Dabei waren insbesondere die Großunternehmen die Vorreiter der Entwicklung. Wesentlich beeinflußt wurde die Entwicklung des Controlling von externen Strukturveränderungen, die sensiblere Steuerungsinstrumentarien notwendig machten. Vor diesem Hintergrund lassen sich drei Controlling-Generationen unterscheiden (vgl. auch Zünd, André: Vom Buchhalter zum Controller. In: Der Schweizer Treuhänder, 51. Jg. 1977, S. 4 ff.):

	1950 — Anfang 1960	1960 — Anfang 1970	Anfang 1970 — heute
Orientierung der Hersteller	Produktion	Verbraucher	Handel
Wachstum der Märkte	Hoch, Nachfrage kaum zu befriedigen	Hoch, aber mit partiellen Sättigungstendenzen	Wachstum nur in Teilsegmenten
Institutioneller Rahmen	Weit	Enger	Zunehmende Restriktionen
Dominierender Marktfaktor	Hersteller	Verbraucher	Handel
Marketing-Orientierung	—	Konsumenten-Marketing	Handels-Marketing
Controlling-Instrumentarium	Plankostenrechnung Abweichungsanalysen Budgetierung	Produkterfolgsrechnung Profit-Center-Rechnung Strukturabweichungen Extrapolationen	Kundendeckungsbeitragsrechnung strategisches Controlling Portfolio-Analysen Strategien-Strukturierung

Erste Generation

Die erste Controlling-Generation ist in der Bundesrepublik den 50iger und ersten 60iger Jahren zuzuordnen. Seinerzeit war der Hersteller eindeutig König und dominierte im Markt weitgehend das Geschehen. Er hatte nur ein Problem: die Ware schnellstens herzustellen. Die Denkrichtung war somit *produktionsorientiert;* der Engpaß war die Produktion. Der Handel hatte sich seinerzeit noch nicht etabliert — Machtzusammenballungen auf der Abnehmerseite waren selten. Situationsentsprechend lag der Schwerpunkt des seinerzeitigen Controllinginstrumentariums — gemäß seiner Funktion, die Engpaßsektoren des Unternehmens optimal zu steuern — darauf, produktionsorientierte Steuerungsinstrumentarien bereitzustellen, die in der Lage waren, den Kostenbereich transparent und steuerbar zu machen. Die Hauptinstrumente waren erste Ansätze einer Kostenplanung — anfangs noch auf Vollkostenbasis — die später verfeinert wurden um Plankostenrechnungsverfahren auf Grenzkostenbasis, mit denen Verbrauchsabweichungen, Preisabweichungen und sonstige produktions- sowie strukturabhängige Abweichungsanalysen durchgeführt werden konnten. Erste Ansätze einer Budgetierung und Budgetsteuerung nach Verantwortungseinheiten ergänzten dieses Instrumentarium. Die Erlösseite wurde noch vernachlässigt.

Der Controller dieser Zeit war aus der Betriebsbuchhaltung hervorgegangen und mit den Instrumentarien des Kostenbereichs voll vertraut. Im Vordergrund stand der Soll-Ist-Vergleich als Überprüfung und Kontrolle. Zielsetzung war es, die strikte Einhaltung von Vorgabewerten zu kontrollieren und zu gewährleisten. Der Controller hatte eine eindeutige Registratorfunktion; das Controllinginstrumentarium wirkte „thermometrisch", in dem es zwar aufzeigte, was passiert war, regelnde und steuernde Funktionen aber weitgehend außer acht ließ.

Zweite Generation
Anfang der 60iger Jahre setzte in unseren Märkten eine stärkere Verbraucher-Produktorientierung ein. Die Unternehmen konzentrierten ihre Kräfte auf die Etablierung einer Marktpolitik mit Markenführung, Markendurchsetzung und Imageprofilierung. Das Produkt stand zunehmend im Vordergrund, da die Vermarktung schwieriger wurde und der Verbraucher anspruchsvoller. Die Aktivitäten wurden unterstützt durch Marketingabteilungen, die in dieser Zeit sehr zahlreich eingerichtet wurden. Das Produktmanagement wurde zur informalen Kraft im Unternehmen: Die Kräfte wurden auf den Engpaß Verbraucher orientiert, dem mit den Mitteln des klassischen Marketing-Instrumentariums Produkte verkauft wurden. Das Controlling-Instrumentarium dieser Zeit hatte als Mittelpunkt Produkterfolgsrechnungen, mit denen Produkt-, Produktgruppen-, Sortiments- und Markenstrukturen transparent gemacht wurden. Die Abweichungsanalyse zeigte, welche Aktivitäten erforderlich waren, um den Engpaßfaktor Produkt und Verbraucher optimal auszuschöpfen. Im Vertriebsbereich wurde profit-center-orientiert gesteuert; das Berichtswesen wurde zunehmend entscheidungsorientiert genutzt.

Diese Entwicklungen waren für das Controlling der Übergang von der Registrator-Funktion zur Navigator-Funktion. Aus der Erkenntnis des Informationswertes des Soll-Ist-Vergleichs heraus lag der Schwerpunkt auf der Erarbeitung von Korrekturmaßnahmen, um die Steuerung auf die „Objectives" besser in den Griff zu bekommen. Die Sichtweise war nicht mehr ausschließlich feed-back-orientiert, sondern wandte sich zunehmend zukünftigen Ereignissen zu und fragte, welche Maßnahmen einzuleiten sind, um die zukünftige Steuerung zu ermöglichen. Das Controlling wirkte nun „thermostatisch".

Dritte Generation
Anfang der 70iger Jahre begannen sich die Märkte weiter und mit zunehmender Dynamik und Geschwindigkeit zu verändern: Die Märkte waren weitgehend gesättigt. Wachstum konnte nur noch der erreichen, der in der Lage war, marktsegmentiert Verbraucherwünsche zu befriedigen. Damit trat an die Stelle des früheren quantitativen Wachstums das segmentspezifische oder qualitative Wachstum. Begleitet wurde die Entwicklung von einer zunehmenden Verengung des Handlungsspielraums durch Gesetze und soziale Bestimmungen. Die Energiekrise Ende 1973 deckte Schwächen der Un-

ternehmen auf, die sich gedanklich noch in den Zeiten des problemlosen Wachstums befanden. Auf der Abnehmerseite kam es gleichzeitig zu einem Konzentrationsprozeß. Aus einem parallelen Wachstumszwang begannen die Abnehmer sich ebenfalls zu segmentieren: Der Produktsegmentierung der Hersteller folgte die Abnehmersegmentierung. Nach dem Verbraucher entstand damit für den Hersteller ein neuer Engpaß: der Abnehmer als Engpaßsektor dominierte vor den übrigen Engpaßsektoren.

Diesen letzten Wandel hat das Controlling-Instrumentarium bisher erst in Ansätzen mitgemacht. Erste Neuentwicklungen in diese Richtung sind die Kundendeckungsbeitragsrechnung als zielgruppenorientiertes Steuerungsinstrumentarium sowie die Arbeiten zur Entwicklung einer strategischen Planung, bei der der Controller die Federführung übernimmt.

3. Controlling-Funktionen

Der Anspruch des Controlling als modernes Konzept der Unternehmenssteuerung kann nur erfüllt werden, wenn die im nachfolgenden Controlling-Aktivitäten-Viereck dargestellten Funktionen mit Leben ausgefüllt werden:

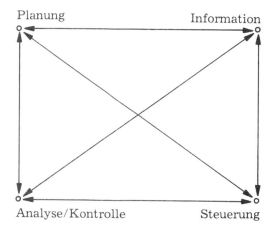

Nur aus der gleichzeitigen Erfüllung der Funktionen
— Planung,
— Information,
— Analyse/Kontrolle und
— Steuerung
kann das Controlling seinen Aufgaben gerecht werden. Diese Schwerpunktfunktionen sind über ein System von Regelkreisen mit permanenter Rückkoppelung in der Weise verzahnt, daß die mangelnde Berücksichtigung eines Funktionsbereiches zu erheblichen Störungen im gesamten Controllingsystem führt.

3.1 Planung

Steuerung ist nur möglich, wenn feststeht, welche Zielrichtung eingeschlagen werden soll, wenn also vorab ein Kurs fixiert worden ist. Eine solche Kursfestlegung erfolgt in Unternehmungen durch „Objectives", die allen Beteiligten angeben, welche Ziele angestrebt werden. Nur wenn die Ziele festgelegt sind, sind die einzelnen Entscheidungsträger im Unternehmen in der Lage, ihre Entscheidungen so zu treffen, daß diese Ziele erreicht werden.

Die alleinige Festlegung der Ziele reicht aber nicht aus. Damit Objectives für die Planung und Führung im Unternehmen brauchbar sind, müssen sie bestimmte Anforderungen erfüllen (Frese, Erich: Ziele als Führungsinstrumente. In: Zeitschrift für Organisation, 40. Jg. 1971, S. 277 ff.):

(1) Es muß sich um operationale Ziele handeln

Eine Unternehmenszielsetzung von 15% Return-on-Investment ist für den Leiter des Vertriebsbereichs keine operationale Zielgröße. Auch der Fertigungsleiter ist nicht in der Lage, seine Entscheidungen allein an diesem Ziel zu messen.

Operational sind Ziele immer dann, wenn der einzelne Entscheidungsträger in der Lage ist, an der Zielerreichung die Wirksamkeit seiner Entscheidungen zu prüfen und wenn er sich mit den Zielen identifizieren kann.

Der Controller hat dafür zu sorgen, daß für die einzelnen Bereiche im Unternehmen Ziele fixiert werden, die obige Bedingungen erfüllen. Dazu ist es erforderlich, daß ein übergeordnetes Unternehmensziel angegeben wird (z. B. Renditevorstellungen der Anteilseigner; erreichbares Ergebnis in der Branche) und dezentrale Ziele für die einzelnen Unternehmensbereiche aus dieser Zielsetzung abgeleitet werden.

(2) Vereinbarkeit der Einzelziele mit dem Unternehmensziel

Um die Kursfestlegung zu ermöglichen, müssen die dezentralen Ziele mit dem übergeordneten Unternehmensziel kompatibel sein. Dazu werden aus dem übergeordneten Unternehmensziel sukzessiv dezentrale Ziele abgeleitet, die in einem Zweck-Mittel-Zusammenhang zum übergeordneten Ziel stehen. Diese Ziele müssen gewährleisten, daß die Erreichung des übergeordneten Unternehmensziels durch dezentrale Zielerreichung der einzelnen Einheiten möglich wird. Der Controller muß dafür Sorge tragen, daß bei dieser Zielableitung eine Übereinstimmung zwischen Verantwortung des Entscheidungsträgers, seinen Kompetenzen und Zuständigkeiten sowie dem ihm vorgegebenen Ziel entsteht. Nur durch die Übereinstimmung der Komponenten Verantwortung, Kompetenz, Ziel ist garantiert, daß das übergeordnete Unternehmensziel erreicht wird. Durch diesen Ableitungsprozeß entsteht eine Zielhierachie.

(3) Realistische Zielvorgaben, die den Entscheidungsträger anspornen

Der einzelne Entscheidungsträger hat die Verantwortung für die Zielerreichung zu tragen. Deshalb ist es erforderlich, daß bei der Zielfixierung eine Größe festgelegt wird, die

— erreichbar ist und
— den Entscheidungsträger in seinen Aktivitäten anspornt.

Sind die Zielvorgaben nicht realistisch, so führt dies zur Frustration, da niemand bereit ist, über einen längeren Zeitraum hinter nicht erreichbaren Zielen herzulaufen. Hier tritt für den Controller in der Regel ein Zielkonflikt zwischen den Vorstellungen der Unternehmensleitung und den dezentralen Möglichkeiten auf. Er hat hier die Ausgleichsfunktion zwischen zentralen Notwendigkeiten und dezentralen Machbarkeiten zu garantieren. Dies läßt sich leichter erreichen, wenn die nachfolgende Bedingung beachtet wird:

(4) Partizipative Zielformulierung

Die partizipative Zielformulierung erhöht nicht nur die Motivation der einzelnen Einheiten, sondern schafft sehr früh Klarheit darüber, ob bestimmte zentrale Ziele machbar sind. Durch eine partizipative Zielformulierung unter Beteiligung des Controllers als Moderator läßt sich der gesamte Zielbildungsprozeß reibungsloser, mit weniger Ärger, motivationsfördernder und für das Gesamtunternehmen effizienter gestalten.

Kann der Controller diese Anforderungen an die Objectives bei der Zielbildung einhalten, so ist ein wesentlicher Schritt für die Planung und Steuerung des Unternehmens getan. Die Durchsetzung des Management by Objectives ist dann nur noch eine Frage der Zeit.

3.2 Information

Damit die Kurseinhaltung möglich ist, muß die Planung als Soll um das vergleichbare Ist ergänzt werden. Nur aus dem Vergleich von Plan und Ist wird die Steuerung auf die Objectives hin ermöglicht; nur so lassen sich Kurskorrekturen vornehmen.

Das Informationssystem ist das Kernstück eines jeden Controllingsystems. Es signalisiert die tatsächliche Entwicklung und zeigt auf, welche Abweichungen in der Realität gegenüber der Planung entstanden sind. Aus diesem Feedback erhalten die Entscheidungsträger die Impulse, die sie zur Steuerung auf die Objectives hin benötigen. Damit diese Ziele erreicht werden können, hat der Controller dafür zu sorgen, daß dem Entscheidungsträger zur Einleitung von Maßnahmen die für die Steuerung erforderlichen Informationen
— rechtzeitig
— in der notwendigen Verdichtung und
— problemadäquat
zur Verfügung gestellt werden.

Den Aufbau eines funktionsfähigen Informationssystems muß der Controller zusammen mit dem Finanz- und Rechnungswesen vornehmen. Das Finanz- und Rechnungswesen bietet die Basis, auf der der Controller aufbaut.

Bei der Konzipierung des Informationssystems definiert der Controller zusammen mit den Funktionsbereichen die Anforderungen, die an das System zu stellen sind. Dabei gelten folgende *Grundsätze:*

(1) Dem einzelnen Entscheidungsträger sind nur solche Informationen zu liefern, die er auch beeinflussen kann

Parallel zu der Forderung nach operationalen Zielgrößen sind dem einzelnen Entscheidungsträger operationale Informationen bereit zu stellen.

(2) Die Informationen müssen entscheidungs- und problemorientiert aufbereitet sein

Gerade bei der Einführung der EDV ist in vielen Unternehmen der Grundsatz einer entscheidungs- und problemorientierten Aufbereitung von Informationen sehr vernachlässigt worden. Jeder kennt die meterdicken EDV-Ausdrucke, die den einzelnen Verantwortungsträger nicht informieren, sondern verwirren. Die Folge war oft, daß dieses Papier in der Schublade verschwand oder in den Abfall wanderte. Zahlenfriedhöfe sind also unbedingt zu vermeiden, um zu erreichen, daß die gelieferten Informationen auch tatsächlich für die aktive Steuerung verwendet werden.

Ein wesentliches Kriterium ist auch die Art der Aufbereitung der Informationen. Hierbei kommt es nicht auf hohe kreative „Schöpfungen" an, sondern darauf, daß die Informationen so aufbereitet sind, daß der Entscheidungsträger schnell das Wesentliche findet.

(3) Jeder Entscheidungsträger muß Informationen zu den Bereichen bekommen, für die seine Objectives formuliert sind

Den einzelnen Einheiten im Unternehmen sind nur die Informationen zu liefern, die sie auch tatsächlich benötigen. Allzu viele Informationen führen nicht zu besseren Entscheidungen, sondern versperren den Blick für das Wesentliche und bringen Verzettelung mit sich. Hier muß der Controller darüber walten, daß der für die Steuerung notwendige Informationsbedarf durch ausreichende Informationen gedeckt wird.

Die Informationsfunktion des Controllers erstreckt sich damit auf den Aufbau eines Management-Informations-Systems, das

MIS

— das Ziel- und Planungssystem um das entsprechende Informationssystem ergänzt,

— den Verantwortungseinheiten konform konzipiert ist,

— garantiert, daß die Informationen rechtzeitig beim richtigen Empfänger in der notwendigen Verdichtung vorhanden sind.

3.3. Analyse/Kontrolle

Die Kontroll-Tätigkeit im Rahmen des Controlling bezieht folgende Bereiche ein:

(1) Verfahrensorientierte Kontrollen

Verfahrensorientierte Kontrollen beschränken sich auf die Kontrolle der Aktivitäten von Unternehmenseinheiten bei der Planerstellung, Informationsermittlung und Gegensteuerung. Der Controller muß überwachen, daß diese Tätigkeiten nach den von ihm vorgegebenen Richtlinien ablaufen. Werden bei der Erstellung einer Jahresplanung bestimmte Planungsrichtlinien nicht beachtet, gehen dadurch die Plausibilität und Integrierbarkeit der Planung der Teilbereiche verloren. Fehler in diesem Stadium wirken sich spätestens beim Soll-Ist-Vergleich und den Möglichkeiten zur Gegensteuerung in erheblichem Maße aus. Sie führen dazu, daß ein wirksames Gegensteuern kaum möglich ist.

(2) Ergebnisorientierte Kontrollen

Ergebnisorientierte Kontrollen beinhalten den Vergleich von Plan und Ist des Jahres, des Monats oder sonstiger Zeiträume. Abweichungen der Eckwerte aller wesentlichen Bereiche wie Absatz, Technik, Beschaffung, Umsatzstruktur, Kostenstellen, Budgets, Investitionsetats etc. . . werden kontrolliert. Diese Kontrolltätigkeiten bilden den Einstieg für die aktive Gegensteuerung im Rahmen des Controlling, reichen aber allein nicht aus, um die Gegensteuerung zu garantieren.

Die Kontrolltätigkeiten sind zu ergänzen um eine intensive Analyse. Controlling ist — wie bereits aufgeführt — nicht Kontrolle. Leider ist es in vielen Unternehmen noch so, daß Controlling mit Kontrolle gleichgesetzt wird. Der Sinn der Kontrolltätigkeiten im Rahmen des Controlling ist allein darauf gerichtet, den Informationswert von Kontrollen als Soll-Ist-Vergleich für eine zukunftsorientierte Steuerung zu nutzen. Während die Kontrolle immer feed-back-orientiert ist, ermöglicht erst die darauf aufbauende Analyse den Übergang zu einem feed-forward-orientierten Steuern. Hier liegt der wesentliche Unterschied zwischen „kontrollorientierten" Controllern, die Abweichungen als Schuldbeweise betrachten und dem „steuernden" Controller, der die Kontrollinformationen als Einstieg für tiefergehende Analysen und Gegensteuerungen verwendet.

Die Analysephase hat folgende Schwerpunkte:

(1) Ursachenanalyse der Abweichungen

Für die Steuerung ist nicht so sehr entscheidend, daß Abweichungen entstanden sind, sondern welche Ursachen diese Abweichungen hervorgerufen haben. Aufgabe des Controllers ist es, ein effizientes Analyseinstrumentarium bereitzustellen, um gemeinsam mit den betroffenen Bereichen die Abweichungen zu untersuchen.

(2) Lösungen zur Vermeidung der Abweichungen suchen

Nachdem die Abweichungsursachen festgestellt sind, ist es Aufgabe des Controllers dafür zu sorgen, daß Maßnahmen eingeleitet werden, damit diese Abweichungen künftig nicht mehr auftreten. Dieser Prozeß zur Einleitung von Maßnahmen sollte ohne Einschaltung der obersten Geschäftsleitung verlaufen, solange die Abweichungen sich innerhalb bestimmter Toleranzlimits bewegen. Diese Toleranzlimits sind so festzulegen, daß sie zwar eine Abweichung vom Kurs signalisieren, nicht aber so gravierend sind, daß dadurch das übergeordnete Ziel ernsthaft gefährdet ist. Nur im letzteren Fall wäre die Einschaltung der Geschäftsleitung sinnvoll, um Maßnahmen zu beschließen, die den Kompetenzbereich der einzelnen Ressorts überschreiten.

(3) Auswirkungen der Maßnahmen beobachten

Sind die Maßnahmen eingeleitet und umgesetzt, so liegt die wesentliche Aufgabe darin zu prüfen, ob diese Maßnahmen gegriffen haben. Auch hier ist wieder ein ständiger Kontroll- und Analysevorgang erforderlich, um den Erfolg der Maßnahmen feststellen zu können.

3. 4 Steuerung

Der Regelkreis des Controlling-Aktivitäten-Vierecks (vgl. Kap. 1, 3.) wird über die
— Planung,
— Information,
— Analyse und Kontrolle mit der
— Steuerung als Antwort auf das Feed-back
geschlossen.

Während alle vorgelagerten Funktionen die Aufgabe haben, die Kursfixierung festzulegen, ihre Einhaltung zu signalisieren und Abweichungen aufzuzeigen, ist die Steuerung die zukunftsgerichtete regulierende Funktion, mit der die Unternehmung wieder auf Kurs gebracht wird.

4. Besonderheiten des Controlling

Das Besondere des modernen Controlling ist nicht die Tatsache, daß die Funktionen Planung, Information, Analyse/Kontrolle und Steuerung in sich integriert in der Unternehmung ablaufen, um die Kurseinhaltung zu garantieren, sondern die Art, wie diese Funktionen in der täglichen Praxis eingesetzt werden. Es ist die Art, wie der Controller seinen Instrumentenkasten problemadäquat benutzt, wie er die Unternehmensziele ansteuert und wie er durch permanente Ergebnissteuerung den Jahreskurs anvisiert und erreicht. Für diese Art des Tätigwerdens als nach vorne strebender Innovator, der manchmal für die Einheiten im Unternehmen unbequem ist, wenn es daran geht, die Ziele zu verfolgen, wird eine ganz bestimmte Mentalität des Agierens verlangt (Mann, Rudolf: Praxis strategisches Controlling, a. a. O., S. 14 ff.):

4.1 Der Controller arbeitet engpaßorientiert

Ein erfolgreiches Controlling ist nicht dadurch gekennzeichnet, daß es routinemäßig bestimmte Funktionen bearbeitet, abhakt und ablegt. Zwar müssen bestimmte Routinefunktionen durch den Controller mit erledigt werden, jedoch erfordern diese Arbeiten bei entsprechender Einrichtung nicht die Haupttätigkeit des Controllers. Er muß sich vielmehr auf den jeweiligen

Engpaß der Unternehmung konzentrieren: er muß Prioritäten setzen, um das Problem zu lösen versuchen, das die Unternehmung im Moment am meisten belastet und daran hindert, die vorgegebenen Ziele zu erreichen. Diese Konzentration auf das jeweils brennendste Problem zeichnet das moderne Controlling aus.

Um diese Anforderungen zu erfüllen, muß der Controller
— flexibel dort eingreifen,wo Probleme bestehen,
— problemadäquat und situationsbezogen die richtigen Maßnahmen nach der Analyse erarbeiten und vorschlagen,
— diese Maßnahmen rechtzeitig mit den verantwortlichen Einheiten in die Tat umsetzen.

Der Controller sollte deshalb bewußt die Arbeit in der Breite, die die Gefahr der Verzettelung in sich birgt, vermeiden und anstelle dessen das Tätigwerden am Engpaß bevorzugen mit der Chance, durch Konzentration der Kräfte auf das brennendste Problem eine Lösung zu erreichen.

Diese Art des Tätigwerdens verlangt hohen persönlichen Einsatz, große Flexibilität und hohe Eigenmotivation, um die teilweise auch unpopulären Maßnahmen durchzuführen. In vielen Situationen ist der Controller der einzige, der diesen Prozeß vorantreibt und zum Erfolg führen kann.

4.2 Der Controller arbeitet zukunftsorientiert

Das Finanz- und Rechnungswesen zeigt auf, welche Aufwendungen und Erträge in der Vergangenheit zu einer Veränderung von Aktiva und Passiva geführt haben. Es handelt sich um eine Rückschaurechnung, die nach bestimmten Vorschriften vergangene Tatbestände festhält. Im Gegensatz dazu ist Controlling zukunftsorientiert. Diese Veränderung des Blickfeldes hat sich im Zeitablauf erweitert:

(1) Der erste Schritt der Zukunftsausrichtung war der Aufbau der *Jahresplanung*, mit der die Objectives für die einzelnen Bereiche über Budgets für die kommende Periode fixiert werden. Die Jahresplanung besitzt einen großen Nachteil: Je weiter man im Jahr fortschreitet, um so kürzer wird der Zeitraum für eine zukunftsorientierte Steuerung, bis er zum Jahresende auf null zusammenschmilzt. Dies hat zur Erweiterung der Jahresplanung geführt.

(2) Die *Mittelfristplanung* soll die Jahresplanung ergänzen und den bei der Jahresplanung enger werdenden Horizont erweitern. In der Regel stellt die Mittelfristplanung die Fortschreibung der Jahresplanung durch Extrapolation für einen Zeitraum von 3 bis 5 Jahren dar. Der Zeitraum für Gegensteuerungsmaßnahmen wird hierdurch erweitert, da die Jahresplanung in das System der Mittelfristplanung rollierend integriert ist.

(3) In vielen Unternehmen wird die Mittelfristplanung ergänzt um eine *Langfristplanung* als Fortschreibung und Extrapolation der Mittelfristplanung für einen Zeitraum von 5 bis 10 Jahren. Wenn auch hier der Gedanke die Erweiterung des Planungshorizontes war, so muß doch festge-

stellt werden, daß die Möglichkeiten der Gegensteuerung durch eine Langfristplanung nicht erweitert werden. Im Gegenteil: Die starre Fortschreibung von Ausgangsprämissen, die in die Jahresplanung und die Mittelfristplanung eingegangen sind, über einen Zeitraum von 5 bis 10 Jahren, führt immer zu unbefriedigenden Ergebnissen. Bei der sich permanent verändernden Umwelt bricht das langfristige Planungsgerüst in der Regel nach zwei Jahren zusammen, da sich die Prämissen grundlegend verändert haben. Aus diesem Grunde wurde in letzter Zeit verstärkt die strategische Planung entwickelt.

(4) Die *strategische Planung* geht bewußt von den Planungstechniken der Jahres-, Mittelfrist- und Langfristplanung ab und versucht, die dort auftretenden Mängel zu beseitigen. Sie ist keine Planung in Zahlen, sondern ist in der Regel als verbale Planung zu verstehen, die keine Begrenzung des Zeithorizontes kennt. Sie zeigt auf, wo die Existenzberechtigung der Unternehmung liegt, welche Strategien und Maßnahmen mittelfristig umgesetzt werden müssen, um das oberste Unternehmensziel zu erfüllen und leitbildkonform die Existenz zu sichern. Die strategische Planung überlagert dabei die Jahres- und Mittelfristplanung. Die Erreichung der Jahres- und Mittelfristplanung zeigt über die Rückkoppelung, wie weit man von den strategischen Zielen noch entfernt ist (Mann, Rudolf: Praxis strategisches Controlling, a. a. O., S. 18):

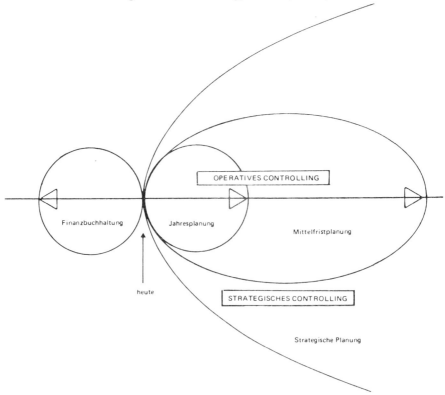

Aus dieser Zukunftsorientierung des Controlling ergeben sich folgende Tatbestände für die Behandlung des Zeitfaktors:
— Controlling orientiert sich an zukünftigen Abläufen und Ereignissen und versucht, im Rahmen der Steuerungsfunktion diese Zukunftsfaktoren in den Griff zu bekommen, um die Objectives zu erreichen.
— Die Vergangenheit wird vom Finanz- und Rechnungswesen systematisch aufgezeigt und interessiert das Controlling nur insoweit, als die Vergangenheit Steuerungsimpulse für die Zukunft liefert. Vergangene Ereignisse sind insofern als Kontrollinformationen der Einstieg bei der Erarbeitung von zukünftigen Steuerungsmaßnahmen.

4.3 Zukunftsorientierung und Feed-forward-Denken

Die Vergangenheit bildet den Informationsinput für zukünftige Steuerungsmaßnahmen. Um diese Informationen zu erhalten, wurde der Plan-Ist-Vergleich als feed-back-orientiertes Instrumentarium geschaffen. Er ermöglicht die Registrierung und intensive Analyse vergangener Ereignisse und damit den Ansatzpunkt für Gegensteuerungsmaßnahmen. Der Controller darf nicht bei der feed-back-orientierten Analyse verharren, da dies letztlich aus den Steuerungserfordernissen heraus ein Rückschritt bedeuten würde.

Das Feed-back erhält der Controller aus dem Vergleich zwischen Plan und Ist. Die Abweichungen, die in der Vergangenheit aufgetreten sind, ziehen sich aber immer dann als Abweichungen auf die Perioden-Objectives durch, wenn sie nur registriert und analysiert werden und nicht in Gegensteuerungsmaßnahmen umgesetzt werden. Das Feed-back muß somit zwangsläufig der Einstieg für notwendige vorwärts gerichtete Aktivitäten sein. Insofern ist das Feed-forward die logische Ergänzung der Zukunftsausrichtung durch Ergänzung der Jahres- und Monatspläne um eine Hochrechnung. Die Hochrechnung zeigt die als Antwort auf eingetretene interne und externe Veränderungen anvisierten Maßnahmen zur Zielerreichung auf. Der Schwerpunkt liegt damit nicht mehr auf der Vergangenheitsanalyse, sondern verwendet die Vergangenheit nur als Einstieg für das Nach-vorne-Agieren. Die Hochrechnung schließt das Zukunfts-Lag, das innerhalb der Zeitperiode entsteht, die durch eine Jahres- oder Mittelfristplanung vorfixiert ist. Durch die Hochrechnung entsteht damit ein rollierendes Feed-forward-System, das die Jahres- und Mittelfristplanung permanent an interne und externe Datenänderungen anpaßt.

5. Controller und Treasurer

Dem Treasurer obliegt das Finanzmanagement. Seine oberste Zielsetzung ist die Liquiditätssteuerung sowie die Steuerung von Aktiva und Passiva. Der wesentliche Unterschied liegt in der Denkweise: Während beim Treasurer als Finanzchef der Liquiditätsaspekt dominiert, obliegt dem Controller die Erfolgssteuerung in der Unternehmung. Bezogen auf den operativen Bereich besitzt der Controller die Verantwortung für das Betriebsergebnis und das

Gesamtergebnis, während der Treasurer die Steuerung des neutralen Ergebnisses vornimmt.

Dem Treasurer obliegt die finanzwirtschaftliche Disposition mit folgenden wesentlichen Funktionen:

— Finanzbuchhaltung
— Steuern
— Kasse
— Vermögensverwaltung
— Inkasso
— Mahnwesen
— Geldanlage und Geldbeschaffung.

Aufgrund dieser Aufgabenbeschreibung ist der Treasurer vergangenheitsorientiert, sein Informationswesen genügt den Kriterien vollständig, termingerecht und vorschriftsmäßig. Letzterer Punkt ist insbesondere erforderlich, um vornehmlich den externen Bilanzierungsvorschriften für die Handels-und Steuerbilanz Rechnung zu tragen.

Controlling und Treasuring schließen sich nicht gegenseitig aus, sondern haben sich zu einem sinnvollen Team aus Machtpromotor (Treasurer) und Fachpromotor (Controller) zu ergänzen.

6. Stellenbeschreibung und Anforderungsprofil

Die Einführung und die spätere Tätigkeit des Controlling wird erheblich erleichtert, wenn von Anfang an eine detaillierte, widerspruchsfreie und aussagefähige Stellenbeschreibung für diese Funktion formuliert wird und diese auch von der Geschäftsleitung akzeptiert wird. Ein Muster für eine Stellen- und Aufgabenbeschreibung ist nachfolgend wiedergegeben:

1. Beschreibung der Position

(1)   Bezeichnung der Stelle
(2)   Stelleninhaber
(3)   Rang des Stelleninhabers
(4)   Vorgesetzte(r) des Stelleninhabers
(5)   Stellenvertretung
(6)   Unmittelbar unterstellte Mitarbeiter
(7)   Befugnis des Stelleninhabers
(8)   Zusammenarbeit mit anderen Stellen
(9)   Mitarbeit in internen/externen Ausschüssen, Gremien, Arbeitskreisen

2. Zielsetzung der Stelle

(1)   Wahrnehmung aller mit der Controlling-Funktion verbundenen Aufgaben im Unternehmen
(2)   Verantwortlich für den Aufbau eines Controlling-Systems, das die Funktionen Planung, Information, Analyse/Kontrolle und Gegensteuerung integriert anwendet

(3) Institutionalisierung eines Systems von Objectives, das allen verantwortlichen Einheiten im Unternehmen die Selbststeuerung ermöglicht

(4) Verantwortung darüber, daß bei Abweichungen die erforderlichen Gegensteuerungsmaßnahmen eingeleitet werden

(5) Rechtzeitiges Erkennen von langfristigen Trends, die die zukünftige
Entwicklung der Unternehmung gefährden können, ohne daß sie sich
heute schon in Ergebnissen niederschlagen

(6) Gewährleisten, daß ein System der operativen und strategischen Planung existiert und danach koordiniert vorgegangen wird

(7) Aufbau eines Informationssystems, das zeitnah die Entwicklung aufzeigt und Ansatzpunkte für Gegensteuerungsmaßnahmen liefert

(8) Beurteilung von Entscheidungsvorlagen nach einheitlichen betriebswirtschaftlichen Kriterien

(9) Initiierung von organisatorischen Strukturveränderungsmaßnahmen,
wenn dies für die zukünftige Entwicklung des Unternehmens erforderlich ist

(10) Aufzeigen der Auswirkungen langfristiger Trends und Entscheidungen
für die Existenzsicherung des Unternehmens

(11) Koordination und Steuerung funktionaler Eigeninteressen auf das Un-
ternehmungsziel

3. Informationsaufgaben

(1) Informationsrechte: Der Stelleninhaber hat das Recht, alle zur Wahrnehmung seiner Funktion erforderlichen Informationen und Unterlagen anzufordern, erstellen zu lassen und einzusehen. Dazu gehören auch
Darstellungen über Unternehmenskonzeptionen, mittelfristige Unter-
nehmensperspektiven und sonstige vertrauliche Unterlagen. Diese Informationsrechte kann der Stelleninhaber gegenüber jeder anderen
Stelle im Unternehmen geltend machen.

(2) Informationspflichten: Der Stelleninhaber hat die Pflicht, im Rahmen
einer laufenden Berichterstattung der Geschäftsleitung und allen übrigen Einheiten im Unternehmen die für deren Steuerung erforderlichen
Informationen zu liefern. Darüber hinaus ist die Geschäftsleitung in regelmäßigen Abständen über Konsequenzen von bestimmten Entwicklungen zu informieren, soweit diese nicht aus dem normalen Zahlen-
werk hervorgehen. Bei gravierenden und sich laufend wiederholenden
Abweichungen vom Plan ist die Geschäftsleitung zu informieren und
einzuschalten.

4. Entscheidungsaufgaben

Der Stelleninhaber hat Entscheidungsrechte in folgenden Punkten:

(1) Umfang seiner Informationsnachfrage

(2) Situationsbezogene Schwerpunktsetzung für Analysen und Informationen

(3) Festlegung von Toleranzwerten, um gravierende und nicht gravierende

Abweichungen transparent zu machen
(4) Art und Umfang der Berichterstattung
(5) Initiativfunktionen bei Abweichungen und Einleitung von Gegensteuerungsmaßnahmen.

Der Stelleninhaber hat Mitentscheidungsrechte in folgenden Bereichen:
(1) Aufbau und Ausgestaltung des Rechnungswesens (zusammen mit dem Treasurer)
(2) Einsatz der EDV für das Informationssystem (zusammen mit dem EDV-Leiter)
(3) Festlegung der Hierarchiestufen und Abrechnungseinheiten beim Aufbau des Informationssystems
(4) Einsatz von Steuerungsinstrumenten zusammen mit den betroffenen Fachbereichen
(5) Einsatz von betriebswirtschaftlichen Analyse- und Wirtschaftlichkeitsinstrumenten wie Break-Even, Cash-Flow, Fixkostenzurechnung etc.

5. Ausführungsaufgaben

Planungsaufgaben
(1) Aufbau eines Informationssystems
   — Erarbeitung von Planungsrichtlinien und Planungsprämissen
   — Fixierung der Teilpläne der einzelnen Bereiche
   — Aufbau eines hierarchisch strukturierten Systems von Objectives
   — Abstimmung der dezentralen Teilpläne mit den übergeordneten Objectives
   — Aktualisierung und Anpassung dieses Systems an interne und externe Erfordernisse
(2) Koordination der Planungsarbeiten
   — Erarbeitung von zeitbezogenen Planungsrichtlinien
   — Festlegung eines Terminplans für die Planungsaktivitäten und Überwachung der Termineinhaltung
   — Durchführung von Zwischenchecks im Rahmen der Planungsphase
   — Hilfestellung bei den Planungsarbeiten
   — Abstimmung der dezentralen Teilpläne
   — Zusammenführung der dezentralen Teilpläne zu dem Unternehmensgesamtplan

Informationsaufgaben
(1) Aufbau eines Informationssystems zusammen mit dem Finanz- und Rechnungswesen
   — Schaffung verantwortungsgerechter Informations- und Kontrolleinheiten
   — Entscheidungs- und problemorientierte Aufbereitung der Informationen
   — Zielorientierte Informationslieferung
   — Ausnutzung der Möglichkeiten der EDV

— Ständige Anpassung des Systems an interne und externe Erfordernisse

(2) Permanente Berichterstattung
— an alle Verantwortlichen über ihre Abweichungen sowie Ansatzpunkte für Gegensteuerungsmaßnahmen
— Information der Geschäftsleitung über gravierende Abweichungen und Vorschlag für Maßnahmen
— Situationsbezogene Berichterstattung gegenüber der Geschäftsleitung zur Aufzeichnung von Perspektiven, die über den normalen Informationsfluß hinausgehen

Analyse-/Kontrollaufgaben

(1) Aufbau eines Kontrollsystems
— Festlegung von Toleranzwerten für Abweichungen
— Aufbau von Abrechnungskreisen, die Abweichungsanalysen ermöglichen
— Bereitstellung von Verfahren zur Abweichungsanalyse
— Aufbau von Verfahren zur Erkennung der Auswirkungen von Abweichungen

(2) Durchführung der laufenden Kontroll-Aufgaben
— Verfahrensorientierte Kontrollen (Überprüfung der Aktivitäten der Unternehmenseinheiten bei der Planerstellung, Informationsermittlung und Gegensteuerung nach vorher festgelegten Richtlinien; Überprüfung von Investitionen und sonstigen Anträgen der dezentralen Einheiten auf formale Richtigkeit)
— Erfolgskontrolle (Durchführung des laufenden Soll-Ist-Vergleiches, der wöchentlich, monatlich, jährlich durchzuführen ist; intensive Kontrolle des Ist bei den Schwerpunktbereichen Absatz, Technik, Beschaffung, Umsatzstruktur, Kostenstellen, Budgets etc.)
— Trendkontrolle (Kontrolle aller internen und externen langfristigen Strukturveränderungen, die derzeitige Strategien infrage stellen können oder die Existenzsicherung gefährden können)

(3) Durchführung der Analyseaufgaben
— Ursachenanalyse bei Abweichungen
— Lösungen zur Vermeidung der Abweichungen suchen
— Auswirkungen der eingeleiteten Maßnahmen beobachten

Steuerungsaufgaben

(1) Schaffung eines Systems von Objectives und Exceptions, das die Selbststeuerung der Funktionsbereiche ermöglicht

(2) Bereitstellung eines Instrumentenkastens, der gezielt bei Steuerungsnotwendigkeiten auch von den dezentralen Einheiten eingesetzt werden kann

(3) Mitwirkung bei Gegensteuerungsmaßnahmen
— Entscheidung über die Zuständigkeit zur Einleitung der Maßnahmen

— Auswahl der Steuerungsverfahren und gemeinsamer Einsatz mit den Betroffenen
— Kontrolle der Auswirkungen der eingeleiteten Maßnahmen
— Ggf. Einschaltung der Geschäftsleitung und Erarbeitung längerfristiger Korrekturkonzepte

6. Sonderaufgaben

Der Stelleninhaber hat bei folgenden Sonderaufgaben im Sinne seiner Controlling-Funktion nach den im *Abschnitt 5* vorgegebenen Aufgabenkriterien mitzuwirken:

(1) An- und Zukauf von Unternehmungen *Unternehmensbewertung*
(2) Durchführung von Strukturveränderungsmaßnahmen
(3) Schließung, Integration oder Stillegung von Unternehmensteilen oder selbständigen Einheiten
(4) Zuständigkeit für den gesamten Prozeß der Investitionsplanung und -kontrolle
(5) Durchführung von Konkurrenzanalysen (nur für den betriebswirtschaftlichen Teil)

7. Genehmigung

Die Stellenbeschreibung wurde diskutiert und den beiderseitigen Erfordernissen angepaßt sowie für richtig befunden.

Vorgesetzter: Stelleninhaber:
A-Stadt, den...

Eine so bedeutende, aber auch konfliktträchtige Funktion wie das Controlling stellt hohe Anforderungen an die Person des Stelleninhabers. Wenn auch bestimmte Funktionen im Unternehmen weitgehend personenunabhängig sind, so steht und fällt zumindest in der Einführungsphase die Controlling-Idee mit dem Stelleninhaber. Nachfolgende Checkliste gibt Anhaltspunkte dafür, welche *fachlichen und persönlichen Voraussetzungen der Stelleninhaber* erfüllen sollte:
— Der Controller sollte von analytischem Denkvermögen geprägt und vertraut mit der Interpretation von Zahlen sein.
— Eine betriebswirtschaftliche Ausbildung mit den Schwerpunkten Rechnungswesen, EDV, Organisation, Grundzüge des Marketing und der Fertigungswirtschaft bildet die ideale Voraussetzung zur Durchführung der Controlling-Aufgaben.
— Der Controller sollte ein hohes Einfühlungsvermögen für die jeweilige Situation besitzen und ein „Feeling" für betriebswirtschaftliche Zusammenhänge und das praktisch Realisierbare haben.
— Um der Innovationsfunktion des Controlling für neue Aufgaben gerecht zu werden, ist es ideal, wenn das analytische Denkvermögen um Kreativität und Aufgeschlossenheit für neue Dinge ergänzt wird.

— Der Controller hat objektiv und frei zu analysieren, kommentieren und Maßnahmen vorzuschlagen. Er sollte sich immer von dem Grundsatz leiten lassen, daß die Sache vorgeht. Persönliche Beziehungen und Emotionen sollten die Sachbezogenheit nicht unterdrücken.

— Der Controller muß Kommunikations- und Informationsverflechtungen frühzeitig erkennen, um diese informalen Tatbestände ausschalten zu können. Darüber hinaus ist es sinnvoll, daß er politische Interessens- und Machtkonstellationen im Unternehmen aufspürt, sie wahrnimmt und sachlich für seine Tätigkeiten nutzt.

— Der Controller muß Verkäufer für seine Sache sein und überzeugend wirken. Dazu gehört auch, daß er in der Lage ist, Problemlösungen zu präsentieren und andere für diese zu begeistern.

— Auch in kritischen Situationen und bei schwierigen Entscheidungen muß der Controller sachlich bleiben.

— Die Effizienz des Controlling wird erleichtert, wenn der Controller den Blick für das Wesentliche auch im Hinblick auf „engpaßorientiertes Arbeiten" besitzt.

— Der Controller muß hohes Durchsetzungsvermögen besitzen, um seine Vorstellungen und Ziele realisieren zu können.

— Die Realisierung von Zielen und der Einsatz für die Sache wird erleichtert, wenn der Controller von hoher Motivation geprägt ist. Motivation hilft, die Widerstände zu überwinden und sachorientiert nach vorne zu schauen.

— Der Controller darf nicht mit dem „Kopf durch die Wand gehen", da eine gute Zusammenarbeit im Unternehmen erforderlich ist. Eine bestimmte Kompromißbereitschaft ist daher erforderlich. Diese Kompromißbereitschaft darf nur soweit gehen, wie sie den Controller nicht von der Zielerreichung abbringt.

— Der Controller sollte kooperationsbereit und offen für die Probleme anderer Bereiche sein. Nur so ist es möglich, von anderen Bereichen Kooperationsbereitschaft zu erwarten, die er benötigt, wenn er die Ziele erreichen möchte.

— Der Controller sollte nicht introvertiert sein. Er muß vielmehr aufgeschlossen sein für neue Dinge, kontaktfreudig und angenehm im Umgang. Diese Faktoren müssen ergänzt werden durch eine hohe Flexibilität und Dynamik.

— Der Controller darf anderen nicht das Gefühl vermitteln, daß sie überflüssig sind. Der Controller sollte vielmehr so arbeiten, daß andere den Eindruck gewinnen, als hätten sie es selbst gemacht. Nur dadurch erreicht er Unterstützung bei seiner Tätigkeit.

— Der Controller sollte nicht versuchen, Dinge anderer Fachbereiche besser machen zu wollen als diese. Er hat vielmehr Maßnahmen und Entscheidungen anderer Fachbereiche sachlich infrage zu stellen.

— Der Controller sollte beweisen, daß er in der Lage ist, begonnene Projekte zu Ende zu führen. Ein Controller, der mit allem anfängt und nichts zu

Ende bringt, hinterläßt Durcheinander, irritiert andere und stellt die Funktion infrage.
— Der Controller sollte sich bemühen, grundsätzlich positiv und überzeugend zu argumentieren.

7. Ergebnis

Bei Wahrnehmung der Controlling-Funktion sollte zusammenfassend folgendes berücksichtigt werden:
— Controlling ist eine ständig im Unternehmen einzurichtende Führungsfunktion.
— Controlling allein löst nicht die Probleme eines Unternehmens, die Probleme werden nur transparenter.
— Controlling ist ein funktionsübergreifendes Steuerungsinstrument zur Unterstützung der Unternehmungsführung im unternehmerischen Entscheidungsprozeß.
— Controlling sorgt dafür, daß ein Instrumentarium zur Verfügung steht, das die Unternehmensziele zu erreichen hilft.
— Controlling weckt Aversionen bei den betroffenen Abteilungen.
— Die Erkenntnis, daß Controlling bei der Einführung auf Widerstände stoßen kann, ist die erste Voraussetzung für ein erfolgreiches Controlling.
— Controlling einzuführen erfordert hierarchische Macht.
— Controlling muß im Unternehmen wie ein besonders schwieriges Produkt verkauft werden.
— Controlling steht und fällt — zumindest in der Einführungsphase — mit der Persönlichkeit des Controllers.
— Controlling kann immer nur so gut sein, wie es die Organisationsstruktur des jeweiligen Unternehmens zuläßt.
— Controlling muß auf einem aussagefähigen Informationssystem basieren.
— Controller, die als Stabsstelle im Unternehmen installiert sind, tragen mit hoher Wahrscheinlichkeit den unausgesprochenen Wunsch der Geschäftsführung mit sich herum, daß dieses Controlling-System nie funktionieren soll (Mann, Rudolf: Die Praxis des Controlling, München o. J., S. 179).
— Controller befinden sich in einer permanenten Risiko- und Konfliktsituation.

Kapitel 2: Rechnungswesen als Basis des Controlling-Systems

1. Aufgaben des Rechnungswesens

Controlling und Rechnungswesen schließen einander nicht aus. Das Controlling baut vielmehr auf den Informationen des Rechnungswesens auf und nutzt diese im Sinne seiner Steuerungsfunktion.

Das Rechnungswesen hat neben den Aufgaben im Rahmen der externen Rechnungslegung Aussagen zu machen über die Rentabilität, die Wirtschaftlichkeit und die Liquidität einer Unternehmung. Unterschiede zeigen sich dabei in den zur Zielerreichung anzustrebenden Ergebnissen, der Art ihrer Ermittlung, den zu treffenden Maßnahmen und den zur Steuerung notwendigen Informationen.

Die Verzahnung zwischen Controlling und Rechnungswesen zeigt sich am besten an den Steuerungsgrößen Gewinn und Liquidität. Die Liquiditätssteuerung der Finanzabteilung kommt ohne eine Gewinnsteuerung des Controlling nicht aus.

Die Gewinnerzielung ist noch kein unbedingtes Kriterium für die Liquiditätssicherung, jedoch kann man sagen, daß der Gewinn die „Vorsteuerungsgröße" für die Liquidität darstellt. Diese Aussage kann auch wie folgt getroffen werden: Die Wahrscheinlichkeit der Illiquidität ist um so geringer, je permanenter das Unternehmen Gewinn erzielt (vgl. Gälweiler, Aloys: Controller und Strategische Planung — 10 Thesen. In: Controller Magazin 1976, S. 174 ff.). Wenn der Gewinn die Vorsteuerungsgröße der Liquidität ist, so muß man fragen, welche Vorsteuerungsgröße der Gewinn besitzt. Bei dieser Frage zeigt sich der unmittelbare Zusammenhang zwischen strategischem Controlling, operativem Controlling und Rechnungswesen einschl. Finanzwesen. Die Vorsteuerungsgröße des Gewinns ist das Erfolgspotential. Ähnlich wie die Gewinnerzielung eine Voraussetzung dafür liefert, daß die Illiquidität einer Unternehmung vermieden wird, so besitzt ein hohes Erfolgspotential die Wahrscheinlichkeit, daß die Unternehmung zukünftig Erfolge erwirtschaftet. Dieses Erfolgspotential ist weitgehend unabhängig von der gegenwärtigen Ergebnissituation: Trotz negativer gegenwärtiger Erfolge kann das Erfolgspotential einer Unternehmung hoch sein, z. B., weil man gegenwärtig hohe Zukunftsinvestitionen leistet, die die Jahresergebnisse belasten. Damit schließt sich die Lücke zwischen den betriebswirtschaftlichen Steuerungsgrößen Ertragspotential, Gewinn, Liquidität, die sich im Controlling-Zieldreieck zusammenfassen lassen:

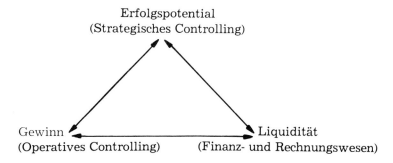

Erfolgspotential
(Strategisches Controlling)

Gewinn
(Operatives Controlling)

Liquidität
(Finanz- und Rechnungswesen)

Da auch die strategische Planung bei der Prüfung auf Realisierbarkeit durch operationale Größen untermauert werden muß, bildet auch für diesen Bereich indirekt das Finanz- und Rechnungswesen die Basis. Die Anforderungen an ein Controlling-System kann von den Teilbereichen des Finanz- und Rechnungswesens allein die Kostenrechnung erfüllen. Sie bildet den Einstieg für ein funktionierendes Gewinnsteuerungssystem, wenn sie um eine Erlösrechnung ergänzt wird.

2. Controllinggerechte Kostenrechnung

2.1 Verfahren der Kostenrechnung

Die Verfahren der Kostenrechnung lassen sich unterscheiden nach dem Zeitbezug des Kostenrechnungsverfahrens sowie nach dem Umfang der auf die Kostenträger verrechneten Kostenarten:

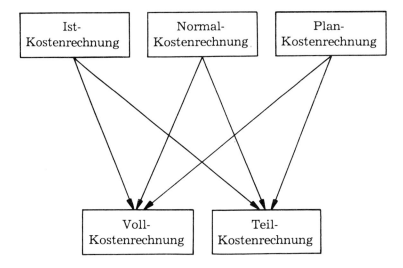

2.1.1 Ist-Kostenrechnung

Die Ist-Kostenrechnung ist das älteste Kostenrechnungsverfahren. Kennzeichnend für die Ist-Kostenrechnung ist die ausschließliche Berücksichtigung der tatsächlich anfallenden Kosten der Periode. Diese Ist-Kosten ergeben sich als effektiv verbrauchte Mengen (Ist-Verbrauchsmengen) multipliziert mit den effektiv gezahlten Preisen (Ist-Preise).

Die Hauptaufgabe der Ist-Kostenrechnung ist die Kostenerfassung und Kostenverrechnung auf Produkte, insbesondere zum Zweck der Nachkalkulation. Daneben soll durch Vergleich mit Planwerten festgestellt werden, bei welchen Kostenarten, Verbräuchen und Preisen Abweichungen gegenüber der Vorkalkulation aufgetreten sind.

Die reine Ist-Kostenrechnung als alleiniges Kostenrechnungssystem ist für das Controlling nicht brauchbar, da sie keine Analyse und Kontrolle und somit Ansatzpunkte für Gegensteuerungsmaßnahmen erlaubt.

2.1.2 Normal-Kostenrechnung

Die Normal-Kostenrechnung ist eine Weiterentwicklung der Ist-Kostenrechnung und stellt den konsequenten Übergang zur noch zu erwähnenden Plan-Kostenrechnung dar. Kennzeichen der Normal-Kostenrechnung ist das Rechnen mit sogenannten Normal-Kosten als Durchschnitt der Ist-Kosten vergangener Perioden. Diese Normal-Kosten wurden in der Regel verwendet für Planmengen bzw. Planzeiten bei den Einzelkosten sowie als sogenannte normalisierte Kalkulationssätze für die Kostenträgerrechnung.

Die Normal-Kostenrechnung führte zu einer wesentlichen Vereinfachung der Kostenrechnung, da durch die Verwendung von normalisierten Kosten die Erfassung der Wareneinsatzkosten erheblich erleichtert wurde und darüber hinaus die Kalkulation durch die Verwendung fester Kalkulationssätze problemloser durchzuführen ist. Die Normal-Kostenrechnung gestattet somit schon erste Ansätze einer Kostenkontrolle, indem sie zeigt, wieweit die Ist-Kosten von den Normal-Kostenwerten abweichen.

Die Normal-Kostenrechnung besitzt den wesentlichen Nachteil, daß durch die Normalisierung der Kostenentwicklung vergangener Perioden der „Schlendrian" normalisiert wird und für die Zukunft weiterhin Gültigkeit besitzt. Hierdurch wird jegliche Veränderung, die in zukünftigen Perioden erfolgen kann, ignoriert und immer auf den Durchschnitt der Vergangenheit normiert.

Aus vorstehenden Gründen ist auch die Normal-Kostenrechnung für ein funktionierendes Controlling-System nicht geeignet, da sie lediglich eine rechentechnische Vereinfachung gegenüber der Ist-Kostenrechnung bildet, nicht aber die fundamentalen Funktionen Analyse und Gegensteuerung ausreichend erfüllt.

2.1.3 Plan-Kostenrechnung

Während sowohl die Ist-Kostenrechnung als auch die Normal-Kostenrechnung Daten der Vergangenheit verwenden, geht die Plan-Kostenrechnung von der expliziten Planung von Mengen- und Wertgrößen aus. Kennzeichnend ist, daß die Plan-Kostenrechnung alle Mengen und Wertgrößen nach Untersuchung ihrer zukünftigen Entwicklung plant und festlegt. Die Vergangenheitswerte haben dabei in der Regel nur Plausibilitätsfunktion, indem sie Hilfestellung bei der Überprüfung des Realitätsgehalts der Plangrößen geben.

Es liegt aber noch ein weiterer wesentlicher Unterschied gegenüber den beiden anderen Kostenrechnungsverfahren vor. Die in der Plan-Kostenrechnung ermittelten Plangrößen haben für die einzelnen Kostenbereiche Vorgabecharakter. Sie sind nicht allein analytisch ermittelte Zahlenwerte, sondern fordern die Kostenstellenleiter auf, diese Werte auch zu erreichen.

Durch diesen Vorgabecharakter erhält die Planung Verbindlichkeit und die Forderung nach Planerreichung. Die Plan-Kostenrechnung gestattet damit eine effektive Kostenkontrolle und Analyse der Abweichungsursachen durch den Plan-Ist-Vergleich und liefert damit Ansatzpunkte für Gegensteuerungsmaßnahmen. Sie erfüllt in Verbindung mit der Ist-Kostenrechnung die Voraussetzungen für ein zieladäquates Controlling-System.

Die Plan-Kostenrechnung (PKR) besitzt im wesentlichen drei unterschiedliche Formen:

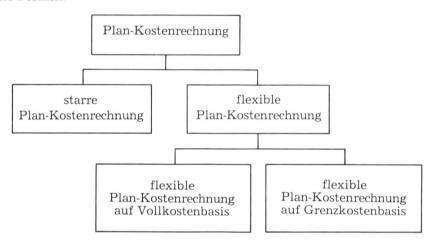

Bei der starren Plan-Kostenrechnung werden für jede Kostenstelle die nach Kostenarten differenzierten Plan-Kosten für einen einzigen Beschäftigungsgrad (Planbeschäftigung) ermittelt. Aus der Division der geplanten Kosten einer Kostenstelle durch die Plan-Beschäftigung ergibt sich der Plan-Kalkulationssatz (als Vollkostensatz) dieser Kostenstelle. Dieser Plan-Kalkulationssatz wird für die Kalkulation multipliziert mit der Ist-Beschäftigung und als verrechnete Plan-Kosten auf die Kostenträger verrechnet. Der wesentliche Nachteil dieses Verfahrens liegt darin, daß in den Abrechnungsperioden keine Umrechnung der Plan-Kosten auf die Ist-Beschäftigung durchgeführt wird, so daß die Kostenkontrolle wenig aussagefähig ist. Zudem verstößt dieses Verfahren gegen das Kostenverursachungsprinzip, da Fixkosten auf Kostenträger verrechnet werden. Für ein Controlling-System ist dieses Verfahren nicht brauchbar.

Die flexible Plan-Kostenrechnung auf Vollkostenbasis geht einen Schritt weiter und trennt im Rahmen der Kostenstellenrechnung, also für Zwecke der Kostenkontrolle, die Plankosten in fixe und variable Bestandteile. In der Kostenträgerrechnung, also für Zwecke der Kalkulation, wird aber weiterhin mit den verrechneten Plankosten als Multiplikation der Ist-Beschäftigung mit dem Plankosten-Verrechnungssatz auf Vollkostenbasis gearbeitet. Somit verstößt auch dieses Verfahren gegen das Prinzip der Kostenverursachung, da Fixkosten auf Kostenträger verrechnet werden. Positiv zeigt sich hierbei, daß durch die Ermittlung der Soll-Kosten, die sich durch Multiplikation der geplanten variablen Kosten mit der Ist-Beschäftigung ergeben, eine differenzierte Kostenkontrolle auf der Ebene der Kostenstelle ermöglicht wird. Die flexible Plan-Kostenrechnung hat den Weg zu Abweichungsanalysen — auf die wir später noch zu sprechen kommen — geöffnet, indem sie erstmals Preisabweichungen, Verbrauchsabweichungen und Beschäftigungsabweichungen ermittelt hat. Dabei sind für ein Controlling-System die Preisabweichung und die Verbrauchsabweichung wesentliche Analyseinstrumente, während die Beschäftigungsabweichung in einem Controlling-System keine Berechtigung hat, da sie de facto lediglich eine Kalkulationskorrektur darstellt, die angibt, ob mehr oder weniger Fixkosten auf Kostenträger verrechnet werden. Insofern ist auch die flexible Plan-Kostenrechnung auf Vollkostenbasis als Lenkungsinstrument im Rahmen eines Controlling-Systems nicht brauchbar.

Die bisher beschriebenen Kostenrechnungssysteme können danach unterschiedlich werden, ob sie auf Vollkostenbasis oder auf Teilkostenbasis erstellt werden.

2.2 Kostenrechnungssysteme auf Vollkosten- oder Teilkostenbasis

2.2.1 Vollkostenrechnung

Als Vollkostenrechnung wird ein Kostenrechnungssystem bezeichnet, bei dem auf die Produkte nicht nur die direkt von diesen Produkten verursachten Kosten zugerechnet werden, sondern mit Hilfe von Umlage- und Zurechnungsschlüsseln auch die sogenannten Gemeinkosten auf die Kostenträger verrechnet werden. Diese Schlüsselung der Gemeinkosten ist ein strenger Verstoß gegen das Kostenverursachungsprinzip, ist in der Praxis aber noch weit verbreitet. Die angewendeten Umlageschlüssel sind vielfach falsch. Sie stimmen nur dann, wenn die Istbeschäftigung mit der Planbeschäftigung identisch ist und führen zu positiven Gewinnüberraschungen, wenn die Istbeschäftigung über der Planbeschäftigung liegt. Da dies in den Zeiten der Hochkonjunktur in der Regel der Fall war, besaß man bei diesem Verfahren gegenüber der Planung eine „stille Ergebnisreserve". Ist allerdings das Gegenteil der Fall, so führt dieses Verfahren zu erheblichen Ergebnisüberraschungen zu Zeitpunkten, wo Gegensteuerungsmaßnahmen nicht mehr möglich sind.

Dieses Verfahren verfälscht jede Kostentransparenz und führt leicht zu Fehlentscheidungen. Im Rahmen einer Bereichsergebnisrechnung hat derjenige, der für den Umlageschlüssel verantwortlich ist, immer die Möglichkeit, durch Veränderung der Schlüsselgrößen Bereiche mit Kosten zu belasten, die diese nicht verursacht haben. Letztlich führt dieses System zu einer erheblichen Verwirrung und bietet nicht die notwendige Unterstützung im Rahmen eines Steuerungssystems. Für ein Controlling-System ist die Vollkostenrechnung daher nicht brauchbar.

2.2.2 Teilkostenrechnung

In der Teilkostenrechnung wird nicht auf die Berücksichtigung eines Teils der Kosten verzichtet. Die Teilkostenrechnung beachtet vielmehr konsequent das Kostenverursachungsprinzip und trennt die betrieblichen Kosten in

— leistungsabhängige Kosten und
— Bereitschaftskosten.

Auf die Produkte werden nur die Kosten verrechnet, die die Produkte verursacht haben. Diese Kosten werden auch als

— Grenzkosten oder
— variable Kosten

bei linearen Kostenverläufen bezeichnet. Als Grenzkosten bezeichnet man allgemein den Kostenzuwachs, der durch die Produktion der jeweils letzten Produktionseinheit eines Gutes entsteht.

Die Bereitschaftskosten hingegen sind abhängig von Entscheidungen über den Umfang der betrieblichen Kapazität und haben Fixkosten—Charakter, d. h., sie verändern sich mit der Anzahl der hergestellten Produkte nicht. Die Teilkostenrechnung liefert damit eine exakte Analyse der Kostenentstehung und macht die spätere Ursachenanalyse bei Abweichungen transparent und entscheidungsadäquat.

Dieses Prinzip der Teilkostenrechnung wird von der flexiblen Plan-Kostenrechnung auf Grenzkostenbasis eingehalten. Durch konsequente Trennung von fixen Kosten und Grenzkosten sowohl auf der Ebene der Kostenstelle für Zwecke der Kostenanalyse und Kostenkontrolle als auch für Zwecke der Kalkulation gibt dieses Verfahren die Kostenentstehung im Unternehmen exakt wieder und ermöglicht detaillierte Abweichungsanalysen, die im wesentlichen als Preis- und Verbrauchsabweichungen durchgeführt werden. Dieses Kostenrechnungsverfahren wird den Anforderungen, die vom Controlling an ein Kostenrechnungsverfahren gestellt werden, vollauf gerecht.

2.3 Fehlerquellen durch die Vollkostenrechnung

2.3.1 Ein Produkt bringt keinen Gewinn

Die Vollkostenrechnung strebt die konsequente Verteilung aller in der Unternehmung anfallenden Kosten auf die einzelnen Produkte an. Dieses geschieht mit Hilfe von Zuschlagssätzen, mit denen über Prozentzuschläge auf die Einzelkosten die Gemeinkosten auf die Kostenträger verteilt werden. Zusätzlich erhält jedes Produkt noch einen Gewinnzuschlag:

Fertigungsmaterial
+ Material-Gemeinkosten
= Material-Kosten
+ Fertigungs-Lohn
+ Fertigungs-Gemeinkosten
= Herstellkosten
+ Verwaltungs-Gemeinkosten
+ Vertriebs-Gemeinkosten
= Selbstkosten
+ Gewinnzuschlag
= Preis

Diese Vorgehensweise führt zu dem Anschein, als erziele die Unternehmung mit jedem abgesetzten Produkt (auch mit dem ersten, das in einer Periode abgesetzt wird) einen Gewinn:

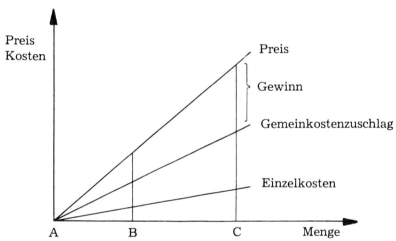

Wie die Abbildung zeigt, wird mit jedem abgesetzten Produkt Gewinn erzielt (Differenz zwischen Preis und Einzel- und Gemeinkosten), wobei dieser Gewinn vom Punkt A an permanent steigt.

Diese Vorgehensweise geht an der betrieblichen Wirklichkeit vorbei. Das einzelne Produkt führt erst dann zur Gewinnerhöhung, wenn der Gesamtfixkostenblock der Unternehmung abgedeckt ist. Bis zu diesem Punkt (Gewinnschwelle) führt der Absatz der Produkte zur Verlustminderung in Höhe der Deckungsbeiträge der abgesetzten Produkte:

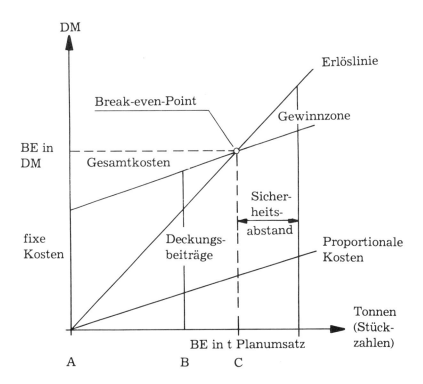

Wie die Abbildung zeigt, entsteht bis zum Punkt C ein Verlust; erst bei Mengen, die oberhalb des Punktes C liegen, macht die Unternehmung Gewinn.
Hingegen zeigte die Vollkostenrechnung in der Abbildung auf Seite 43, daß
vom Punkt A an Gewinne entstehen. Diese Aussage kann die Vollkostenrechnung nur deshalb machen, weil sie die Fixkosten über die Zuschlagssätze künstlich proportionalisiert und damit ihren von der abgesetzten Pro-
duktmenge unabhängigen Charakter ignoriert.

Die Betrachtung zeigt, daß die Unterscheidung von Gemeinkostenzuschlag
und Gewinnzuschlag irreführend ist. Produkte bringen niemals Gewinn,
sondern tragen in Höhe des Überschusses der Erlöse über die Grenzkosten
zur Abdeckung des Fixkostenblocks in der Unternehmung bei. Bis zur Gewinnschwelle führen diese Deckungsbeiträge zur Deckung des Fixkostenblocks und damit zur Verminderung des Verlustes in Höhe der geplanten
Fixkosten. Jenseits der Gewinnschwelle führen die Deckungsbeiträge bei
konstanten Fixkosten unmittelbar zur Gewinnerzielung.

2.3.2 Irreführung durch Zuschlagssätze

Eine Vollkostenrechnung, bei der über Zuschlagssätze Fixkosten künstlich
proportionalisiert werden, führt nur dann zu richtigen Ergebnissen, wenn
im nachhinein die Ist-Beschäftigung mit der Plan-Beschäftigung identisch
ist. In allen übrigen Fällen stecken in den Zuschlagssätzen erhebliche Fehler-
quellen, die sich wie folgt zusammenfassen lassen:

— Die Umlage der allgemeinen Kostenstellen und der Hilfskostenstellen durch Prozentsätze auf Basis der von den Hauptkostenstellen verursachten Einzelkosten ist fehlerhaft, weil bei Verschiebungen innerhalb dieser Kostenarten der Umlageschlüssel den Fehler verzerrt wiedergibt.

— Verschiebungen zwischen Lohn und Material gegenüber der Planung werden durch Zuschlagssätze verzerrt und übertrieben.

— Die Höhe der Zuschlagssätze hängt von der Umsatzerwartung ab. Bei optimistischer Umsatzerwartung sind die Zuschlagssätze entsprechend niedrig, obwohl gerade in diesem Falle durch Ausnutzung einer günstigen Marktsituation ein hoher Preis gefordert werden könnte. Im umgekehrten Fall sind bei pessimistischer Umsatzprognose die Zuschlagssätze entsprechend hoch, was dazu führt, daß das Unternehmen sich bei einer ohnehin prekären Marktsituation durch hohe Preise zusätzlich aus dem Markt hinausmanövriert.

— Durch Normalisierung über den Zuschlagssatz werden Aufträge vergleichsweise teurer, sofern sie den Fixkostenblock nur gering ausnutzen. Arbeitet die Konkurrenz mit einem flexiblen Deckungsbeitragsverfahren, so wird sie bei Aufträgen mit geringer Fixkostenauslastung günstiger sein, was dazu führt, daß die interessanten Aufträge an die Konkurrenz gehen.

Trotz dieser erheblichen Mängel fragt man sich, wieso die Vollkostenrechnung mit der Zuschlagskalkulation solange überlebt hat und auch heute noch gerne gebraucht wird. Hierfür gibt es folgende Erklärungen:

— Die Vollkostenrechnung suggeriert durch ihre übertriebene Genauigkeit dem Anwender ein, das nichts falsch gemacht wird und alles exakt abläuft.

— Die Zuschlagssätze geben Gewißheit: nämlich die Gewißheit, daß nach Schlüsselung der Kosten auf die Kostenträger keine Kosten in den Kostenstellen übrigbleiben und die Kostenstellen von den Kosten „befreit sind". Es werden also keine Kosten vergessen.

— Die Vollkostenrechnung und die Art der Schlüsselung sowie die daraus resultierenden Ergebnisse sind für Außenstehende nicht nachvollziehbar und transparent. Der einzige, der durchblickt, ist derjenige, der mit diesem System täglich umgeht und damit die einzelnen Abteilungen im Unternehmen willkürlich vor überraschende Ergebnisse stellen kann.

2.4 Schwierigkeiten in der betrieblichen Praxis

Die in der Theorie leicht zu vollziehende Trennung der einzelnen Kosten nach den wesentlichen Unterscheidungskriterien gestaltet sich in der betrieblichen Praxis nicht reibungslos. Um hier von Anfang an eine klare Linie zu besitzen, ist es erforderlich, vor Aufbau des Controlling-Systems festzulegen, welche Kostenart in welche Kategorie fällt. Dabei lassen sich folgende Kategorien unterscheiden:

(1) Einteilung der Kosten nach der Erfaßbarkeit

Die Einteilung der Kosten nach der Erfaßbarkeit richtet sich nach der in der klassischen Betriebsbuchhaltung vollzogenen Trennung der Kosten nach Einzel-und Gemeinkosten. Einzelkosten sind die Kosten, die über Belege produkt-oder auftragsweise erfaßbar sind. Gemeinkosten hingegen lassen sich nicht relativ zum einzelnen Produkt oder Auftrag erfassen, sondern fallen auf der Ebene der Kostenstellen an und werden durch Schlüsselung den Kostenträgern zugerechnet.

(2) Einteilung der Kosten nach der Struktur

Die Einteilung der Kosten nach der Struktur trennt Grenzkosten und Fixkosten voneinander. Grenzkosten sind dabei alle Kosten, die ein Produkt oder Auftrag zu seiner physischen Existenz benötigt. Es sind die Kosten, die durch ein zusätzliches Produkt oder einen zusätzlichen Auftrag entstehen. Fixkosten sind hingegen Bereitschaftskosten, deren Höhe abhängig ist von bestimmten Entscheidungen über die Kapazität der Periode.

Die Kernprobleme in der Praxis zeigen sich bei der Trennung zwischen den Grenzkosten und Fixkosten einerseits und ihrer Abgrenzung zu den Einzel-und Gemeinkosten andererseits:

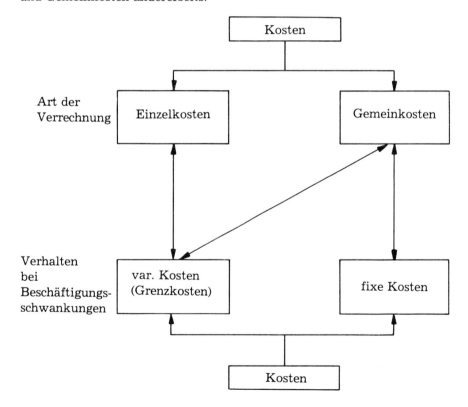

Während Einzelkosten eindeutig Grenzkostencharakter besitzen, tauchen die größten Probleme bei den Gemeinkosten auf, die sich aus abrechnungstechnischen Vereinfachungen nur auf der Ebene der Kostenstelle erfassen lassen, aber den Charakter von Grenzkosten besitzen (z. B. Hilfs- und Betriebsstoffe, Energie, etc.).

(3) Einteilung der Kosten nach der Beeinflußbarkeit
Dieses Gliederungskriterium teilt die Kosten danach ein, inwieweit die Höhe der betreffenden Kostenart sich kurzfristig, mittelfristig oder nur langfristig beeinflussen läßt. Entscheidend ist dabei, daß hier eine exakte Trennung von den Grenzkosten und Fixkosten vorgenommen werden muß. In der Praxis ist häufig festzustellen, daß kurzfristig beeinflußbare Kosten mit den Grenzkosten gleichgesetzt und langfristig beeinflußbare Kosten als Fixkosten bezeichnet werden. Diese Gleichsetzung ist nicht richtig und kann leicht zu Fehlentscheidungen führen.

(4) Einteilung der Kosten nach der Entscheidungsrelevanz
Dieses Kriterium trennt die Kosten danach, ob sie für eine bestimmte Entscheidungssituation von Bedeutung sind oder nicht. Die Frage, die dabei zu stellen ist, lautet: Beeinflußt diese Entscheidung die Höhe der Kosten oder nicht?

Welche Kostenart den genannten Kriterien in welcher Situation zugeordnet werden muß, ist wesentlich abhängig von der Leistungsstruktur der Unternehmung. Es empfiehlt sich in jedem Falle, bei Aufbau eines Controlling-Systems die Kostenarten nach einer Checkliste, die obige vier Einteilungskriterien verwendet, zu systematisieren. Dazu hat der Controller eine enge Kommunikation mit dem technischen Bereich aufrecht zu erhalten. Im Prinzip sollte gelten, daß der Nutzen der Zuordnung zu einem bestimmten Kriterium in angemessenem Verhältnis zu dem Aufwand steht, der zu dieser Einteilung erforderlich ist. Es ist besser, auf die Zuordnung einer Kostenart zu den Grenzkosten zu verzichten, wenn die Zuordnung nur mit erheblichem Aufwand möglich ist. In der Regel sind derartige Kostenarten in ihrem Gesamtvolumen so unbedeutend, daß sich der Verzicht der Zuordnung für Entscheidungssituationen nie negativ auswirkt.

3. Deckungsbeitragsrechnung

3.1 Grundlagen und Erweiterungen

Produkte müssen den Erlösstrom herbeiführen, der erforderlich ist, um die Kosten zu decken und einen Gewinn zu erzielen. Insofern sind Produkte nicht Kostenträger sondern Erlösbringer.

Diesen Zusammenhang haben die traditionellen Kostenrechnungsverfahren nicht erkannt. Erst die Teilkostenrechnung, die den Produkten nur die durch sie unmittelbar verursachten Kosten zurechnet, hat den Weg zu einer realitätsbezogenen Unternehmensergebnisrechnung geebnet. Durch die Verbindung der Erlöse mit der Grenzplankostenrechnung entsteht die Deckungsbeitragsrechnung, die im Grundsatz wie folgt aufgebaut ist:

$$
\begin{array}{l}
\text{Erlöse} \\
\underline{./.\ \text{Grenzkosten}} \\
=\ \underline{\text{Deckungsbeitrag}} \\
\underline{./.\ \text{Fixkosten}} \\
=\ \underline{\text{Betriebsergebnis}}
\end{array}
$$

Durch Subtraktion der Grenzkosten von den Umsatzerlösen der Produkte/ Leistungen entsteht der Deckungsbeitrag des Produktes. Die Summe der Deckungsbeiträge der Produkte dient dazu, den Fixkostenblock der Unternehmung abzudecken. Durch Subtraktion der Fixkosten vom Deckungsbeitrag entsteht das Betriebsergebnis.

Die Deckungsbeitragsrechnung ermöglicht es, eine kurzfristige Ergebnisrechnung sowohl für das gesamte Unternehmen als auch für Teilbereiche zu erstellen. Damit ist ein Kriterium gegeben, das als Ergebnismaßstab für einzelne Verantwortungsbereiche im Sinne des Management by Objectives verwendet werden kann, sofern die Bereichsleiter die einzelnen Ergebniskomponenten unmittelbar beeinflussen können.

Die Deckungsbeitragsrechnung ist ein typisch kurzfristiges Steuerungsinstrument. Die wesentlichen Komponenten, die der Entscheidungsträger beeinflussen kann (Erlöse und Grenzkosten) sind kurzfristig beeinflußbar, während die Fixkosten kurzfristig konstant sind. Die Zielsetzung besteht damit darin, dem Unternehmen über einen hohen Erlös- und Deckungsbeitragsstrom ein entsprechendes Volumen zur Abdeckung der kurzfristig konstanten Fixkosten zuzuführen.

Die Deckungsbeitragsrechnung ist das für ein aktives Controlling adäquate Steuerungsinstrument:

(1) Mit den Grenzkosten liefert die Deckungsbeitragsrechnung die Basis für den Soll-Ist-Vergleich, die innerbetriebliche Leistungsverrechnung und die Kalkulation der Produkte.

(2) Die Deckungsbeitragsrechnung strebt die konsequente Trennung von Grenzkosten und Fixkosten an und trägt damit der betrieblichen Kostenentstehung Rechnung. Unter konsequenter Beachtung des Kostenverursachungsprinzips werden einzelnen Leistungseinheiten nur die direkt von ihnen verursachten Kosten zugerechnet.

(3) Die Deckungsbeitragsrechnung berücksichtigt, daß die Gewinnschwelle erst im Laufe eines Geschäftsjahres erreicht wird und zu Beginn des Geschäftsjahres zunächst einmal ein Verlust in Höhe der Fixkosten entsteht. Sie zeigt damit, daß einzelne Produkte keinen Gewinn bringen, sondern lediglich einen Beitrag zur Deckung der Unternehmensfixkosten leisten.

(4) Das Prinzip des Management by Objectives, das ein wesentliches Kriterium eines aktiven Controlling-Systems darstellt, wird durch die

Deckungsbeitragsrechnung rechnungstechnisch ermöglicht. Durch die Möglichkeit, die wesentlichen Ergebniskomponenten bereichsweise aufzuspalten und zuzurechnen, ist ein Instrumentarium geschaffen worden, das den einzelnen Bereichsleitern die Steuerung gemäß ihrer Objectives ermöglicht.

Zur Darstellung der Grundbegriffe der Deckungsbeitragsrechnung sei auf das in der nachfolgenden Tabelle wiedergegebene *Zahlenbeispiel* zurückgegriffen:

		Herren-mäntel	Damen-mäntel
(1)	Verkaufspreis/Stück (DM)	500	600
./. (2)	Grenzkosten/Stück (DM)	350	400
= (3)	Deckungsbeitrag/Stück (DM)	150	200
(4)	Deckungsbeitrag in % vom Umsatz = (3) : (1)	30%	33,3%
(5)	Fertigungszeit/Stück (Min.)	15	10
(6)	Deckungsbeitrag pro Fertigungsminute = (3) : (5) (DM)	10	20
(7)	Absatzmenge/Monat (Stück)	50	100
(8)	Umsatzerlöse/Monat (DM)	25.000	60.000
./. (9)	Grenzkosten/Monat (DM)	17.500	40.000
= (10)	Deckungsbeitrag/Monat (DM)	7.500	20.000
./. (11)	Fixkosten/Monat (DM)	25.000	
= (12)	Betriebsergebnis/Monat (DM)	2.500	

Der Deckungsbeitrag pro Stück (3) zeigt, welchen Beitrag die einzelnen Produkte pro Einheit des Produktes zur Deckung der Unternehmensfixkosten bringen.

Der Deckungsbeitrag in % vom Umsatz (4) zeigt das in bezug auf den Umsatz mit einem Artikel realisierte relative Deckungsbeitragsvolumen. Es handelt sich hierbei um eine in der Praxis häufig verwendete Kennzahl, die eine Aussage über die Wertigkeit der Produkte macht.

Dem Deckungsbeitrag pro Fertigungsminute (6), der häufig auch als engpaßbezogener Deckungsbeitrag bezeichnet wird, kommt bei der Entscheidung über die Zusammensetzung des Produktionsprogramms eine zentrale Bedeutung immer dann zu, wenn die Fertigungskapazität den Engpaß bildet. Der relative Deckungsbeitrag läßt erkennen, bei welcher Verwendungsart (Produkt) des Engpasses der höchste Deckungsbeitrag erreicht wird.

Der Break-even-Punkt zeigt, bei welcher Menge/Umsatzvolumen die Fixkosten gedeckt sind und das Unternehmen weder Gewinn noch Verlust macht. Da es sich in unserem Beispiel um unterschiedliche Produkte handelt, kann der mengenmäßige Break-even-Punkt nur für die Einzelprodukte festgelegt werden. Bei der ausschließlichen Produktion von Damenmänteln wird bei

einer Produktion von 125 Stück der Break-even-Punkt erreicht, während bei
der Produktion von Herrenmänteln ein Produktionsvolumen von 167 Einheiten erforderlich ist, um den Fixkostenblock abzudecken. Bei dem zugrundeliegenden Sortimentsmix und einem durchschnittlichen Deckungsbeitrag
in % vom Umsatz von 31,65% liegt der Break-even-Punkt bei einem Umsatzvolumen von DM 78.989,—.

Ein wesentlicher Nachteil des Grundschemas der Deckungsbeitragsrechnung ist die Tatsache, daß den Fixkosten als kurzfristig nicht beeinflußbaren Kosten relativ wenig Beachtung geschenkt wird und diese en bloc in das
Betriebsergebnis übernommen werden. Für eine aktive Gegensteuerung ist
es erforderlich, auch diesen Bereich entsprechend aufzuspalten, um Ansatzpunkte für Gegensteuerungsmaßnahmen zu finden. Dies ist insbesondere bei
Unternehmen erforderlich, bei denen die Fixkosten im Vergleich zu den
Grenzkosten überproportional hoch sind, wie z. B. in Handelsbetrieben,
Nahrungsmittelunternehmen etc..

Agthe hat deshalb vorgeschlagen, den Fixkostenbereich nach der Zurechenbarkeit auf Kostenträger zu differenzieren, um bei den Kostenverursa-
chungsbereichen Gegensteuerungsmaßnahmen einleiten zu können. Sein
Konzept der stufenweisen Fixkosten-Deckungsrechnung, das in den USA
auch als mehrstufiges Direct Costing bekannt ist, baut auf folgendem Gliederungsschema auf (Agthe, Klaus: Stufenweise Fixkostendeckung im System
des Direct Costing. In: Zeitschrift für Betriebswirtschaft, 29. Jg. 1959, S. 434
ff.):

	Erzeugnisdeckungsbeitrag
./.	Erzeugnisfixkosten
=	Restdeckungsbeitrag 1
./.	Erzeugnisgruppenfixkosten
=	Restdeckungsbeitrag 2
./.	Kostenstellenfixkosten
=	Restdeckungsbeitrag 3
./.	Bereichsfixkosten
=	Restdeckungsbeitrag 4
./.	Unternehmensfixkosten
=	Nettoerfolg

Wesentliches Kennzeichen dieser Form der Deckungsbeitragsrechnung ist
der Verzicht auf jegliche Schlüsselung von Fixkosten sowie die konsequente
verursachungsgerechte Zurechnung der Fixkosten entsprechend der zu be-
trachtenden Kostenverursachungshierarchie:

(1) Die Erzeugnisfixkosten werden nur zugerechnet, wenn dieser Fixkosten-
    block ausschließlich durch bestimmte Erzeugnisse verursacht wird, wie z.
    B. Kapitaldienst für Anlagen, die nur artikelbezogen genutzt werden
    oder artikelbezogene Werbeaufwendungen.

(2) Aus dem Restdeckungsbeitrag 1 nach Deckung der Erzeugnisfixkosten

sind die Erzeugnisgruppenfixkosten abzudecken. In diese Gruppe fallen die durch bestimmte Erzeugnisgruppen verursachten Fixkosten wie Fertigungseinrichtungen, Promotions, Verkaufsförderungsmaßnahmen usw..

(3) Kostenstellenfixkosten sind z. B. spezifische Personalkosten, Kapital- und Raumkosten bestimmter Kostenstellen, die von bestimmten Kostenträgern in Anspruch genommen werden.

(4) Die Bereichsfixkosten umfassen den Rest der Fixkosten, die einzelnen Unternehmensbereichen noch zugerechnet werden können.

(5) Aus den Deckungsbeiträgen über die Bereichsfixkosten sind die Unternehmensfixkosten, die keinem Bereich eindeutig zugerechnet werden können, abzudecken.

Im Gegensatz zu den Deckungsbeitragsrechnungsverfahren, die auf der Grenzkostenrechnung aufbauen, knüpft das Konzept der Einzelkostenrechnung nach Riebel an der Zurechenbarkeit von Kosten und Erlösen auf einzelne Bezugsobjekte an. Eindeutig zurechenbare Kosten sind dabei Einzelkosten des Bezugsobjektes. Nach Riebel ist die Trennung nach Einzel- und Gemeinkosten relativ, da sie von der Wahl der Bezugsgröße abhängt. Jede Kostenart besitzt in Abhängigkeit eines bestimmten Bezugsobjektes Einzelkostencharakter. Riebel spricht deshalb auch von einem Rechenverfahren mit relativen Einzelkosten:

1.	Bruttoumsatz zu Listenpreisen	
2. ./.	Rabatte	
3. ./.	preisabhängige Vertriebseinzelkosten der Erzeugnisse (z. B. Umsatzsteuer, Vertreterprovision, Kundenskonti)	
4.	Nettoerlös I	
5. ./.	mengenabhängige Vertriebseinzelkosten der Erzeugnisse (z. B. Frachten)	Für jedes
6.	Nettoerlös II	Erzeugnis
7. ./.	Stoffkosten (soweit Erzeugniseinzelkosten, z. B. Rohstoff, Verpackung)	
8.	Deckungsbeitrag I	
9. ./.	variable Löhne (soweit Erzeugniseinzelkosten)	
10.	Deckungsbeitrag II (über die variablen Einzelkosten)	
11.	Summe der Deckungsbeiträge II aller Erzeugnisse der Abteilung (oder Erzeugnisgruppe)	für
12. ./.	direkte Kosten der Abteilung (oder Erzeugnisgruppe)	jede Abtlg. oder
13.	Deckungsbeitrag der Abteilung (über die Erzeugnis- und die Abteilungseinzelkosten)	Erzeugnisgruppe

Durch die Trennung von Leistungskosten und Bereitschaftskosten ist eine bestimmte Verwandtschaft zur Grenzplankostenrechnung bei Riebel (a. a. O.) gegeben. Allerdings tauchen Probleme bei solchen Kosten auf, die zwar variabel sind, aber nicht als Einzelkosten erfaßt werden können wie z. B. Energie, Roh-, Hilfs- und Betriebsstoffe, Instandhaltungen usw..

Der wesentliche Vorteil der Einzelkostenrechnung von Riebel liegt darin, daß es sich um ein sehr flexibles Verfahren handelt, da in Abhängigkeit des Rechenzwecks unterschiedliche Bezugsobjekte die Basis für Spartenerfolgsrechnungen bilden können.

In der betrieblichen Praxis ist es sehr selten möglich, eines der hier vorgestellten Verfahren in ihrer theoretischen Reinheit anzuwenden. Man geht vielmehr derart vor, daß man das Deckungsbeitragsrechnungsverfahren situationsabhängig aufbaut, wobei eine Mischung der Deckungsbeitragsrechnung auf Grenzkostenbasis mit dem Verfahren von Riebel vorkommen kann. Wesentlich dabei ist nicht die theoretische Exaktheit, sondern der Aussagewert und die praktische Machbarkeit.

3.2. Immer noch ein umstrittenes Instrument?

Trotz der großen Vorteile gegenüber einem Vollkostenrechnungsverfahren ist die Deckungsbeitragsrechnung auch heute noch ein umstrittenes Instrument. Argumente wie
— die Deckungsbeitragsrechnung führt zur Preisschleuderei,
— die Deckungsbeitragsrechnung verzichtet auf die Verrechnung eines Teils der Kosten,
— die Deckungsbeitragsrechnung führt zu sinkenden Gewinnen,
sind noch häufig anzutreffen.

Es wird übersehen, daß die Deckungsbeitragsrechnung das Steuerungsinstrumentarium ist, das die betriebliche Wirklichkeit am besten wiedergibt. Sie gestattet vielfältige Möglichkeiten der aktiven Steuerung im Bereich der Deckungsbeiträge und der Fixkosten und lenkt den Blick auf die wesentlichen Steuerungsgrößen. Insbesondere der Fixkostenblock erfährt eine enorme Transparenz hinsichtlich seines Volumens und seines Verhaltens bei Beschäftigungsänderungen. Gerade in diesem Punkt verniedlicht die Vollkostenrechnung das Problem, indem der Fixkostenblock über Zuschlagssätze proportionalisiert wird und man so tut, als verhielte sich dieser Bereich genauso wie der Bereich der Grenzkosten.

Befürworter der Vollkostenrechnung, die mit obigen Argumenten die Deckungsbeitragsrechnung abqualifizieren wollen, haben sich mit diesem Verfahren in Wirklichkeit nie richtig beschäftigt.

Auf der anderen Seite muß festgehalten werden, daß die Deckungsbeitragsrechnung ein gefährliches Instrument ist. Derjenige, der die Zusammenhänge dieses Verfahrens nicht kennt, kann erhebliche Fehler begehen, die in kurzer Zeit dazu führen können, daß die Substanz eines Unternehmens angegriffen wird.

Kapitel 3: Operatives Controlling

1. Planung: Kursfixierung

1.1 Meßlatten- und Fahrplan-Funktion der betrieblichen Planung

Planung ist ein Prozeß der Informationsverarbeitung, der die Aufgabe hat, festzulegen, wie die Zielerreichung in kommenden Perioden realisiert werden soll. Jede Planung umfaßt folgende Bestandteile:

(1) Es muß eine Zielsetzung vorhanden sein, die angibt, was zukünftig realisiert werden soll. Diese Zielsetzung ist nicht notwendig ein einziges Ziel; in der Praxis trifft man vielmehr Zielbündel an, die aus unterschiedlich strukturierten Einzelzielen zusammengesetzt sind.

(2) Die Planung hat Wege aufzuzeigen, mit denen die Ziele, die in der Planung fixiert sind, erreicht werden sollen. Diese Wege zur Zielerreichung dokumentieren sich in den dezentralen Teilplänen, die abgestimmt sind auf das übergeordnete Unternehmensziel.

(3) Die Planung muß eine Aussage enthalten, welche Mittel erforderlich sind, um die vorgegebene Zielsetzung zu erreichen. Nur hierdurch ist sichergestellt, daß die Planung die notwendige Realitätsnähe erhält.

(4) Angaben zu den bereitgestellten Mitteln und Ressourcen, die zur Zielerreichung erforderlich sind, dokumentieren, daß die Planung als solche machbar und realistisch erscheint.

Planung ist nicht Prognose. Die Prognose stellt eine Vorschau auf zukünftige Ereignisse dar und beruht auf einer linearen Fortschreibung vergangener Daten. Hingegen stellt die Planung eine Auseinandersetzung mit der Zukunft dar, in der Möglichkeiten, Machbarkeiten und Willenserklärungen zur Erreichung bestimmter Ziele enthalten sind. Die Planung bedeutet deshalb eine Absichtserklärung, die Zukunft in der fixierten Weise zu bewältigen. Die Planung hat für die Beteiligten und die einzelnen Abteilungen im Unternehmen Vorgabecharakter, da sie im Sinne des Management by Objectives für die Bereiche die dezentralen Ziele formuliert, die zur Erreichung des Gesamtzieles erforderlich sind. Die Planung enthält über die Objectives die „Meßlatte", die in der kommenden Periode übersprungen werden muß. Sie gibt für alle Abteilungen die Marschroute an, um fahrplanmäßig die zukünftigen Perioden zu bewältigen.

Planung ist kein Zeitvertreib, den sich bestimmte Einheiten im Unternehmen haben einfallen lassen, um die Linieneinheiten von der Tagesroutine abzuhalten. Die Planung soll vielmehr davor bewahren, daß in der Zukunft unangenehme Überraschungen entstehen und man gezwungen ist, unter Zeitdruck Entscheidungen zu treffen, deren Konsequenzen man nicht absehen kann. Damit trägt die Planung dazu bei, daß

— zukünftige Probleme eher erkannt werden,

— durch rechtzeitiges Erkennen von positiven und negativen Entwicklungen eine bessere Maßnahmenplanung durchgeführt werden kann,

— Alternativpläne als Antwort auf kritische Situationen entwickelt werden können,

— ein abgestimmtes Vorgehen aller Bereiche garantiert wird,
— eine Herausforderung und ein Ansporn für die Zukunft bei allen Einheiten erreicht wird.

Der Controller ist verantwortlich für
— den Aufbau eines Planungssystems mit
    (1) Fixierung der Teilpläne der einzelnen Bereiche
    (2) Aufbau eines hierarchisch strukturierten Systems von Objectives
    (3) Aktualisierung und Anpassung dieses Systems an interne und externe Erfordernisse sowie die
— die Koordination der Planungsarbeiten durch
    (1) Erarbeitung von Planungsrichtlinien
    (2) Festlegung eines Terminplans für die Planungsaktivitäten und Überwachung der Termineinhaltung
    (3) Hilfestellung bei den Planungsarbeiten sowie Abstimmung der dezentralen Teilpläne mit den übergeordneten Objectives.

1.2 Bestandteile der Jahresplanung

Die Jahresplanung ist eine Planung, die die aus den langfristigen Planungen abgeleiteten Jahresziele in mengen- und wertmäßige Ziele für die einzelnen Unternehmensbereiche überführt. Die Jahresplanung baut auf quantifizierten, meist finanziellen Größen auf und wird deshalb auch als operative Planung bezeichnet. Sie bildet die Basis für die Ableitung der Monatsbudgets der einzelnen Unternehmensbereiche und damit die Basis für die kurzfristige dispositive Steuerung im laufenden Jahr.

Nach Erfahrungen der Praxis haben sich für die Jahresplanung als Fahrplan für das kommende Geschäftsjahr folgende Teilpläne als notwendige Bestandteile herausgebildet:

1.2.1 Vorspann mit mittelfristigem Ausblick

Sofern die Jahresplanung nicht eingebettet ist in eine strategische Planung, in welcher grundsätzliche Aussagen über die zukünftige Ausrichtung des Unternehmens und die verfolgten Strategien gemacht werden, ist es zweckmäßig, die Jahresplanung um einen Vorspann mit mittelfristigem Ausblick zu ergänzen. Dieser Teilbereich sollte folgende Punkte zumindest umfassen:
— den Bericht der Unternehmensleitung über die wesentlichen Ereignisse des abgelaufenen Geschäftsjahres
— Angaben über realisierte und in der Planung befindliche größere Projekte und Maßnahmen
— Aussagen über die Entwicklung der entscheidenden Sortimentsteile
— Angaben über die Entwicklung der externen Rahmendaten
    (1) gesamtwirtschaftliche Größen
    (2) branchenspezifische Entwicklungen
    (3) Situation der wesentlichen Wettbewerber
— Zeitreihe der wesentlichen Ergebniseckwerte (Bruttoumsatz, Deckungsbeitrag 1, Fixkosten, Betriebsergebnis, Gesamtergebnis)

— Schwerpunkt-Maßnahmen des kommenden Geschäftsjahres und des Mittelfristzeitraumes
— mittelfristig zu erreichende Ziele, z. B.
    (1) Umsatzrendite
    (2) Kapitalumschlag
    (3) Gesamtergebnis
    (4) Kapitalstruktur
    (5) Return-on-Investment
    (6) Eigenkapitalrendite
    (7) Produktivitätskennzahlen
— mittelfristig angestrebte Position in der Branche

Die Reihe der Punkte, die in diesem Teil der Planung angesprochen werden sollten, ließe sich noch beliebig ergänzen. Wesentlich ist, daß in diesem Teil der Planung eine eindeutige, glaubwürdige und machbare Fixierung des Unternehmens vorgenommen wird, die nicht theoretischen Charakter besitzt, sondern als Absichtserklärung der Geschäftsleitung anzusehen ist. Diese Aussagen bilden den Rahmen für die nachfolgenden Teilpläne, die als Wege und Mittel zur Erreichung der Mittelfristziele im kommenden Geschäftsjahr anzusehen sind.

1.2.2 Hochrechnung für das alte Geschäftsjahr

Mit zunehmendem Fortgang des Geschäftsjahres wird der Zeitraum für Gegensteuerungsmaßnahmen auf der Basis der Jahresplanung eingeschränkt. Es ist deshalb erforderlich, das laufende Ist um Hochrechnungen zu ergänzen. Diese Hochrechnungen sind nicht als Extrapolation einer bereits sichtbaren Entwicklung anzusehen, sondern haben ebenso wie die Jahresplanung Vorgabecharakter und stellen die Absichtserklärung der für die Hochrechnung verantwortlichen Entscheidungsträger dar. Insofern besitzt die Hochrechnung ebenso wie die Jahresplanung Zielcharakter.

Die Hochrechnung für das alte Geschäftsjahr hat innerhalb der Jahresplanung eine Doppelfunktion:
— sie zeigt auf der einen Seite an, wie sich die Unternehmung im abgelaufenen Geschäftsjahr voraussichtlich entwickeln wird;
— zum anderen bildet sie die Basis der Umsatz- und Kostenplanung für das kommende Geschäftsjahr.

Den Planrahmen für die Hochrechnung bildet das noch zu beschreibende Management-Informationssystem mit seinen Bausteinen Kostenartenrechnung, Kostenstellenrechnung, Kostenträgerrechnung, Produkterfolgsrechnung, Vertriebswegeerfolgsrechnung, Unternehmenserfolgsrechnung. Die Einbeziehung dieser Teile des Informationssystems ist erforderlich, um einerseits das abgelaufene Geschäftsjahr realitätsnah abzubilden, zum anderen aber auch einen operationalen Einstieg in die Jahresplanung hinsichtlich dieser Teilbereiche des Informationssystems zu erhalten.

Die Dokumentation der Hochrechnung zeigt, mit welchen Maßnahmen die Hochrechnung realisiert wurde. Da in der Regel im laufenden Geschäftsjahr

Abweichungen bei Einzelpositionen auftreten, ist es zweckmäßig, das kumilierte Ist des laufenden Jahres, den Plan des Restjahres und die Veränderung des Planes des Restjahres durch konkrete Maßnahmen zu dokumentieren, die Maßnahmen zu erläutern und ihren Eingang in die Hochrechnung zu beschreiben. Hierzu empfiehlt sich nachfolgendes Formular:

	Vorjahr Ist	Jahres-plan	Ist kum. bis	Plan Rest Jahr	Veränderungen + - Maßnahmen bzw. Abgrenzungsver-schiebungen	Plan nach Maßnahmen	Hoch-rechnung
Bruttoumsatz Erlösschmälerungen							
Nettoumsatz							
Materialkosten Verpackungskosten							
Gesamtergebnis							

1.2.3 Ergebnisplan

Der Ergebnisplan ist die Zusammenfassung der Budgets der einzelnen Teilbereiche zum Unternehmensgesamtziel für die kommende Periode. Das Ergebnis des gesamten Planungsprozesses ist durch Koordination und Abstimmung der dezentralen Pläne entstanden. Der Ergebnisplan hat für die kommende Periode Zielcharakter für die Gesamtunternehmung.

Obwohl die einzelnen dezentralen Pläne in der Planung gesondert dargestellt werden, empfiehlt sich bei der Darstellung des zusammengefaßten Ergebnisplanes die Abgabe einer kurzen Kommentierung. Diese sollte sich konzentrieren

— einerseits auf die der Planung zugrundeliegenden wesentlichen Prämissen sowie

— andererseits auf den Zusammenhang und die Beziehung des Ergebnisplanes zu der Geschäftsentwicklung der Vorjahre.

Die Darstellung der wesentlichen Planungsprämissen sollte kurz und knapp vorgenommen werden. Es empfiehlt sich, die wesentlichen Planungs-

prämissen bei den korrespondierenden Positionen des Ergebnisplanes festzuhalten. Diese Darstellung ist übersichtlich und informiert über das Wesentliche:

	Ist 1980 (%)	Ist 1981 (%)	HR 1982 (%)	Plan 1983		Erläuterungen
				TDM	%	
Bruttoumsatz	+ 7,0	+ 6,0	+ 3,8	20.500	+ 6,0	Produktneu-einführung/
Nettoumsatz	+ 7,5	+ 6,0	+ 2,5	24.300	+ 7,0	Neukunden-gewinnung
Rohstoffe	+ 3,0	+ 4,0	+ 4,0	6.500	+ 6,0	Abschluß neuer Kontakte
Verpackungs-kosten	+ 4,0	+ 4,0	+ 3,0	2.300	+ 7,0	starke Preis-erhöhung der Glashütten
Personal-kosten	+ 5,0	+ 6,0	+ 6,0	10.300	+ 5,0	lt. Tarifvertrag
Energiekosten	+ 5,0	+ 6,0	+ 5,0	2.500	+ 10,0	

Der Vergleich der Jahresplanung mit der Hochrechnung des alten Geschäftsjahres und eventuell des davorliegenden Geschäftsjahres gibt dem Leser die
Möglichkeit, die Plausibilität der Planung zu prüfen und sich ein Urteil darüber zu bilden, ob die Planung optimistisch, pessimistisch oder realistisch
ist.

1.2.4 Absatzplan, Umsatzplan,Marketingplan

Dieser Teilplan, der bei vielen Unternehmungen den Engpaßbereich der gesamten Planung darstellt, dokumentiert die Leitlinien der Absatzpolitik für

die kommende Periode. Er bildet den Ausgangspunkt für alle nachfolgenden
Teilpläne und macht Aussagen zu folgenden Bereichen:
— Absatzplan, Umsatzplan
    Absatz nach Art, Menge und Verpackungseinheit
    Umsatz nach Art, Menge und Verpackungseinheit
    Absatz-/Umsatzentwicklung im Vergleich zum Wettbewerb
    Distributionsziele
    Absatz-/Umsatzentwicklung nach Sortimenten, Vertriebswegen, Kunden
    Leitlinien der Preispolitik etc.
— Marketingplan
    Marketingstrategien nach Sortimentsbereichen, Vertriebswegen, Kunden
    Marktanteilszielsetzungen
    Produkt- und Sortimentspolitik
    Promotions
    Preispolitik
    Kommunikation
    Marketing-Budget
    Distributionsziele
Wesentlich für die nachfolgenden Teilpläne ist, daß
— die quantitativen Größen dieser Teilpläne dem Management-Informa-
    tionssystem als Planrahmen entsprechen,
— die wesentlichen absatz- und marketingtechnischen Aussagen soweit ope-
    rationalisiert sind, daß auf ihnen die nachfolgenden Teilpläne aufbauen
    können.

1.2.5 Produktions- und Kapazitätsplan

Ausgehend von den im Absatzplan festgelegten Verkaufsmengen der einzelnen Artikel und unter Hinzuziehung der voraussichtlichen Bestandssitua-
tion zum Jahresanfang wird der Produktions- und Kapazitätsplan erstellt.
Dieser macht eine Aussage über
— die Nachfrage nach Produktionsmittel in den einzelnen Monaten aus der
    Differenz zwischen Absatzplan und Lagerbestand,
— das Angebot an Kapazität durch Fixierung der Kapazität der einzelnen
    Produktionsbereiche.
Sollte nach Planung der für die kommende Periode zu produzierenden Mengen noch freie Kapazität bestehen, so hat der Kapazitätsplan eine Aussage
darüber zu machen, wie diese freie Kapazität verwendet werden soll, z. B.
durch Fremdfertigung, Zweitmarkenproduktion etc. Ist die Produktions-
menge mit der vorhandenen Kapazität nicht zu realisieren, so gibt es nur die
Möglichkeit des zeitlichen (Verlagerung in andere Perioden, Überstunden
etc.) oder örtlichen (Ausweichbetriebsmittel, auswärtige Fertigung, Fremdbezug) Kapazitätsbelastungsausgleichs.
Der Produktions- und Kapazitätsplan legt gleichzeitig die Rahmendaten für
den Investitionsplan und für den Instandhaltungsplan fest.

1.2.6 Investitionsplan

Der Investitionsplan enthält die in der kommenden Periode zu realisierenden Investitionsprojekte nach
— Art des Investitionsprojektes
— Anzahl der Investitionsprojekte
— Anschaffungsausgaben der Projekte
— interner Zinsfuß und Amortisationsdauer der Einzelprojekte
— Ersatz-, Rationalisierungs- und Erweiterungsinvestitionen.
Grundsätzlich sollte der Investitionsplan für alle Objekte ab einem bestimmten Ausgabenvolumens eine Investitionsrechnung enthalten, die detaillierten Aufschluß über die Wirtschaftlichkeit dieser Objekte gibt. Diese Rechnungen können bei Zwangsinvestitionen entfallen.

Der Investitionsplan liefert neben dem Finanzmittelbedarf als Summe der Anschaffungsausgaben der Einzelprojekte den Einfluß des Investitionsbudgets auf die betriebswirtschaftlichen und steuerlichen Abschreibungen. Für die Zusammenfassung der Investitionsprojekte in der Jahresplanung empfiehlt sich folgendes Schema:

Investitions-objekt	Investitions-art (R, E, EW)	Anschaffungs-ausgabe (TDM)	Wirtschaftlichkeit		Anschaffungs-zeit	Abschreibungen Planjahr				Abschreibungen Folgejahre			
			Interner Zinsfuß (%)	Amortisa-tionszeit (Jahre)		betriebswirt-schaftlich		steuerlich		betriebswirt-schaftlich		steuerlich	
						%	TDM	%	TDM	%	TDM	%	TDM
.													
.													
.													
Absatzbereich													
.													
.													
.													
Technik													
.													
.													
Außendienst													
.													
.													
Unternehmen							.						

1.2.7 Beschaffungsplan

Der Beschaffungsplan muß folgende Punkte enthalten:
— zukünftige Leitlinien der Beschaffungspolitik
— Situation auf den für die Unternehmung wesentlichen Beschaffungs-märkten

— Kurzbeschreibung der für die Unternehmung wichtigsten Lieferanten und deren Preis- und Lieferverhalten
— Preisentwicklung bei den wesentlichen Beschaffungsgruppen
— mittelfristige Chancen und Risiken bei wesentlichen Warengruppen
— Substitutionsmöglichkeiten bei einzelnen Roh-, Hilfs- und Betriebsstoffen.

Der Beschaffungsplan liefert für die Planung der Grenzkosten den gesamten Bereich des Wareneinsatzes, aus dem sich in Verbindung mit dem Umsatzplan der Rohertragsplan der Sortimente ergibt. Der Beschaffungsplan sollte den Rohertragsplan der wesentlichen Sortimentsteile in Form einer verbalen Kommentierung und eines Vergleichs zu den Vorperioden zeigen, um die Entwicklungstrends klar zu machen.

1.2.8 Personalplan

Der Personalplan enthält die Personalstände für das kommende Geschäftsjahr im Vergleich zum Vorjahr unterteilt nach
— gewerblichen und angestellten Arbeitnehmerns.
— Teilzeit-, Vollzeitbeschäftigte und Aushilfskräfte
— Unternehmensbereichen
— Tarifgruppen
— Altersklassen
— Auszubildenden.

Daneben sollte der Personalplan Aussagen zu den personal- und sozialpolitischen Leitlinien der Unternehmung enthalten und aufzeigen, welche besonderen Maßnahmen für das kommende Geschäftsjahr im Personalbereich geplant sind (wie z. B. interne und externe Fortbildungsmaßnahmen, Pensionsordnung, betriebliches Vorschlagswesen, Beförderungssystem, Lohn-und Gehaltssystem, Managementreserve etc.).

1.2.9 Organisationsplan

Im Organisationsplan wird die für die kommende Periode gültige Organisations- und Führungsstruktur der Unternehmung dokumentiert, in der alle wesentlichen Bereiche von der Geschäftsführung bis auf die Abteilungsebene graphisch dargestellt sind mit Über- und Unterstellungsverhältnissen, Weisungsbeziehungen, Kompetenzen und Zuständigkeiten.

1.2.10 Finanzplan und Plan-Bilanz

Der Finanzplan stellt die Verbindung zwischen dem Ergebnisplan und der Plan-Bilanz her und zeigt in groben Zügen, welche finanziellen Bewegungen in der kommenden Periode stattfinden. Ein Finanzplan kann z. B. nach folgendem Schema aufgebaut sein:

	Planergebnis
+	Steuerliche Abschreibungen
=	Cash Flow

	Erhöhung Eigenkapital
+	Erhöhung kurzfristiges Fremdkapital
+	Erhöhung langfristiges Fremdkapital
+	Abbau Anlagevermögen
+	Abbau Umlaufvermögen
=	Mittelherkunft

	Abnahme Eigenkapital
+	Abnahme kurzfristiges Fremdkapital
+	Abnahme langfristiges Fremdkapital
+	Gewinnausschüttung Vorjahr
=	Schuldentilgung

	Zugänge Sachanlagen lt. Investitionsplan
+	Zugänge Finanzanlagen
+	Erhöhung Vorräte
+	Erhöhung Forderungen
+	Erhöhung Sonstiges Umlaufvermögen
=	Mittelverwendung

1.3 Organisatorischer Rahmen

1.3.1 Verzahnung der Teilpläne

Bei der Jahresplanung handelt es sich um ein System interdependenter dezentraler Teilpläne, die entsprechend dem übergeordneten Planungsgerüst koordiniert werden müssen:

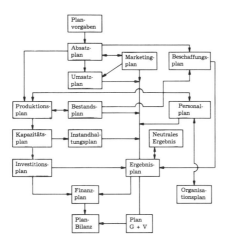

Der Controller muß dafür sorgen, daß

— ein solches System der betrieblichen Teilpläne entsprechend den spezifischen Bedingungen der Unternehmung aufgebaut wird,
— für die Erstellung der Teilpläne Zuständigkeiten und Termine fixiert werden,
— im Rahmen des Planungsprozesses Planungsrichtlinien eingehalten werden, die die Koordination und Integration der betrieblichen Teilpläne gestatten.

1.3.2 Planungszuständigkeiten

In kleineren Unternehmen ist die Unternehmensplanung durch eine Person oder durch eine Abteilung weitgehend allein zu bewältigen. Jedoch wird auch in diesem Fall auf dezentral vorhandene Information zurückgegriffen werden müssen, um das komplizierte Planungswerk realitätsnah zu gestalten.

Eine Planung gibt für alle Abteilungen im Unternehmen die Marschroute für die kommende Periode an. Im Sinne des Management by Objectives haben die einzelnen Teilpläne Ziel- und im Gegensatz zur Prognose Vorgabecharakter. Sie verlangen von den einzelnen Abteilungen die Planidentifikation und stellen die Absichtserklärung dieser für ihre kurzfristigen Handlungen dar. In diesem Sinne kann eine Unternehmensplanung nicht zentral erstellt werden, sondern hat gemäß dem Grundsatz „jeder soll planen" die dezentralen Einheiten in den Prozeß einzubeziehen unter Koordination durch eine zentrale Stelle. Dieses System der dezentralen Planung mit zentraler Koordinierung hat folgende Vorteile:

(1) Die gemeinsame Planerstellung ist notwendig zur Realisierung des Managements by Objectives mit seinen motivierenden Wirkungen und gewährleistet die Identifikation der einzelnen Bereiche mit ihren Teilplänen.

(2) Die dezentrale Planung sichert die Ausnutzung der Informationen „vor Ort" und gibt einen Informationsinput in den gesamten Planungsprozeß, der von einer einzelnen Abteilung in dieser Form nicht eingebracht werden könnte.

(3) Durch die dezentrale Form der Planung entsteht ein Informationsverarbeitungsprozeß mit permanenter Rückkoppelung, der schon in einem frühen Stadium des Planungsprozesses zu einer laufenden Plausibilitätsprüfung der einzelnen Teilpläne führt.

(4) Das Gegeneinanderspielen von zentralen Datenvorgaben und dezentralem Fach-Know how trägt zu einer Reduzierung der Ungewißheit der Planung bei.

(5) Durch Einbeziehung der einzelnen Bereiche in den Planungsprozeß wird verhindert, daß große Planungsstäbe, die Planungen „am grünen Tisch" erstellen, aufgebaut werden müssen.

1.3.3 Planungsrichtlinien

Zur Zusammenfügung der dezentralen Teilpläne in eine integrierte Unternehmensplanung ist die Entwicklung von Planungsrichtlinien erforderlich, die für die dezentralen Einheiten bei der Planerstellung den Planungsrahmen bilden. Diese Planungsrichtlinien sollten folgende Bereiche abdecken:

(1) Festlegung der in der Planung verwendeten Begriffe (Planungssprache) und der Planungsprämissen

Während die Festlegung der Planungsbegriffe sich im wesentlichen auf die Mengen- und Wertgrößen der Planung bezieht, soll durch die Festlegung der Planungsprämissen gewährleistet werden, daß die Voraussetzungen, die in den dezentralen Plänen Eingang gefunden haben, auch entsprechend dokumentiert werden, so daß sie von anderen Einheiten im Unternehmen auf Realisierbarkeit und Plausibilität nachprüfbar sind.

(2) Klassifikation der zu erstellenden Pläne und Adressaten

Die Festlegung des Mindestinhalts der zu erstellenden Teilpläne ist erforderlich, um sicherzustellen, daß für die parallel und hintereinander zu erstellenden Pläne der erforderliche Input erbracht wird. Sind die Teilpläne nicht miteinander kompatibel, entsteht ein zusätzlicher, erheblicher Aufwand. Die Festlegung der Adressaten unterstützt diesen Prozeß. Für den Absender wird ersichtlich, welche nachgelagerten Teilpläne folgen, für den Empfänger wird sein Planungsinput sichtbar.

(3) Sicherung von Planungsinterdependenzen

Hier handelt es sich im wesentlichen um die Festlegung der Informationsbeziehungen bei der Planerstellung sowie um die Angabe der Input-/Outputbeziehungen zwischen den einzelnen Teilplänen. Diese Fixierung erleichtert die Planerstellung wesentlich, da Interdependenzen frühzeitig beachtet werden und Plausibilitätsprüfungen in einem frühen Planungsstadium möglich sind.

(4) Reihenfolge der Planerstellung

Die Festlegung der Reihenfolge der Planerstellung garantiert, daß die Planung termingerecht erstellt werden kann. Sie hat darüber hinaus mögliche Iterationen und Rückkoppelungen mit anderen Bereichen anzugeben.

Die Erstellung der Planungsrichtlinien ist Aufgabe des Controlling. Es empfiehlt sich, diese Planungsrichtlinien in einem Planungshandbuch zu dokumentieren, um sie möglichst vielen Einheiten zugänglich zu machen. Bei erstmaliger Erstellung einer Unternehmensplanung ist es sinnvoll, daß der Controller die Planungsrichtlinien, den Zweck der Planung und die wesentlichen Besonderheiten den betroffenen Abteilungen mündlich erläutert. Hierdurch lassen sich Planungswiderstände in einem frühen Stadium abbauen.

1.4. Zeitlicher Ablauf

1.4.1 Terminplan

Die Erstellung der Jahresplanung läuft nach dem Prinzip des Netzplanes ab; Pläne werden hintereinander sowie parallel mit anschließender Koordination erstellt. Um diesen Planungsprozeß rechtzeitig abschließen zu können, hat das Controlling vor Beginn der Planungsphase einen Terminplan zu erstellen:

Nr.	Aktivitäten	31	32	33	34	35	36	37	38	39	4o	41	42	Verantwortliche Bereiche	vorgelegte Pläne	nachgelagerte Pläne
1	Hochrechnung													Controlling	-	2 - 24
2	Planvorgaben													GL	1	3 - 24
3	Grobplan													Controlling	1, 2	-
4	Diskussion													GL	1, 23	5 - 24
5	Absatzplan													Marketing	4	6 - 1o, 13
6	Marketingplan													Marketing	4, 5	8, 21
7	Diskussion													GL/Marketing	5, 6	8, 21
8	Umsatzplan													Vertrieb	4 - 7	21
9	Diskussion													GL/Vertrieb/Mar-keting	5 - 8	1o, 21
1o	Produktionsplan													Technik	5	11, 12, 16 - 19
11	Kapazitätsplan													Technik	10	14, 15
12	Bestandsplan													Technik, Marketing	10, 13	13, 21
13	Beschaffungsplan													Materialwirtschaft	5, 12	18, 12, 21
14	Instandhaltungsplan													Technik	11	21
15	Investitionsplan													Technik, Controlling	11	19, 21, 22
16	Personalplan													Personal	10, 17	17, 19
17	Organisationsplan													Organisation	16	-
18	Plan variable Kosten													Controlling	5, 8, 13	21
19	Overhead-Plan													Bereiche/Controlling	8, 10, 12, 15, 16	21
20	Neutrales Ergebnis													Finanzen/Controlling	18, 19	21
21	Ergebnisplan													Controlling	18, 19	22, 23
22	Finanzplan													Finanzen	15, 21	24
23	Plan G - V													Finanzen	21	24
24	Plan Bilanz													Finanzen	22, 23	-
25	Verabschiedung													GL	1 - 23	-

Sofern das Geschäftsjahr einer Unternehmung mit dem Kalenderjahr identisch ist, beginnt der Planungsprozeß in der Regel Anfang August des alten Geschäftsjahres. Der Terminplan für die Planerstellung, der mit den betroffenen Bereichen vorher durchgesprochen sein soll, ist damit spätestens vor Beginn der Urlaubszeit den einzelnen Bereichen zuzuleiten, damit diese die notwendigen Vorkehrungen treffen können. Dieser Terminplan sollte folgende Informationen enthalten:

— Art und Umfang der für die Jahresplanung zu erstellenden Teilpläne
— Terminvorgaben für die Erstellung der Teilpläne
— logische Reihenfolge für die Planerstellung und die Koordination der Teilpläne
— Zuständigkeiten für die Erstellung der Teilpläne
— Input-/Outputbeziehungen zwischen den einzelnen Planungsbereichen.

Die Erstellung der Jahresplanung läuft parallel zum normalen Geschäftsbetrieb im Unternehmen ab. Es muß davon ausgegangen werden, daß im Rahmen der Planungsphase unvorhergesehene Ereignisse eintreten, die sich in einer Änderung der Planprämissen, Verwerfung von Teilplänen usw. äußern. Es empfiehlt sich deshalb, bei der Erstellung des Terminplanes Pufferzeiten einzubauen, damit der Controller die nötige Koordination auch bei Terminengpässen noch vornehmen kann. Diese Pufferzeiten sollten allerdings nicht den einzelnen Bereichen gezeigt werden, um die Mitarbeiter nicht zu verleiten, die Pläne unter Ausnutzung der Pufferzeiten zu erstellen. Die Pufferzeiten sollte der Controller in den Bereichen groß bemessen, die immer zu den sogenannten „Terminüberziehern" gehören.

1.4.2 Grobplan als Einstieg

Um vor Einstieg in den gesamten Planungsprozeß eine ungefähre Vorstellung über die Entwicklung des kommenden Geschäftsjahres zu erhalten und frühzeitig auf Risiken und Gefahren, die die Ergebniszielsetzung infrage stellen können, hingewiesen zu werden, empfiehlt es sich, einen Grobplan zu erstellen.

Basis dieses Grobplanes sind die Hochrechnung für das alte Geschäftsjahr, bereits im Planungsstadium befindliche Projekte, die von der Unternehmensleitung vorgegebene Zielsetzung sowie interne und externe Entwicklungstrends, die sich im kommenden Geschäftsjahr ergebnismäßig niederschlagen werden. Der Grobplan hat nicht alle Kostenarten und Kostenstellen detailliert einzubeziehen, sondern es reicht aus, die wesentlichen Ergebniseckwerte hinsichtlich ihrer Einflußfaktoren einzubeziehen und hochzurechnen. Dabei ist es sinnvoll, die wesentlichen Positionen auf folgende Einflußfaktoren zu prüfen:

(1) Umsatzerlöse
  — durchschnittliche Umsatzsteigerung der letzten Jahre
  — voraussichtliche Umsatzentwicklung der Branche
  — Ergebniseffekt aus geplanten Preissteigerungen
  — Veränderungen bei den wesentlichen Abnehmern
  — Veränderungen der Vertriebswegestruktur
  — Veränderung des Sortimentsmix
  — Veränderung der Erlösschmälerungsstruktur

(2) Deckungsbeitrag I: Unter Berücksichtigung der Veränderungen im Bereich der Umsatzerlöse und unter Hinzuziehung der zu erwartenden Entwicklung im Bereich der Grenzkosten sind folgende Untersuchungen angebracht:
  — Entwicklung der Rohstoffpreise
  — Entwicklung der Verpackungspreise
  — Entwicklung der variablen Fertigungskosten
  — Kompensatorische Effekte im Bereich des Wareneinsatzes
  — Veränderungen bei den Frachtkosten
  — Entwicklung sonstiger umsatzabhängiger Kosten

(3) Fixkosten:
  — Voraussichtliche Entwicklung der wesentlichen Kostenarten durch Tarifänderungen und sonstige Preissteigerungen:
    — Personalkosten
    — Energiekosten
    — Sozialabgaben
    — Instandhaltungsaufwendungen
    — Sonstiges
  — Veränderung der Fixkostenstruktur durch Rationalisierungsmaßnahmen
  — Zinsentwicklung
  — Veränderung der Abschreibungen

Zusammen mit der Veränderung des Deckungsbeitrages I zeigt sich hier die voraussichtliche Entwicklung des Betriebsergebnisses.

(4) Voraussichtliche Entwicklung des neutralen Ergebnisses: Aus Vereinfachungsgründen ist es sinnvoll das neutrale Ergebnis auf Vorjahresniveau hochzurechnen, sofern das neutrale Ergebnis kein entscheidendes Volumen im Bereich der gesamten Ergebnisstruktur darstellt.

Aus einer solchen Grobplanung ist ersichtlich,

— ob aufgrund der aktuellen Ausgangslage die Unternehmensziele in der kommenen Periode erreicht werden können,

— welche zusätzlichen Maßnahmen sowohl im Umsatz- als auch im Kostenbereich zu ergreifen sind, um das geplante Gesamtergebnis zu realisieren,

— welche Strukturveränderungsmaßnahmen ergriffen werden müssen, um die zukünftige Existenz abzusichern.

Die Grobplanung ist zu ergänzen um Alternativpläne, wenn bestimmte Entwicklungen zeigen, daß die Ziele nicht erreichbar sind.

1.4.3 Dezentrale Teilpläne

Die dezentralen Teilpläne, die an anderer Stelle bereits erläutert wurden, liefern für die spätere Ergebnisplanung im wesentlichen drei Teile:

(1) Die Planmengen als Ausgangspunkt für die Produktionsplanung und die darauf aufbauende Kapazitäts- und Investitionsplanung sowie für die Planung der Grenzkosten.

(2) Die geplanten Grenzkosten: Bei diesen Kostengrößen handelt es sich um eine analytisch-rechnerische Verzahnung zwischen Kosteneinsatz und Leistungsausbringung. Die Kostenvorgaben variieren dabei mit der Leistung und sind hauptsächlich im Produktionsbereich anzutreffen. Man spricht hier auch von flexiblen Budgets.

(3) Budgets für die Overhead-Bereiche: Die geplanten Fixkosten werden budgetiert. Diese Art der Kostenplanung beruht nicht auf einer analytisch finalen Beziehung zwischen Leistungskennzahlen und Kostenhöhe, sondern ist das Ergebnis von Entscheidungen über das geplante Kapazitätsvolumen. Die Budgets enthalten für die einzelnen Unternehmensbereiche die geplanten Fixkosten und haben für diese Bereiche Vorgabecharakter.

Grundlage für die Kalkulation der Standardgrenzkosten bildet

— ein Materialmengengerüst der Artikel auf der Basis von Rezepturen oder Stücklisten,

— das multipliziert wird mit den Planpreisen der Rohstoffe, Fertigmaterialien, Halbfabrikate, Bauteile usw. und

— um die Standardgrenzkosten der selbst gefertigten Halbfabrikate, Bauteile oder Baugruppen zu ergänzen ist.

Diese Standardgrenzkosten finden Eingang in die Artikelstammdatei und bilden die Grundlage für die Ermittlungen von Soll-Ist-Abweichungen für die laufende Ergebnissteuerung.

Beim Aufbau der Budgets sind folgende Tatbestände zu berücksichtigen:
— Die Budgets sollen unter Beteiligung der betroffenen Einheiten erarbeitet werden, da nur so gewährleistet ist, daß das Budget für die einzelne Abteilung Zielcharakter enthält.
— Die Budgets sind von unten nach oben zu erarbeiten, d. h. der Aufbau des Budgetierungsprozesses muß an der Basis beginnen und ist in hierarchischer Form bereichsweise zu verdichten.
— Ebenso wie die Planung müssen Budgets herausfordernd, aber erreichbar sein. Zu niedrige Budgets bilden keinen Leistungsanreiz, während zu hohe Budgets motivationshemmend wirken.
— Für jeden Bereich gibt es nur ein Budget, das die Funktion als Ziel für die kommende Periode ausfüllen kann. Die Arbeit mit Doppelbudgets führt dazu, daß immer dasjenige Ziel herangezogen wird, daß man in der betreffenden Situation am besten gebrauchen kann.

1.4.4 Knetphase

Die „Knetphase" ist eine Summe von Diskussionen des Controllers mit den betroffenen Fachbereichen über die Höhe der von ihnen vorgelegten Budgets. Dabei wird jedes Budget „geknetet" und geprüft, ob eine Kürzung möglich ist. Letztlich werden in dieser Planungsphase alle Kostenarten und Teilpläne kritisch untersucht.

Die Knetphase beginnt nach Zusammenführung der einzelnen dezentralen Teilpläne und des erstmaligen Aufstellens des Ergebnisplanes. In den meisten Fällen zeigt sich in diesem Stadium der Planung, daß dezentrale Wünsche und zentrale Machbarkeiten auseinanderfallen: Die erarbeitete Unternehmensplanung garantiert nicht die Zielerreichung für die kommende Periode.

Der Controller muß nun dafür sorgen, daß die Planung einerseits gewährleistet, daß die Unternehmensziele erreicht werden, zum anderen aber auch, daß diese Zielerreichung seriös geschieht und nicht zu Lasten langfristiger Erfolgschancen geht. Die Zielerreichung mit Brachialgewalt hat noch keiner Unternehmung gut getan, sondern allenfalls dem Management, das diese Zielerreichung kurzfristig durchsetzen konnte. Diese Phase läuft mit einer ständigen Rückkoppelung zu den betroffenen Bereichen ab und kann im Extremfalle die Überarbeitung der gesamten Jahresplanung zur Folge haben.

Eine Hilfestellung im Rahmen der Knetphase des Planungsprozesses bildet für den Controller nachfolgende Checkliste:

	Ja	Nein
(1) Sind Analysen und Prognosen als Informationsbasis der Planung ausreichend und realitätsnah?	☐	☐
(2) Wurden Alternativen geprüft?	☐	☐
(3) Ist die Planung in sich logisch und plausibel?	☐	☐
(4) Steht die Planung in logischer und plausibler Beziehung zum Vorjahr?	☐	☐
(5) Ist die Planung in die Mittelfristplanung und in die strategische Planung integriert?	☐	☐
(6) Sind die operativen Bereichspläne koordiniert, abgestimmt und konsistent?	☐	☐
(7) Enthält die Planung ausreichend Maßnahmen und Projekte?	☐	☐
(8) Steht die Geschäftsleitung hinter der Planung?	☐	☐
(9) Wurde dezentral mit zentraler Koordinierung geplant?	☐	☐
(10) Wurde richtig gerechnet?	☐	☐
(11) Sind die stillen Reserven in den Budgets seriös ausgeschöpft?	☐	☐

Nachdem die Knetphase abgeschlossen ist und die Planung „in sich stimmt", wird die Feinplanung durchgeführt. Diese hat zum Inhalt die

— verbindliche Budgetformulierung für die einzelnen Bereiche nach Kostenarten,
— Umsetzung der Ergebnisplanung in tiefergehende detaillierte Teilpläne,
— Aufbereitung der Jahresplanung für die Monatsplanung.

1.5 Mittel- und Langfristplanung

1.5.1 Extrapolation

Die Mittelfristplanung soll die Jahresplanung erweitern um den bei dieser Planung zwangsläufig enger werdenden Gegensteuerungszeitraum. Die Mittelfristplanung erstreckt sich in den meisten Fällen über einen Zeitraum von drei bis fünf Jahren. In vielen Fällen wird diese Mittelfristplanung um eine Langfristplanung ergänzt, die sich als Planfortschreibung der Mittelfristplanung über einen Zeitraum von maximal 10 Jahren ausweitet.

Beide Planungen haben einen erheblichen Nachteil: Die starre Fortschreibung von Planungsprämissen, die in die Jahresplanung eingegangen sind und in der Mittelfristplanung und der Langfristplanung fortgeschrieben werden, ist in der Regel zum Scheitern verurteilt. Bei einer sich dynamisch verändernden Umwelt kann eine derartige Extrapolation nur für einen Kurzfristzeitraum gelten, nie aber für einen längerfristigen Zeitraum das aktuelle Geschehen realitätsnah einfangen und somit im Sinne einer langfristigen Zielsetzung für die Unternehmensbereiche dienen.

Die Mittelfristplanung wurde traditionell als Planextrapolation oder Planfortschreibung der Jahresplanung erstellt:

	Ist 1981	Plan 1982	HR 1982	Plan 1983	Plan 1984	Plan 1985	Plan 1986
Bruttoumsatz	40.000	50.000	45.000	52.000	54.600	57.330	60.197
Deckungsbeitrag 1	16.000	20.000	18.000	21.840	22.932	24.079	25.283
Fixkosten	15.000	19.000	17.500	19.500	20.498	21.546	22.646
Betriebsergebnis	1.000	1.000	500	2.340	2.434	2.533	2.637

Obige Tabelle zeigt eine Mittelfristplanung für die wesentlichen Ergebniseckwerte einer Unternehmung. Diese Mittelfristplanung wurde mit der
Planung für das Geschäftsjahr 1983 erstellt und geht von folgenden Prämissen aus:
— Bruttoumsatz: Mittelfristige Steigerung um 5% jährlich
— Deckungsbeitrag 1: Konstanz der Deckungsbeitragsrelation in Höhe von
  42% vom Bruttoumsatz
— Personalkosten: Die geplanten Personalkosten für das Geschäftsjahr 1983
  betragen TDM 7.800. Bei ihnen wird eine jährliche Steigerung von 6% un-
  terstellt.
— Werbung: Das Werbebudget steigt von TDM 3.100 im Jahre 1983 jährlich
  um TDM 100.
— Die in den Fixkosten enthaltenen sonstigen Kosten in Höhe von TDM
  8.600 im Geschäftsjahr 1983 werden eine jährliche Steigerung von 5% erfahren.

Bei einer solchen Form der Mittelfristplanung handelt es sich letztlich nur
um eine rechentechnische Spielerei. Ausgehend von dem Basisjahr wird
über bestimmte Modellprämissen das Ergebnis extrapoliert, ohne daß konkrete Maßnahmen und Projekte in diese Planung eingebaut sind. Eine solche
Planung kann niemals die Anforderungen, die an eine Planung zu stellen
sind, erfüllen: Nämlich ein Leistungsanreiz und Ansporn für das Unternehmen zu sein. Dazu fehlt ihr der notwendige Verbindlichkeitscharakter.

1.5.2. Gap-Analyse

Ein in der Praxis häufig gebrauchtes Mittel zur Beurteilung von Mittelfrist-
planungen stellt die Gap-Analyse (gap engl. = Lücke) dar. Es ist ein leicht zu
handhabendes Instrument, das von zwei Projektionen ausgeht:
— der Darstellung der mittelfristigen Ergebniszielsetzung der Unternehmung und
— der Extrapolation der Jahresplanung, die den Ausgangspunkt der Mittelfristplanung bildete, unter der Annahme, daß keine Änderungen der Ge-
  schäftspolitik, d. h. keine strategischen Maßnahmen, eintreten werden.

Für unsere Mittelfristplanung aus dem vorangegangenen Abschnitt stellt
sich die Gap-Analyse graphisch wie folgt dar:

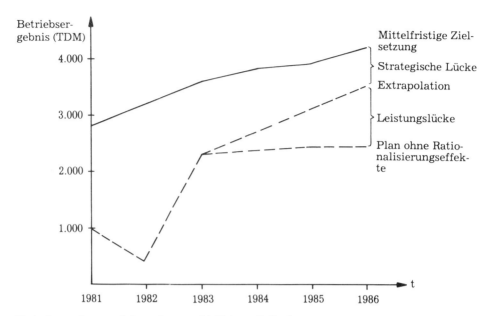

Dabei wurde von folgenden zusätzlichen Prämissen ausgegangen:
— Das mittelfristige Unternehmensziel ist eine Umsatzrendite von 7% vom Bruttoumsatz.
— Bei den Lohnkosten, die lt. Planung 1983 TDM 4.300 betragen, wird ab dem Geschäftsjahr 1984 ein jährlicher Produktivitätsfortschritt von 7% realisiert.

Die obige Abbildung zeigt drei wesentliche Ergebnisprojektionen:
— die Zeitreihe der mittelfristigen Umsatzrendite von 7%,
— die Planextrapolation unter Berücksichtigung von 7% Produktivitätsfortschritt ab 1984 bei den Lohnkosten,
— die Planextrapolation ohne die Berücksichtigung von Rationalisierungseffekten.

Die Gap-Analyse führt zu folgendem Ergebnis:
— In der Realisierung der jährlichen Produktivitätsfortschritte besteht im Mittelfristzeitraum ein Ergebnisrisiko von TDM 1.200.
— Zusätzlich dazu zeigt sich zwischen der Planextrapolation mit Rationalisierungsvorteilen und der mittelfristigen Ergebniszielsetzung einer 7%igen Umsatzrendite im Jahr 1986 eine strategische Lücke von TDM 575. Diese Ergebnislücke kann nur durch eine Änderung der derzeit verfolgten Strategien und Maßnahmen geschlossen werden.
— Die Mittelfristplanung zeigt Indizien für den „Hockey-Schläger-Effekt", der in der Praxis häufig anzutreffen ist. Er bringt einen zunehmenden Planungsoptimismus zum Ausdruck, je weiter die Planung in die Zukunft reicht und damit ihren unmittelbaren Verbindlichkeitscharakter verlieren. Der Hockey-Schläger-Effekt zeigt sich besonders stark im Geschäftsjahr 1982 und 1983. Während im Geschäftsjahr 1982 das Ist-Ergebnis unter

das Vorjahresergebnis und die Planung fällt, wird für das Geschäftsjahr 1983 ein weit über diesem Ergebnis liegendes Betriebsergebnis von TDM 2.340 geplant. Dieses Ergebnis nimmt im Mittelfristzeitraum noch zu.
— Die Unternehmenszielsetzung der Erreichung einer Umsatzrendite von 7% ist mittelfristig nicht erreichbar. Damit widerspricht die Mittelfristplanung dem Grundsatz, daß Ziele mittelfristig erreichbar sein sollen.

1.6 Planungsprobleme in der Praxis

In der Praxis hat der Controller mit unterschiedlichen Planungsproblemen zu kämpfen, die eine termingerechte Fertigstellung oftmals verzögern. Um diese Probleme auf ein Mindestmaß zu reduzieren, ist es erforderlich, daß der Controller für seine Planungstätigkeiten die Unterstützung der Geschäftsleitung besitzt. Hierdurch wird der Verbindlichkeitscharakter der gesamten Planungsarbeiten erheblich erhöht, und es lassen sich manche Widerstände in der Tagesarbeit vermeiden.

Um die typischen Planungsprobleme in den Griff zu bekommen, ist es neben der Unterstützung der Geschäftsleitung erforderlich, daß die für die Planung erforderlichen Vorbereitungsarbeiten, die der Controller vorzunehmen hat, gründlich und umfassend erfolgen. Dazu gehören — wie bereits erläutert — die detaillierte Festlegung von Planungsrichtlinien, die Erarbeitung eines Zuständigkeits- und Terminplanes, die Erarbeitung einer einheitlichen Planungssprache sowie die uneingeschränkte Unterstützung der planenden Stellen durch die Abteilung Controlling. Hierbei kommt es nicht auf theoretische Feinheiten an, sondern diese Planungsvorbereitungen sind firmenindividuell zu treffen und müssen empfängerorientiert erstellt werden. Es nützt nichts, theoretisch saubere Vorgaben zu erarbeiten, die keiner versteht, wichtig ist es, daß man die Sprache der Linienmanager spricht und bei ihnen nicht durch die Planungsrichtlinien zusätzliche Aversionen hervorruft. Auch wenn diese Tätigkeiten durch den Controller ausreichend und problemadäquat vorgenommen worden sind, zeigen sich in der täglichen Praxis noch immer bestimmte Planungsprobleme:

(1) Planung und Tagesroutine

Der Planungsprozeß läuft in vielen Unternehmungen in einer Zeit ab, in der sich alle auf das Hauptgeschäft nach der Urlaubszeit konzentrieren. Aus dem Zwang, das operative Jahresergebnis zu erreichen, hat damit die Tagesarbeit für die einzelnen Linienmanager immer Vorrang vor den Planungsarbeiten. Bezeichnend ist hier die Aussage eines Verkaufsdirektors: „Ich werde dafür bezahlt, daß ich Umsätze mache und nicht dafür, daß ich plane". Der Controller steht hier oftmals vor einem Dilemma: Auf der einen Seite muß das operative Jahresergebnis erreicht werden, und auf der anderen Seite ist die Planung für das kommende Geschäftsjahr zu erstellen. Durch sachliches Überzeugen und kooperative Unterstützung muß der Controller versuchen, eine entsprechende Zielgewichtung durch die Einheiten zu erreichen.

(2) Aversionen der Linieneinheiten

Planung ist nicht nur der Fahrplan für die Zukunft, sondern für viele betroffene Einheiten auch ein Korsett. Sie befürchten, durch die Planung ihren ehemals vorhandenen Freiheitsspielraum zu verlieren, da die Planungen und insbesondere der darauf aufbauende monatliche Soll-Ist-Vergleich viele Probleme ans Tageslicht bringt, die sich innerhalb eines Jahres in der Vergangenheit kompensatorisch ausgeglichen haben. Diese Aversionen müssen ausgeräumt werden, da sie einen positiven Planungsprozeß hemmen. Dies kann am besten dadurch abgebaut werden, daß man den Sinn des Soll-Ist-Vergleichs in das rechte Licht stellt und mit den Vorurteilen aufräumt, der Soll-Ist-Vergleich suche nach Schuldigen.

(3) Unser Geschäft läßt sich nicht planen

Die Aussage, daß sich das Geschäft, das man betreibt, nicht planen läßt, ist einerseits Ausfluß von Planungsaversionen, zum anderen aber auch auf die Tatsache zurückzuführen, daß die betroffenen Linieneinheiten nicht über ausreichendes Planungs-Know how verfügen. Hier helfen Unterstützung durch den Controller und die Demonstration, wie man bestimmte Teilbereiche über Planungstechniken in den Griff bekommt, mit Sicherheit weiter.

(4) Unsicherheit

Die Qualität einer Planung steht und fällt weitgehend mit dem Datenmaterial, das als Input in die Prämissenstruktur der Planung eingeht. Dieses Datenmaterial ist immer mit Unsicherheit behaftet; es gibt keine Planung, die auf vollständiger Information aufbauen kann. Um das Unsicherheitsmoment im Planungsprozeß zu reduzieren, bietet sich neben der gründlichen Vorauswahl des Datenmaterials das Prinzip der Rückkoppelung und die Ausnutzung von Planungsinterdependenzen an. Durch die Diskussion im Rahmen laufender Planungsrunden zwischen unterschiedlichen Abteilungen läßt sich das Unsicherheitsmoment nicht unwesentlich senken. Die Diskussion eines Problems durch Ausnutzung unterschiedlichen Bereichs-Know hows hat sich hierzu in der Praxis sehr gut bewährt.

(5) Optimistische Planungsmentalität

Optimismus tut jedem Geschäft gut. Eine zu optimistische Planungsmentalität kann der Controller jedoch nicht hinnehmen. Spätestens im laufenden Geschäftsjahr nach Eintritt z. T. nicht unwesentlicher Planabweichungen hat der Controller das Problem, die „Enden der Ergebnisrechnung" noch zusammenzufügen. Im Planungsstadium ist es deshalb erforderlich, daß der Realitätsgehalt der einzelnen Teilpläne geprüft wird und notfalls eine Planrevision erfolgt.

Um eine positive Grundhaltung nicht durch Planrevision im Keim zu ersticken, sind viele Unternehmen dazu übergegangen, mit sogenannten Doppelplänen zu arbeiten. Dies sieht dann so aus, daß der für den Absatzbereich erstellte Plan Zielcharakter besitzt, zur Risikominimierung in die Ergebnisrechnung aber mit einem reduzierten Plan eingestiegen wird. Ein solches

Verfahren besitzt den Vorteil, daß die Ergebnisrechnung später bei Unterschreitung des Absatzplanes, den der Absatzbereich erstellt hat, nicht direkt zusammen bricht, stellt aber das Instrument der Planung und Zielvorgabe infrage. Da es schwierig ist, solche Doppelpläne langfristig geheim zu halten, werden die davon betroffenen Einheiten in zukünftigen Perioden den Verbindlichkeits- und Zielcharakter der Planung ignorieren. Damit hat die Planung ihren Zweck verloren.

Eine andere Technik bei positiver Planungsmentalität ist oft anzutreffen: Man bindet die Budgetgewährung z. B. für Marketing, Werbung und Verkaufsförderung etc. an die Erreichung des Absatzplanes. Dabei erfolgt die Budgetzuteilung sukzessive im Jahresablauf in Abhängigkeit davon, ob der Absatzplan erreicht ist. Entsprechend werden die Budgets gekürzt, wenn die Pläne nicht realisiert wurden. Ein derartiges Planungsverhalten ist grundsätzlich abzulehnen. Gerade in einer Situation, in der der Absatzplan nicht realisiert werden kann, ist es sinnvoll, über zusätzliche Marketingaufwendungen den Absatz zu steigern und somit antizyklisch einem Trend entgegenzuwirken.

(6) Stille Reserven

Viele Linieneinheiten neigen dazu, äußerst vorsichtig zu planen, um im kommenden Geschäftsjahr im Plan-Ist-Vergleich nur positive Abweichungen zu realisieren. Zu diesem Zweck bauen sie sich die Planungspuffer nicht unerheblichen Ausmaßes in ihre dezentrale Teilpläne ein. Auch diese hat der Controller im Rahmen des Plausibilitätschecks der Planung aufzudecken und diese stillen Reserven, sofern es die Ergebnissituation erfordert, abzubauen.

(7) Pläne passen nicht

Fast jeder Planungsprozeß erfährt eine zeitliche Verzögerung dadurch, daß mit der Jahresplanung das Unternehmensziel nicht erreicht wird. Dann beginnt die Knetphase, die von allen Bereichen Abstriche verlangt. Diese Abstriche sollten nicht autonom von der Geschäftsleitung vorgenommen werden, sondern mit allen Abteilungen diskutiert und in Alternativen simuliert werden, um auch bei einer Planrevision weiterhin die Planidentifikation der betroffenen Bereiche zu erhalten.

(8) Termineinhaltung

Aus dem Zwang des Tagesgeschäftes heraus verzögert sich die Abgabe der Teilpläne einzelner Unternehmungsbereiche sehr häufig. Diesem kann der Controller einmal dadurch Rechnung tragen, daß er bei der Aufstellung der Terminplanung für den Planungsprozeß zeitliche Reserven einbaut. Ein weiteres Unterstützungsmittel ist die Geschäftsleitung, die unbedingt darauf dringt, daß der Planungsprozeß zügig abgeschlossen wird.

Mit den beschriebenen Planungswiderständen hat der Controller zu leben und fertig zu werden. Er sollte nicht versuchen, allein mit Autorität diese Dinge zu betreiben, sondern kooperativ und hilfsbereit mit den einzelnen

Bereichen diese Widerstände abbauen. Dabei sollte er sich immer folgende Punkte vor Augen halten:

— Viele Planungsprozesse leiden in ihrer Effizienz daran, daß die für die Planung Verantwortlichen den betroffenen Managern eine falsche Grundhaltung gegenüber vertreten.

— Die Planung allein löst die Geschicke des Unternehmens nicht. Das Fingerspitzengefühl der Linienmanager sollte ausreichend in der Planung Berücksichtigung finden.

— Skepsis und Widerstand der Linieneinheiten gegenüber der Planung muß nicht ausschließlich Zeichen eines bösen Willens oder mangelnden Anpassungsvermögens sein, sondern kann auch seine Ursache darin haben, daß der Controller diesen Einheiten nicht in der entsprechenden Form gegenübergetreten ist.

2. Information: Controller-Berichtswesen

2.1 Anforderungen an das Informationssystem

Das Informationssystem ist der Kern eines jeden Controlling-Systems. Es hat dem Entscheidungsträger rechtzeitig, problemadäquat und in der notwendigen Verdichtung die Informationen zu liefern, die er zur Gegensteuerung und Erreichung seiner Objectives benötigt. Damit dies erreicht wird, sind bei dem Aufbau des Informationssystems folgende Bedingungen zu beachten:

(1) Integration von Finanzbuchhaltung und Controlling-Informationssystem.

(2) Klare Unterscheidung der einzelnen Kosten- und Umsatzeinflußgrößen im Controlling-Informationssystem.

(3) Exakte Trennung nach Art der Leistungs- und Kostenentstehung und dem Verursacher bzw. dem Verantwortungsträger.

(4) Kongruenz zwischen aufgestellten Objectives und dem stellenbezogenen Bericht durch direkte Zurechnung des Ergebnisses auf einzelne Verantwortungseinheiten.

Um diese Zielsetzungen zu erfüllen, muß das Berichtswesen im Sinne eines Decision-Accounting und im Sinne eines Responsibility-Accounting funktionieren:

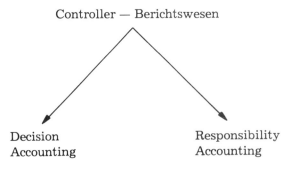

Controller — Berichtswesen

Decision Accounting   Responsibility Accounting

Als Responsibility-Accounting liefert das Berichtswesen Bereichsinformationen, mit denen die einzelnen Verantwortungsträger operationale Informationen zur Erreichung ihrer Objectives erhalten. Das Decision-Accounting konzentriert sich auf Objektinformationen, die den Verantwortungsträgern bei Entscheidungen über Produkte, Werbemaßnahmen, Projekte, Investitionen, Firmenkäufe, Touren, Kunden etc. unterstützen.

Für den Aufbau des Berichtswesens empfiehlt sich folgende Vorgehensweise:

(1) Grobentwurf des Systems

In diesem ersten Schritt kommt es darauf an, daß das System für die Unternehmung maßgeschneidert ist. Systeme, die an anderer Stelle mit Erfolg praktiziert werden, brauchen im eigenen Unternehmen nicht unbedingt zu funktionieren. Wichtig ist, daß das System die Informationsbedürfnisse der Unternehmung abdeckt. Anhaltspunkte für den Systementwurf sind Produkte, Kunden, Vertriebswege, Werke, Leistungsstrukturen usw.

(2) Diskussion des Grobentwurfs mit den betroffenen Bereichen

Der Grobentwurf ist mit den betroffenen Bereichen zu diskutieren, um deren Informationswünsche in das System einzubeziehen. In dieser Phase erfolgt der notwendige Abgleich zwischen den Vorstellungen des Controllers und den Wünschen der dezentralen Einheiten. Die Diskussion garantiert, daß das Informationssystem hautnah geschneidert wird und nicht als theoretische Lösung an den Erfordernissen vorbeigeht.

(3) Aufbau des Kostenartenplanes

Der Aufbau des Kostenartenplanes hat sich an den Informationsbedürfnissen, den aufgrund des gegenwärtigen Buchhaltungssystem gegebenen Machbarkeiten und den späteren Steuerungsnotwendigkeiten im Rahmen des Controlling-Systems zu orientieren. Dazu gehört, daß die Konten so detailliert aufgefächert sind, daß sie für die unterschiedlichen Pyramiden des Informationssystems einzeln angesprochen werden können.

(4) Aufbau der Kostenstellenrechnung

Der Aufbau der Kostenstellenrechnung erstreckt sich auf drei Bereiche:
— Festlegung der Kostenstellen entsprechend der Berichts- und Verantwortungshierarchie,
— Klärung der Bezugsgrößen für die variablen und fixen Budgets,
— Festlegung der Planleistung der Kostenstellen für den späteren Soll-Ist-Vergleich.

(5) Aufbau der Standardgrenzkostenrechnung

Der Aufbau einer Standardgrenzkostenrechnung empfiehlt sich bei einer Serienproduktion mit standardisierter Materialstruktur, vorgegebenen Operations- und Vorgabezeiten an den Maschinen und für einzelne Arbeitsgänge. Der Aufbau der Standardgrenzkostenrechnung umfaßt im wesentlichen folgende Stufen:

— Aufbau des Materialmengengerüstes für die einzelnen Artikel auf der Basis von Rezepturen und Stücklisten,

— Festlegung des Durchlaufs der einzelnen Erzeugnisse durch die einzelnen Kostenstellen über Arbeitspläne,

— Bewertung des Zeit- und Mengengerüstes mit den dazugehörigen Planpreisen.

(6) Abstimmung der einzelnen Rechnungskreise
Für das reibungslose Funktionieren des Berichtswesens ist es erforderlich, daß die Standardgrenzkostenrechnung und die Kostenartenrechnung mit der Lohn-, Material- und Anlagenbuchhaltung sowie mit der Fakturierung abgestimmt sind.

(7) Konzipierung des Systems
Damit das System auch für andere transparent ist, sollte nach Durchführung der Vorarbeiten und der Testläufe eine Dokumentation des Abrechnungssystems vorgenommen werden. Dabei ist insbesondere darauf zu achten, daß die Kontennummern und ihre korrespondierenden Zeilen in den Ergebnisrechnungen sichtbar werden. Diese Dokumentation ist bei laufenden Änderungen permanent zu aktualisieren.

2.2 Basis-Informationssystem

2.1.1 Kostenartenrechnung

Die Kostenartenrechnung liefert den Nachweis der Kostenentstehung aufgeteilt nach Kostenarten. Die Trennung erfolgt nicht nach Einzel- und Gemeinkosten wie in der klassischen Betriebsbuchhaltung, sondern nach fixen und variablen Kosten. Dabei liegt das Hauptaugenmerk der Kostenartenrechnung auf den fixen Kosten und ihrer Entwicklung im Zeitablauf und zum Plan. Die variablen Kosten erfahren eine intensive Analyse bei der Kostenträgerrechnung. Ihr Ausweis in der Kostenartenrechnung hat lediglich die Funktion zu dokumentieren, wie dieses Kostenvolumen sich im Zeitablauf entwickelt hat. Siehe Tabelle auf Seite 79.

Die obige Kostenartenrechnung trennt die Jahresfortschreibung vom Jahresbudget und vom laufenden Monat. Im linken Teil sind die Kostenentstehung des Monats März nach Plan und Ist angegeben sowie die Abweichungen absolut und in Prozent vom Plan analysiert. Die Trennung der Kosten erfolgt nach fixen Kosten und variablen Kosten.

Der mittlere Teil zeigt das Jahresbudget und den Vergleich zum Vorjahr. Diese Darstellung hat den Vorteil, daß der Empfänger nicht nur über einen Einzelmonat, sondern auch über das Gesamtvolumen der Kosten eines Jahres informiert wird.

Der rechte Teil der Kostenartenrechnung zeigt die Jahresfortschreibung aus der Addition der bis zum Betrachtungszeitpunkt aufgelaufenen Kosten nach dem gleichen Gliederungsschema. Hier ist das Ist dem Plan sowie dem Vorjahr gegenübergestellt, wobei die Abweichung sich auf die Abweichung zum kumulierten Plan bezieht.

	März				Ist Vorjahr	Jahres-plan	Januar - März				
	Plan	Ist	Abw. abs.	%			Ist Vorjahr	Plan	Ist	Abw. abs.	%
Rohstoffe	300	310	/ 10	3	2.400	2.800	600	700	725	/ 25	4
Verpackung	100	105	/ 5	5	1.000	1.200	250	300	320	/ 20	7
variable Fertigungskosten	200	180	+ 20	10	2.300	2.600	500	600	580	+ 20	3
.											
Variable Kosten	600	595	5	1	5.700	6.600	1.350	1.600	1.625	/ 25	2
Personalkosten	200	200	-	-	2.000	2.400	500	600	600	-	-
Energie	50	70	/ 20	40	500	600	130	150	170	/ 2	13
Frachtkosten	18	19	/ 1	6	220	200	55	50	50	-	-
Instandhaltungen	40	40	-	-	350	400	90	100	110	/ 10	10
Kapitalkosten	100	110	/ 10	10	1.000	1.200	250	300	280	· 20	7
.											
Fixkosten	408	439	/ 31	8	4.070	4.800	1.025	1.200	1.210	/ 10	1

Das Schwergewicht der Kostenartenrechnung liegt auf dem
— Kostenartenvergleich
— Vergleich des absoluten Kostenvolumens
— Vorjahresvergleich, wozu eine zusätzliche Abweichungsspalte für die Abweichung Ist zum Vorjahr eingerichtet werden kann
— Plan-Vergleich
— Vergleich der Kostenblöcke untereinander. Hierfür empfiehlt sich die spaltenweise Normierung der Kostenblöcke in Prozent vom Gesamtkostenvolumen.

Die Kostenartenrechnung gestattet unterschiedliche Auswertungen und liefert den Einstieg für ein aktives Fixkosten-Controlling, indem z. B. auch die Kosten auf Vorjahresniveau indiziert werden und im Zeitablauf fortgeschrieben werden. Zusammen mit der Kostenstellenrechnung zeigt sie Ansatzpunkte für Gegensteuerungsmaßnahmen.

2.2.2 Kostenstellenrechnung

Die Kostenstellenrechnung zeigt differenziert nach Kostenarten den Ort der Kostenentstehung und damit den Kostenverbrauch der Verantwortungsbereiche. Für den Verantwortungsträger hat das Kostenstellen-Budget Zielcharakter.

Die Kostenstellenrechnung folgt in ihrem Aufbau den gleichen Kriterien wie die Kostenartenrechnung und zeigt die Kosten nach dem Einzelmonat der Jahresfortschreibung und dem Jahresbudget.

Für ein aktives Controlling im Sinne des Management by Objectives ist es
erforderlich, daß dem einzelnen Verantwortungsträger in der Kostenstellenrechnung nur die Kosten gezeigt werden, die er auch zu verantworten hat.
Will man darüber hinaus weitere Kosten einbeziehen, so empfiehlt sich die
Trennung in beeinflußbare und nicht beeinflußbare Kosten. Die Beurteilung
des Kostenstellenleiters hat sich dabei immer an den beeinflußbaren Kosten
zu orientieren.

Kostenstelle: Kostenstellen- leiter	März		Abw.		Ist Vor- jahr	Jahres- plan	Januar - März					
	Plan	Ist	abs.	%			Ist Vor- jahr	Plan	Ist	Abw.		
										abs.	%	
Personalkosten	10	11	∤ 1	10	110	120	28	30	29	1	3	
Energie	3	2	1	33	35	40	9	10	10	-	-	
Abschreibungen	2	2	-	-	20	20	5	5	5	-	-	
Zinsen	2	2	-	-	20	20	5	5	5	-	-	
Instandhaltungen	3	4	∤ 1	33	30	30	8	8	9	∤ 1	13	
Kostensumme	20	21	∤ 1	5	215	230	55	58	58	-	-	

Die Abbildung zeigt die Kostenstellenrechnung in Form eines fixen Budgets.
Hierbei sind alle Kosten unabhängig von einer bestimmten Planbezugsgröße
und werden somit ausschließlich bereichsweise budgetiert. Der Aufbau entspricht dem Beispiel der Kostenartenrechnung auf Seite 79. Diese Form des
fixen Budgets empfiehlt sich für alle Bereiche, die nicht unmittelbar und
meßbar an der Leistungserstellung mitwirken, sondern im wesentlichen
Overhead-Charakter besitzen, wie z. B. Absatzbereich usw.

Für Kostenstellen, die unmittelbar an der Produkterstellung mitwirken und
deren Kostenhöhe von der Anzahl der produzierten Einheiten abhängig ist,
empfiehlt sich ein sogenanntes flexibles Budget. Die Kostenhöhe in diesen
Bereichen ist zwar vorab in einem bestimmten Umfang planbar, jedoch führen Schwankungen im laufenden Geschäftsjahr dazu, daß Kostenüber- oder
-unterschreitungen zum Planbudget entstehen, die vom Kostenstellenleiter
in der Form nicht zu verantworten sind. Aus diesem Grunde ist es bei Kostenstellen dieser Struktur, die insbesondere im Fertigungsbereich auftreten, sinnvoll, den Plan-Ist-Vergleich des Budgets um einen Plan-Soll-Ist-
Vergleich zu erweitern:

Kostenstelle: Kostenstellen- leiter	Planbeschäftigung: 1.000 Istbeschäftigung: 1.100 Monat				
	Plan	Soll	Ist	Abweichung	
				abs.	%
Fertigungslöhne	10.000	11.000	10.800	200	1,8
Energie	500	550	560	∤ 10	1,8
Öle	1.300	1.430	1.470	∤ 40	2,8
Abschreibungen	2.500	2.500	2.500	-	-
Instandhaltung	1.500	1.575	1.570	5	0,3
Kostensumme	15.800	17.055	16.900	155	0,9

In diesem Budget des Kostenstellenleiters sind die Kosten für eine Planbeschäftigung von 1.000 Einheiten geplant worden. Dabei gelten folgende Plansätze:
— Fertigungslöhne: 10 DM/Einheit
— Energie: 0,50 DM/Einheit
— Öle: 1,30 DM/Einheit
— Abschreibungen: fixes Budget
— Instandhaltungen: 0,75 DM/Einheit, der Rest als fixes Budget.

Wie das Beispiel zeigt, ist in dem der Betrachtung zugrundeliegenden Zeitraum eine Beschäftigung von 1.100 Einheiten erreicht worden, d. h. die Ist-Beschäftigung lag bei 110%. Die dieser Ist-Beschäftigung entsprechenden höheren variablen Kosten zeigen sich einschließlich der budgetierten Fixkosten in der Spalte Soll-Kosten, die sich wie folgt ergibt:

$$\text{Sollkosten} = \frac{\text{Ist-Beschäftigung}}{\text{Plan-Beschäftigung}} \text{ x geplante variable Kosten} + \text{geplante Fixkosten}$$

Die in der Abweichungsspalte ausgewiesene Abweichung ist die sogenannte Verbrauchsabweichung, die den Mehr- oder Minderverbrauch der einzelnen Kosten-Einsatzfaktoren zeigt. Die Tabelle macht deutlich, daß der Kostenstellenleiter bei der höheren Ist-Beschäftigung die Soll-Kostensumme um 155 DM unterschritten hat, was im wesentlichen auf die Unterschreitung der variablen Fertigungslöhne zurückzuführen ist. Der alleinige Plan-Ist-Vergleich hätte diese Situation falsch wiedergegeben, da die Ist-Kostensumme um DM 1.100 über der geplanten Kostensumme liegt. Die Kostenüberschreitung ist aber, wie die Soll-Kosten zeigen, ausschließlich auf eine höhere Beschäftigung zurückzuführen, die der Kostenstellenleiter nicht zu veranworten hat.

Aus der Kombination von Kostenarten und Kostenstellenrechnung kann sich der Controller schnell ein Bild über die Entwicklung der fixen Kosten machen. Während die Kostenartenrechnung ihm das Gesamtvolumen der fixen Kosten nach Arten differenziert aufzeigt, kann er bei Abweichungen einzelner Positionen gezielt über die Kostenstellenrechnung die Bereiche herausfinden, bei denen Kostenabweichungen entstanden sind und mit diesen Ansatzpunkte für Gegensteuerungsmaßnahmen diskutieren.

2.2.3 Kostenträgerrechnung

In der Kostenträgerrechnung werden die geplanten Grenzkosten (Standard-Grenzkosten) mit den Ist-Grenzkosten verglichen. Dieser Vergleich wird produktweise durchgeführt. Durch die Gegenüberstellung der Grenzkosten und des Bruttoumsatzes zeigt die Kostenträgerrechnung darüber hinaus den Deckungsbeitrag I als Produktdeckungsbeitrag:

Produkt-Nr.: Verantwortlich:	März				Ist Vorj.	Jahres- plan	Januar-März				
	Plan	Ist	Abw.				Ist	Plan	Ist Vorj.	Abw.	
			abs.	%						abs.	%
Bruttoumsatz	200	200	—	—	2.350	2.400	588	600	610	10	2
Rohstoffe	50	49	1	2	550	600	138	150	153	- 3	2
Aufmachung	17	18	- 1	6	200	200	50	50	51	- 1	2
Verpackung	25	25	—	—	300	300	75	75	75	—	—
Fertigungskosten	21	20	1	5	300	250	75	63	65	- 2	3
Deckungsbeitr. 1	87	88	1	1	1.000	1.050	250	262	266	4	2

Die Kostenträgerrechnung kann nach dem gleichen Schema wie die Kosten-artenrechnung und die Kostenstellenrechnung aufgebaut werden. Auch hier werden die Entwicklung des laufenden Monats sowie die Jahresfortschreibung und das Gesamtjahr gezeigt. Eine sinnvolle Ergänzung erfährt die Kostenträgerrechnung durch Ausweis

— des Deckungsbeitrags in Prozent vom Bruttoumsatz (relativer Deckungsbeitrag) und

— des Deckungsbeitrages pro Fertigungseinheit als engpaßbezogener Deckungsbeitrag.

Beide zusätzliche Auswertungen gestatten die Führung einer „Produkt-Hit-liste", die auf einen Blick die Ertragskraft des Sortiments zeigt:

	Absatz abs.	Umsatz (DM)	Erlös/ Einh. (DM)	Plan- vergl. (%)	Vorga- bevergl. (%)	DB 1 abs. (DM)	DB 1/ Einh. (DM)	DB 1 % u. V.	DB 1 je Std. (DM)
Produkt 1	120	1.200	10,00	98,0	110,0	600	5,00	50,0	15,0
Produkt 2	100	1.500	15,00	105,0	115,0	1.000	10,00	66,7	19,3
Produkt 3	150	750	5,00	108,0	135,0	300	2,00	40,0	14,7
Produkt 4	35	1.400	40,00	85,0	70,0	700	20,00	50,0	19,8

Die Standard-Grenzkosten werden in der Artikel-Stammdatei gespeichert und bilden den Einstieg für die noch zu erläuternden Formen der stufenweisen Ergebnisverdichtung. Diese Produktkalkulationen sind allerdings für die Handels- und Steuerbilanz nicht brauchbar. Da hier die Herstellkosten maßgebend sind mit aktivierten Fixkosten, empfiehlt es sich, in der Artikel-Stammdatei beide Kalkulationen zu führen. Dies hat den Vorteil, daß auch im laufendem Geschäftsjahr permanent das handelsbilanzielle Ergebnis ermittelt werden kann, indem zusätzlich zu den Standard-Grenzkosten die aktivierten Fixkosten der Erzeugnisse aus der Artikel-Stammdatei abgerufen werden.

2.3 Entscheidungsorientiertes Informationssystem

Das Basisinformationssystem bereitet die Informationen bis auf die kleinste Verdichtungseinheit auf, um auf dieser Basis unterschiedliche Aggregationen vornehmen zu können. Diese Verdichtungen im Sinne einer bedarfsgerechten und empfängerorientierten Informationsauswertung erfolgen in den nun zu diskutierenden Formen der stufenweisen Ergebnisrechnung. Dazu werden die einzelnen Informationen des Basisinformationssystems nach unterschiedlichen Hierarchie-Stufen zusammengefaßt, um für die Entscheidungsträger der einzelnen Unternehmenseinheiten operationale Informationen zu liefern.

Der Aufbau des entscheidungsorientierten Informationssystems greift auf das Konzept der stufenweisen Deckungsbeitragsrechnung nach Riebel zurück und läuft im Prinzip nach folgendem Grundschema ab:

$$
\begin{array}{ll}
& \text{Bruttoumsatz} \\
./. & \text{Erlösschmälerungen} \\
= & \text{Nettoumsatz} \\
\pm & \text{Bestandsveränderung} \\
= & \text{Gesamtleistung} \\
./. & \text{Materialeinsatz} \\
= & \text{Rohertrag} \\
./. & \text{variable Herstellkosten} \\
= & \text{Deckungsbeitrag nach Produktion} \\
./. & \text{direkte Kosten} \\
& \text{(für Bereiche, Produkte oder Kunden)} \\
= & \text{Deckungsbeitrag nach relativen Einzelkosten} \\
./. & \text{Fixkosten (nach Kostenarten gegliedert)} \\
= & \text{Betriebsergebnis} \\
\pm & \text{Neutrales Ergebnis} \\
= & \text{Gesamtergebnis}
\end{array}
$$

Durch dieses Prinzip der stufenweisen Ergebnisrechnung werden nicht nur empfängerorientiert verdichtete Informationen bereitgestellt, sondern durch die permanent wechselnden Hierarchiestufen und des Zurechnens von Fixkosten auf diese Hierarchieebenen im Sinne von relativen Einzelkosten wird eine stufenweise mehrdimensionale Durchleuchtung des gesamten Fixkostenblocks der Unternehmung erreicht.

2.3.1 Produkterfolgsrechnung

Die Produkterfolgsrechnung verfolgt den Wertefluß über die Rohstoffe, die einzelnen Arbeitsgänge bis zum Verkauf. In einer Produkthierarchie werden dabei ausgehend vom Produktdeckungsbeitrag durch zunehmende Verdichtung die relativen Einzelkosten der einzelnen Produkthierarchieebenen zugerechnet. In stufenweiser Verdichtung erscheint der Erfolg des Artikels, der Packungseinheit, der Produktgruppe, des Sortiments sowie der Marke:

Die Produkterfolgsrechnung baut auf folgendem Grundschema auf (vgl. auch Deyhle, Albrecht; Gewinnmanagement, 3. Aufl., München 1971, S. 193 ff.):

	A		B		C		Σ
	1	2	3	4	5	6	Σ
Brutto-Erlöse	x	x	x	x	x	x	x
./. Standard-Grenzkosten	x	x	x	x	x	x	x
= Deckungsbeitrag 1	x	x	x	x	x	x	x
./. Artikeldirekte Fixkosten	x	x	x	x	x	x	x
= Deckungsbeitrag 2	x	x	x	x	x	x	x
./. Produktgruppen- direkte Fixkosten	x		x		x		x
= Deckungsbeitrag 3	x		x		x		x
./. Unternehmens- Fixkosten							x
= Betriebsergebnis							x

Die Abbildung zeigt an einem vereinfachten Beispiel von 6 Artikeln und 3 Produktgruppen den Aufbau der Produkterfolgsrechnung. Ausgehend von den Bruttoerlösen wird durch Abzug der Standard-Grenzkosten im Plan sowie der Ist-Grenzkosten im Ist der Deckungsbeitrag 1 als Produktdeckungsbeitrag ermittelt. Durch Abzug der artikeldirekten Fixkosten für Werbung, Verkaufsförderung, Promotion, Verpackung usw. ergibt sich der Deckungsbeitrag 2 nach zurechenbaren Fixkosten. Die Summe der Deckungsbeiträge 2 der Produkte 1 und 2 bildet den Einstieg für die Produktgruppenbeurteilung, wo unter Abzug der produktgruppendirekten Fixkosten der Deckungsbeitrag 3 als Deckungsbeitrag der Produktgruppe erscheint. Durch Abzug der Unternehmensfixkosten wird das Betriebsergebnis ermittelt.

Der Deckungsbeitrag 1 dient der Artikelbeurteilung und zeigt, wie dieser Artikel am Markt beurteilt wird. Der Deckungsbeitrag 2 der einzelnen Artikel zeigt den Beitrag, den der einzelne Artikel nach zurechenbaren Fixkosten, die als relative Einzelkosten vom Deckungsbeitrag 1 abgesetzt sind, zur

Deckung des Fixkostenblocks bringt. Er gestattet eine Aussage über das Deckungsbeitragsvolumen der Einzelartikel. Entsprechend erlaubt der Deckungsbeitrag 3 eine Beurteilung des Produktgruppen-Deckungsbeitrages und zeigt, welche Wertigkeit die einzelnen Produktgruppen besitzen.

2.3.2 Vertriebserfolgsrechnung

Während die Produkterfolgsrechnung in stufenweiser Verdichtung den Beitrag der einzelnen Produkte, Produktgruppen usw. zum Gesamtergebnis zeigt, macht die Vertriebserfolgsrechnung eine Aussage über den Beitrag, den die einzelnen Vertriebsbereiche zum Unternehmenserfolg leisten. Sie siedelt damit neben der Produkterfolgsrechnung eine zweite Informationspyramide an:

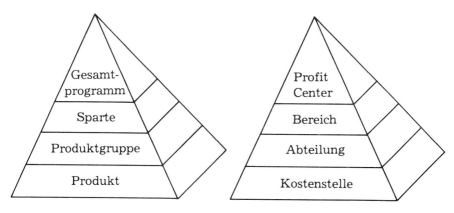

Der Aufbau der Vertriebserfolgsrechnung ähnelt im Grundschema dem der Produkterfolgsrechnung:

	A		B		C		Σ
	1	2	3	4	5	6	
Netto-Erlöse	x	x	x	x	x	x	x
./. Standard-Grenzkosten	x	x	x	x	x	x	x
= Deckungsbeitrag 1	x	x	x	x	x	x	x
./. Artikeldirekte Fixkosten	x	x	x	x	x	x	x
= Deckungsbeitrag 2	x	x	x	x	x	x	x
./. Spartendirekte Fixkosten		x		x		x	x
= Deckungsbeitrag 3		x		x		x	x
./. Unternehmens-Fixkosten							x
= Betriebsergebnis							x

Die Nettoerlöse werden zu Planwerten in der Planung und Istwerten im Ist angesetzt. Dies ist erforderlich, weil der Vertrieb die Höhe der Nettoerlöse entscheidend über die gewährten Erlösschmälerungen beeinflußt. Die Grenzkosten werden sowohl im Plan als auch im Ist zu Standardwerten angesetzt, da Abweichungen in diesem Kostenbereich von anderen Unternehmensbereichen, aber nicht vom Vertrieb zu verantworten sind.

Die artikeldirekten Fixkosten haben in der Vertriebserfolgsrechnung die gleichen Bestandteile wie in der Produkterfolgsrechnung. Hingegen enthalten die spartendirekten Fixkosten Personalkosten, Mieten, Versicherungen, Reisekosten und Spesen usw.

Der Deckungsbeitrag 1 ist in der Vertriebserfolgsrechnung Beurteilungsmaßstab für den Erfolg der einzelnen Artikel. Der Deckungsbeitrag 2 dient der Beurteilung der Marktstrategie und zeigt, inwieweit die Maßnahmen des Außendienstes zur Marktdurchdringung gegriffen haben. Der Deckungsbeitrag 3 dient der Beurteilung der Bereichsleitung. Er ergibt sich, nachdem alle dem Vertriebsbereich zurechenbaren Fixkosten vom Deckungsbeitrag 2 abgesetzt sind. Ebenso wie die Produkterfolgsrechnung führt auch die Vertriebserfolgsrechnung logischerweise zum Betriebsergebnis.

Nachfolgend ein Beispiel einer Vertriebserfolgsrechnung:

| | | | A | | | | B | | | | C | |
	1	2	3	(1-3)	4	5	6	(4-6)	7	8	9	(7-9)	Gesamt
Nettoumsatz	300	450	400	1.150	250	300	350	900	400	300	500	1.200	3.250
Grenzkosten	100	210	230	540	100	130	210	440	200	150	220	570	1.530
Deckungsbeitrag 1	200	240	170	610	150	170	140	460	200	150	280	630	1.700
Personalkosten	40	60	50	180	70	60	75	205	90	80	80	250	635
Miete	10	5	8	23	3	8	7	18	10	8	5	23	64
Versicherungen	2	3	2	7	2	2	2	6	2	3	2	7	20
Reisekosten	10	10	15	35	15	30	25	70	15	25	18	58	163
Werbung	30	20	25	75	20	30	25	75	30	30	25	85	235
direkte Kosten der Gebietsleitung	122	98	100	320	110	130	134	374	147	146	130	423	1.117
Deckungsbeitrag 2	78	142	70	290	40	40	6	86	53	4	150	207	583
Personalkosten				90				80				85	255
Miete				3				3				3	9
Versicherungen				2				4				3	9
Reisekosten				11				15				30	56
Werbung				30				40				25	95
direkte Kosten der Verkaufsleitung				136				142				146	424
Deckungsbeitrag 3				154				156				61	159
Fixkosten der Vertriebsleitung													130
Deckungsbeitrag 4													29

Aus Vereinfachungsgründen wurde abweichend von dem auf Seite 86 dargestellten Grundschema der Deckungsbeitrag 2 für die Artikelbeurteilung nicht gesondert ausgewiesen. Ebenso wurde darauf verzichtet, Plan- und Istwerte einander gegenüberzustellen.

2.3.3 Kundenerfolgsrechnung

Unsere Märkte haben sich in den vergangenen Jahren mit zunehmender Dynamik gewandelt. Dieser Strukturveränderungsprozeß hatte folgende Etappen: Während in den 50iger und Anfang der 60iger Jahre eindeutig der Hersteller dominierte und die Denkrichtung produktionsorientiert war, setzte in den 60iger Jahren eine Produkt- und Verbraucherorientierung ein. Diese wurde Anfang der 70iger Jahre mit der zunehmenden Verengung der Märkte ersetzt durch Machtzusammenballungen auf der Absatzseite. Damit wurden die Abnehmer zum Engpaßfaktor für die meisten Hersteller.

Die bisher beschriebenen Informationsinstrumente haben bei der Transparentmachung dieses Strukturveränderungsprozesses weitgehend versagt, da sie schwerwiegende *Nachteile und Mängel* besitzen:
— Das Fixkosten-Controlling ist an seinen Grenzen angelangt; die Budgetsteuerung erfolgt auch heute noch kompetenzorientiert.
— Der Schwerpunkt liegt auf der Globalsteuerung und nicht auf einer gezielten Segmentsteuerung.
— Nach wie vor steht die Kostenplanung und -kontrolle im Vordergrund; die heute enorm wichtige systematische Erlösplanung und Erlösschmälerungsplanung kommt dagegen zu kurz.
— Unser Controlling-Instrumentarium ist immer noch vom introvertierten Betriebsabrechnen geprägt und nicht von der notwendigen umwelt- und strategischorientierten Zielgruppensicht.

Diese Aufgaben werden von der Kundendeckungsbeitragsrechnung als eine die bisher bekannten Informationssäulen überlappende dritte Informationspyramide erfüllt:

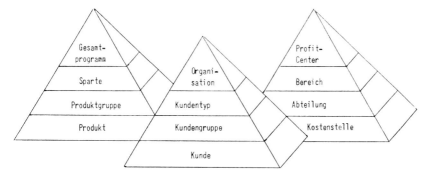

2.3.3.1 Entstehung

Jedem Markenartikelhersteller ist folgende Situation bekannt:

Der Verkaufsleiter eines Markenartikelherstellers trifft sich mit dem Geschäftsführer einer Handelsorganisation zu einer Verkaufsverhandlung. Die Handelsorganisation deckt mit ihren angeschlossenen „Outlets" im Verkaufsgebiet Nielsen I eine physische Distribution von 15% für die Marken des Herstellers ab. Der Hersteller erzielt mit dieser Organisation 3% seines Gesamtumsatzes.

Die einzelnen Verbrauchermärkte werden vom Hersteller in regelmäßigen Touren angefahren. In den einzelnen Läden hat das LKW-Personal folgende Einzelaufgaben wahrzunehmen:

— Ware anliefern
— Ware plazieren
— alte Waren zurücknehmen

Zusätzlich werden die Geschäfte vom Außendienst des Herstellers betreut. Dazu gehören:

— Anlieferung und Aufbau von Verkaufsförderungsmaterial
— Beratung der Marktleiter bei Aktionen und Verkaufsförderungsrunden
— Sonderplazierung bei Aktionen
— Ordersätze besprechen
— Regalpflege

Während des Gesprächs macht der Geschäftsführer der Handelsorganisation den Vorschlag, die Belieferung der einzelnen Geschäfte selbst zu übernehmen. Er sei dazu jetzt in der Lage, da seine Organisation plane, das hierfür notwendige Frischwarenlager in der erforderlichen Ausstattung zu bauen. Allerdings läßt er sich diesen Sonderservice entsprechend honorieren, so daß es in dem Gespräch letztlich nur noch um die Höhe der Erlösschmälerungen geht.

In dieser Situation helfen unsere heutigen Informationspyramiden des operativen Controlling nicht weiter. Die Frage, die dieses Gespräch aufwirft, ist:

Erzielen wir mit dem Kunden nach Gewährung von Erlösschmälerungen und dem Wegfall der uns bisher entstandenen Kosten noch den gleichen Deckungsbeitrag wie vorher?

Diese Frage kann nur eine Kundendeckungsbeitragsrechnung beantworten, in der alle dem Kunden zurechenbare

— Erlöse
— Erlösschmälerungen
— Kosten
erfaßt werden.

2.3.3.2 Gliederungsschema

Nach unseren bisherigen Erfahrungen hat sich für den Aufbau einer Kundendeckungsbeitragsrechnung nachfolgendes Gliederungsschema als zweckmäßig herausgestellt:

Bruttoumsatz zu Listenpreisen
./. Rechnungsrabatte/Skonti/Preisdifferenzen
= Nettoumsatz 1
./. Kalkulatorische Erlösschmälerungen
   (zeitliche Abgrenzungen)
= Nettoumsatz 2
./. Wareneinsatz
= Rohertrag
./. Variable Produktionskosten
= Deckungsbeitrag 1 (nach Produktion)
./. Proportionale, dem Kunden direkt zurechenbare Kosten (z. B. WKZ, Del-
   kredere, Finanzierungsvergütungen)
= Deckungsbeitrag 2
./. dem Kunden direkt zurechenbare Marketingkosten (z. B. Aktionsrabatte)
= Deckungsbeitrag 3
./. dem Kunden zurechenbare Verkaufskosten
= Deckungsbeitrag 4
./. dem Kunden direkt zurechenbare Logistik-/Service-Kosten
= Deckungsbeitrag 5
./. Kosten für Sonderleistungen durch die Industrie an den Kunden
= Deckungsbeitrag 6

Das Schema der Kundendeckungsbeitragsrechnung ist nicht neu, da es nur die konsequente Anwendung des Denkens in relativen Einzelkosten nach Riebel darstellt. Schauen wir uns die einzelnen Positionen näher an, so wird das Problem der Zurechenbarkeit mit zunehmender Zurechnungstiefe schwieriger.

Der Ansatz des Bruttoumsatzes sollte zu Listenpreisen erfolgen, um eine Vermischung von Brutto- und Nettoumsätzen zu vermeiden. Diese Vermischung ist heute noch überall üblich; jeder kennt die Begriffe Nettoumsatz, Nettonettopreis, Nettonettonettopreis. Durch Fakturierung zum Listenpreis werden die oftmals noch bestehenden kunden-individuellen Preisdifferenzen als Preisdifferenz zwischen Listenpreis und fakturiertem Preis als Erlösschmälerungen erfaßt.

Die Position Erlösschmälerungen sollte zweckmäßigerweise zwei große Gruppen umfassen:

— Rechnungsrabatte/Skonti/Preisdifferenzen
— Erlösschmälerungen, die nicht an der Rechnung abgehen

Während die erste Gruppe mit den Rechnungsrabatten, Skonti und Preisdifferenzen alle diejenigen Erlösschmälerungen umfaßt, die direkt von der Rechnung abgehen, fallen in die zweite Gruppe die Erlösschmälerungen, die nicht an der Rechnung abgesetzt werden, sondern in bestimmten Perioden als Quartals-, Halbjahres- oder Jahresrückvergütungen fällig werden. Hier entsteht insbesondere das zeitliche Abgrenzungsproblem und bei Staffeln das Hochrechnungsproblem zur Eingruppierung der einzelnen Kunden in die entsprechende Rabattstaffel.

Die variablen Produktionskosten sind zu Standardgrenzkosten sowohl in der Hochrechnung als auch in der Planung und im Ist in Ansatz zu bringen. In die Position proportionale, dem Kunden zurechenbare Kosten fallen alle Erlösschmälerungen, die nicht direkt oder indirekt an der Rechnung abgesetzt werden, sondern als Kostenbelastungen oder Zusatzleistungen wirksam werden. Hierzu gehören insbesondere Werbekostenzuschüsse, Delkredere-Vergütungen, Waggonvergütungen, Wechselspesen etc..

Marketingetats sind auf die Verbraucheransprache gerichtet und dienen in erster Linie dem Aufbau eines Produkt- und Markenimages. Insofern sind die größten Positionen des Marketingetats im Bereich der klassischen Werbung nicht dem Kunden zurechenbar. Anders sieht es auch bei den sogenannten Verkaufsförderungskosten aus, die in der Regel in den Marketingetats enthalten sind. Diese lassen sich bis auf geringe Ausnahmen dem Kunden zurechnen. Allerdings machen sie in Abhängigkeit von dem Umfang und der Zielsetzung des Etats nur ein Volumen zwischen 20 und 40 % aus, so daß der größere Teil der Marketingkosten als Fixkosten verbleibt, die aus der Summe der Kundendeckungsbeiträge zu decken sind.

Die Verkaufskosten sind nur bedingt dem Kunden zurechenbar. Ansatzpunkte ergeben sich aus der Besuchsfrequenzsteuerung des Außendienstes und der Verwendung der daraus abgeleiteten Mindestkosten pro Besuch als Verrechnungspreise. Diese Kostensätze lassen sich für Verkaufsförderer und Außendienstmitarbeiter zurechnen, sofern sie für bestimmte Großkunden tätig sind. Nicht zurechnen lassen sich die Kosten der Verkaufsdirektion, des Verkaufsinnendienstes und der Verkaufsleitungen.

Die zurechenbaren Logistik-/Service-Kosten umfassen Kosten für Hilfskräfte beim Regaldienst, Auszeichnung, zurechenbare Speditionskosten sowie Lagerkosten, die durch den Kunden entstehen. Die Zurechnung der Kosten des eigenen Fuhrparks scheitert in der Regel an der nicht kostenverursachungsgerechten Organisation des Fuhrparks. Hier bleibt ein weites Betätigungsfeld, um insbesondere über kundenorientierte Fuhrparkaufteilungen, systematische Tourenplanungen und Tourenoptimierungen Standardrichtsätze zur Zurechnung auf die einzelnen Kunden zu finden.

Kosten für Sonderleistungen umfassen in erster Linie Zuschüsse an den Kunden für Einrichtungsgegenstände, kalkulatorische Zinsen für Valuta etc..

2.3.3.3. Aufbau

Der Aufbau einer Kundenbeitragsrechnung ist eine Aufgabe, die vom Verkauf, Marketing und Controlling gemeinsam zu lösen ist:

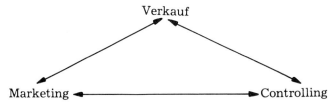

Ihr zweckmäßiger Einsatz ist nur im Rahmen eines kundenorientierten Informationssystems möglich, das folgende Mindestbausteine umfassen muß:

— Absatzstatistiken nach
  Kundengruppen
  Verkaufsstellen-Typen
  Verkaufsstellen-Strukturen
  Verbraucherorganisationen
— Daten der Handelsmarktforschung
— Daten der Verbrauchermarktforschung
— Kundendeckungsbeitragsrechnung

Daneben ist es notwendig, auch im Außendienst die notwendige Kundenorientierung durch organisatorische Maßnahmen zu untermauern. Dazu gehören

— eine zielgruppenorientierte, organisatorische Ausrichtung des Absatzbereichs,
— eine systematische Kundenplanung und Kundenanalyse,
— eine kundenorientierte Besuchsrhythmus- und Besuchsfrequenzsteuerung,
— am Kundendeckungsbeitrag orientierte Provisionssysteme.

Auch diese Maßnahmen helfen nicht, wenn die Unternehmenskonzeption weiter in Produktkategorien verankert ist.

2.3.3.4 Einzelprobleme

Beim Aufbau einer Kundendeckungsbeitragsrechnung zeigen sich folgende Probleme:

(1) Kontierung

Neben der Kostenart und der Kostenstelle kommt der Kunde als drittes Kontierungskriterium hinzu.

(2) Erstellungsrhythmus

Eine Kundendeckungsbeitragsrechnung sollte in gleichen Zeitabschnitten erstellt werden wie die übrigen im Rahmen des operativen Controlling zur aktiven Gewinnsteuerung notwendigen Informationen. Dazu gehört auch, daß eine systematische Planung und permanente Hochrechnung auf der Basis der Kundendeckungsbeitragsrechnung erfolgt.

(3) Verdichtungsebenen

In den meisten Fällen ist es notwendig, die in den Absatzbereichen zu findenden absatzorientierten Kundengruppensystematiken in steuerungsfähige Verdichtungseinheiten, die eine Profitcenterzuordnung zulassen, überzuleiten. Die Anzahl der Verdichtungsebenen und Verdichtungsstufen im Rahmen einer Kundendeckungsbeitragsrechnung ist abhängig von den Informationsbedürfnissen und den Steuerungsnotwendigkeiten, die vom Außendienst zu präzisieren sind. Diese Verdichtungsebenen können nur unternehmungsindividuell festgelegt werden.

(4) Einheitliche und durchgängige Konditionssysteme

Die Kundendeckungsbeitragsrechnung deckt in der Regel die an unterschiedlichen Stellen des Unternehmens behüteten Einzelkonditionen der Kunden auf. Beim Aufbau einer Kundendeckungsbeitragsrechnung ist es daher in der Regel notwendig, einheitliche, transparente und durchgängige Konditionssysteme zu schaffen.

(5) Anwendungsbereich

Die Kundendeckungsbeitragsrechnung ist als Einzelanalyse nur auf die Kunden anzuwenden, bei denen ein echtes Steuerungsbedürfnis erforderlich ist, z. B. die 50, 100 größten Kunden. Die Ergebnisse der restlichen Kunden sind als Summe zu erfassen, um zu garantieren, daß über die Deckungsbeiträge der übrigen Kunden und die nicht zurechenbaren Kosten die dritte Informationspyramide ebenfalls zum Betriebsergebnis führt.

2.3.3.5 Organisatorische Eingliederung

Ebenso wie die Erstellung und die Umsetzung in Steuerungsaktivitäten bei den bekannten Bausteinen des operativen Controlling gehören hinsichtlich der Kundendeckungsbeitragsrechnung folgende Aufgaben zum Kompetenzbereich des Controlling:

— Erstellung und laufende Aktualisierung des Systems zusammen mit Marketing und Vertrieb,
— Analyse und Vorschlag von Gegensteuerungsmaßnahmen bei gravierenden Abweichungen,
— Verbesserung des Systems und Integration in bestehende Gewinnsteuerungssysteme.

Das Controlling besitzt nicht die alleinige Kompetenz bezüglich der Kundendeckungsbeitragsrechnung als interdisziplinärem Berichts- und Steuerungsinstrument. Aufgabe des Controlling ist es vielmehr dafür zu sorgen, daß jeder sich selber steuern kann im Hinblick auf die Einhaltung der von der Geschäftsleitung gesetzten Ziele. Dies gilt auch für die Kundendeckungsbeitragsrechnung. Die zuständigen Abteilungen im Vertrieb sollen mit Hilfe der Kundendeckungsbeitragsrechnung die Selbststeuerung realisieren. Diese dispositiven Steuerungstätigkeiten laufen so lange ohne Eingriff des Controlling ab, wie sich die Entwicklung innerhalb vorher fixierter Toleranzwerte bewegt. Bewegen sich die Abweichungen innerhalb einer bestimmten Bandbreite außerhalb der Toleranzlimits, so sollte der Controller versuchen, zusammen mit den Abteilungen des Verkaufs die Gegensteuerungsmaßnahmen einzuleiten. Nur bei gravierenden Abweichungen sind zusammen mit der Geschäftsleitung die notwendigen Korrekturen zu erarbeiten.

2.3.3.6 Gewinnsteuerung

Die Kundendeckungsbeitragsrechnung gibt vielfältige Möglichkeiten des Eingriffs bei der Gewinnsteuerung:

(1) Erlösschmälerungen

Der detaillierte Ausweis der Erlösschmälerungen eröffnet Ansatzpunkte für die zukünftige Erlösschmälerungspolitik. Allein durch die mit der Kundendeckungsbeitragsrechnung erreichte Transparenz im Erlösschmälerungsbereich und dem Zwang zur systematischen Erlösschmälerungsplanung eröffnen sich viele Möglichkeiten des Eingriffs. Dabei sollte die Erlösschmälerungspolitik immer unter dem Leitsatz der Gleichheit von Leistung und Gegenleistung stehen. Dieser Grundsatz ist in der Vergangenheit nicht immer beachtet worden, allein weil aussagefähige und transparente Steuerungsinstrumente gefehlt haben.

(2) Wareneinsatz

Der Wareneinsatz und damit der Deckungsbeitrag 1 repräsentiert in der Kundendeckungsbeitragsrechnung das Sortimentmix des Kunden. Hier repräsentiert sich die Leistungsfähigkeit des Kunden bei der Durchsetzung der Sortimentsstrategien des Herstellers. Die Position läßt erkennen, inwieweit die Sortimentspolitik des Kunden und des Herstellers kongruent sind.

(3) Dem Kunden zurechenbare Kosten

Die dem Kunden zurechenbaren Kosten sind bei jeder Entscheidungssituation in ihrem Verhältnis zur Veränderung der Erlösschmälerungen zu betrachten. Die Kundendeckungsbeitragsrechnung gibt hier dem Verkauf bei den Verkaufsverhandlungen eine Entscheidungsgrundlage, die ein sicheres Auftreten in schwierigen Verhandlungen gewährleistet.

Wie die Deckungsbeitragsrechnung ist auch die Kundendeckungsbeitragsrechnung dann ein gefährliches Intrumentarium, wenn die zur Gewinnsteuerung notwendigen Richtgrößen und Sollwerte fehlen. Als Zielgrößen kommen infrage:

(1) Soll-Deckungsbeiträge

Ebenso wie bei den übrigen Ausprägungsformen der Deckungsbeitragsrechnung gilt auch hier die Forderung, daß jedes Teilsegment den vorgegebenen Solldeckungsbeitrag zur Abdeckung der fixen Kosten erbringen soll. Eine Subventionierung von Teilbereichen aus den Deckungsbeiträgen anderer Teilsegmente ist unter kurzfristigen operativen Gesichtspunkten auch bei der Kundendeckungsbeitragsrechnung nicht machbar. U. E. reicht aber die Vorgabe von Solldeckungsbeiträgen mit der Forderung, daß jedes Teilsegment diese Richtwerte erreichen soll, bei der Kundendeckungsbeitragsrechnung nicht aus.

(2) Unternehmensindividuelle Richtwerte

Vergleiche der einzelnen Kundendeckungsbeiträge sowohl innerhalb der Teilsegmente als auch relativ unter den einzelnen Teilsegmenten sind u. E. als Richtwerte innerhalb der Kundendeckungsbeitragsrechnung abzulehnen. Auch unternehmensindividuelle Anspruchsniveaus, die nicht durch unternehmenspolitische Entscheidungen untermauert sind, können als Steuerungsgrößen nicht befriedigen.

(3) Strategische Zielgrößen

Als strategische Zielgrößen kommen bei der Kundendeckungsbeitragsrechnung als zielgruppenorientiertem extravertiertem Steuerungsinstrument

— Marktpotentiale
— Verkaufsstellen-Typenpotentiale
— Vertriebsweg-Potentiale

infrage.

Diese Zielgrößen können nur durch Ableitung aus der Unternehmensstrategie fixiert werden und sind eine Aufgabe aller Abteilungen der Unternehmung. Insofern stellt gerade die Kundendeckungsbeitragsrechnung das Bindeglied zwischen operativem und strategischem Controlling dar. Eine Steuerung mit Hilfe der Kundendeckungsbeitragsrechnung ist ohne eine strategische Untermauerung durch eine strategische Unternehmensplanung nicht möglich. Insofern sind alle Versuche, die Kundendeckungsbeitragsrechnung ohne eine strategische Unternehmensplanung einzusetzen, letztlich zum Scheitern verurteilt, manifestieren sie doch nach wie vor produktorientiertes, intravertiertes Denken anstelle des notwendigen Zielgruppendenkens.

2.3.3.7 Nutzenprovision und Kundendeckungsbeitragsrechnung

Bildet der Absatzmarkt den Unternehmensengpaß, so stellt die Kundendeckungsbeitragsrechnung das adäquate engpaßorientierte Steuerungsinstrument dar. Die notwendige Umsetzung der auf die Zielgruppe gerichteten Maßnahmen wird nur dann erreicht, wenn neben einer kundenorientierten Ausrichtung der Organisationsstruktur im Absatzbereich das Provisionssystem auch an den Kundendeckungsbeitrag gekoppelt wird. Nur dadurch werden Sortimentsaufblähungen, hohe Absatzzahlen bei deckungsbeitragsschwachen Artikeln, die Gewährung von Rabatten und die Bereitwilligkeit, Sonderausführungen ohne Mehrpreis zu liefern, eingeschränkt. Eine Nutzungsprovision auf Basis des Kundendeckungsbeitrags ermöglicht den selektiven Verkauf.

Durch Gewährung einer Nutzungsprovision auf Basis des Kundendeckungsbeitrages wird sichergestellt, daß alle die in der Vergangenheit beklagten Beigaben zur Erreichung hoher Absatzzahlen kontrollierbar werden; der Verkäufer wird angehalten, bei der Gewährung von Rabatten darauf zu achten, daß diese in einem angemessenen Verhältnis zur vom Kunden übernommenen Gegenleistung steht. Zielsetzung sollte immer sein, Rabatte nur in Höhe der beim Hersteller entfallenden Kosten zu gewähren. Dazu ist es natürlich erforderlich, daß die dem Kunden zurechenbaren Kosten (Verkauf-, Marketing-, Logistikkosten) zu Standardwerten angesetzt werden.

Die Kopplung der Nutzungsprovision an den Deckungsbeitrag des Kunden gewährleistet darüber hinaus, daß sich die Kundenorientierung auch beim Verkäufer durchsetzt. Sie trägt dazu bei, daß die Ausnutzung des Engpaßfaktors „Kunde" mit dem nötigen Nachdruck angestrebt wird und das „Account-Management" nicht nur ein Lippenbekenntnis darstellt, sondern aktiv betrieben wird.

Die Ausgestaltung des Provisionssystems auf Basis des Kundendeckungs-beitrages hängt von den speziellen unternehmenspolitischen Zielsetzungen mit der Zielgruppe ab. Sie garantiert die Erreichung des notwendigen Um-denkungsprozesses auf die Zielgruppe hin im gesamten Absatzbereich.

Die alleinige Gewährung von an den Kundenerfolg gekoppelten Nutzenpro-visionen garantiert zwar eine deckungsbeitragsoptimale Ausschöpfung des Potentials der Zielgruppe, verhindert aber die Erreichung der produkt-und sortimentspolitischen Zielsetzungen des Herstellers. Deshalb sollte die an den Kundenerfolg gekoppelte Nutzenprovision um ein Provisionssystem er-gänzt werden, das die Erreichung der produkt- und sortimentspolitischen Zielsetzungen des Herstellers gewährleistet. Im Rahmen der Kunden-deckungsbeitragsrechnung hat sich die Provision zur Forcierung des Produkt- und Sortimentsniveaus am Wareneinsatz (Standardgrenzkosten) zu orientieren. Die Standardgrenzkosten der Produktion repräsentieren in der Kundendeckungsbeitragsrechnung das Sortimentsmix und sind deshalb der Anknüpfungspunkt für diese Provisionssysteme.

2.3.3.8 Ergebnis

Die Kundendeckungsbeitragsrechnung besitzt folgende Gefahren:

— Sofern die notwendige Zielgruppenorientierung innerhalb der Unterneh-mung fehlt, ist sie letztlich nur ein Spielzeug mit Alibifunktion.
— Falls die einzelnen, dem Kunden zurechenbaren Kosten nicht nach dem Prinzip der Kostenverursachung zugerechnet werden, hat die Kunden-deckungsbeitragsrechnung schwerwiegende Fehlentscheidungen zur Fol-ge.
— Ohne Zielgrößen, die aus der strategischen Unternehmensplanung abge-leitet sind, führt die Kundendeckungsbeitragsrechnung dazu, daß sich die Unternehmung an der Zielgruppe vorbei manövriert. In diesem Falle steht die Unternehmensleitung bei jeder größeren Entscheidung vor der Wand und wird letztlich gezwungen, taktische Entscheidungen ohne den Filter der strategischen Zielgrößen treffen zu müssen.

Wer obige Punkte nicht beachten will, sollte auf die Einführung einer Kun-dendeckungsbeitragsrechnung verzichten. Wer sich dieser Gefahren bewußt und gewillt ist, die Kundendeckungsbeitragsrechnung aktiv im Sinne eines zielgruppenorientierten Controllings einzusetzen, dem bringt die Kunden-deckungsbeitragsrechnung folgende Vorteile:

— Durch eine Kundendeckungsbeitragsrechnung wird eine konsequente mehrdimensionale Durchleuchtung des Fixkosten- (Gemeinkosten-) Be-reichs erreicht mit dem Effekt, daß anstelle einer Globalsteuerung die ge-zielte Segmentsteuerung ermöglicht wird.
— Die an „Portfolio-Gesichtspunkten" ausgerichtete strategische Kunden-steuerung erfährt ihre im operativen Bereich notwendige instrumentale Untermauerung.
— Die Kundendeckungsbeitragsrechnung stellt den konsequenten Über-gang vom introvertierten zum extravertierten zielgruppenorientierten

Denken innerhalb des Controlling dar und ist das Bindeglied zwischen operativem und strategischem Controlling.

— Die Kundendeckungsbeitragsrechnung ist der Übergang von der kompetenzorientierten zur zielgruppenorientierten Budgetsteuerung; sie garantiert den zielgruppenorientierten Mitteleinsatz und verhindert die Budgetsteuerung nach funktionsorientierten Eigeninteressen.

2.3.3.9 Checklist

Wenn sich nachfolgende Symptome zeigen, ist die Einführung einer Kundendeckungsbeitragsrechnung erforderlich:

		Ja	Nein
(1)	Im Rahmen der operativen (monatlichen) Ergebnisrechnung treten Abweichungen auf, die mit Hilfe des vorhandenen Analyse-Instrumentariums nicht mehr erklärbar sind.	☐	☐
(2)	Die monatlichen Abweichungen in der Ergebnisrechnung erfordern zunehmend tiefergehende Strukturanalysen bei den Erlösen, Erlösschmälerungen und im Bereich der Fixkosten.	☐	☐
(3)	Die Durchschnittserlöse pro Mengeneinheit werden zunehmend schlechter. Dieser Aushölungsprozeß der Erlösstruktur verstärkt sich im Zeitablauf. Die Gegensteuerungsmöglichkeiten, die das produktorientierte Steuerungsinstrumentarium (Produkterfolgsrechnung, Produktgruppenerfolgsrechnung) zuläßt, greifen nicht mehr.	☐	☐
(4)	Die Erlösschmälerungen werden in ihrer Höhe nicht mehr von den Umsätzen der einzelnen Produkte allein bestimmt.	☐	☐
(5)	Die Anzahl verschiedener Erlösschmälerungsarten nimmt im Zeitablauf ständig zu.	☐	☐
(6)	Die Höhe der Erlösschmälerungen in Prozent vom Bruttoumsatz zeigt im Rahmen einer Zeitreihenanalyse steigende Tendenz.	☐	☐
(7)	Die Änderungsraten, mit denen die Erlösschmälerungen steigen (zusätzlicher jährlicher Erlösschmälerungsbedarf) werden im Zeitablauf größer.	☐	☐
(8)	Ein ehemals relativ gleichförmiger Umsatzverlauf innerhalb des Jahres verschwindet zunehmend und wird ersetzt durch atypische Lieferrhythmen mit den bekannten Problemen — innerhalb der Produktion (Spitzen, Umrüstzeiten) — Lagerhaltung (Lagerspitzen) — Logistik (Spitzenauslastungen und Leerfahrten) Ursache dafür sind zunehmende Aktionsumsätze mit großen Handelspartnern, die einer normalen Abnahme weichen.	☐	☐
(9)	ABC-Analysen zeigen, daß mit den größten Kunden mehr Umsätze gemacht werden als mit den Hauptumsatzträgern bei den Produkten.	☐	☐

Ja Nein

(10) Die Kundenstruktur verändert sich zunehmend zu Großkunden. ☐ ☐

(11) Trotz Verwässerung der Umsatzstruktur durch permanent steigende Erlösschmälerungen tritt keine Entlastung im Kostenbereich ein, da die sogenannten „Leistungen des Handels" nicht zu einem Kostenabbau in gleicher Höhe führen. ☐ ☐

2.3.4 Unternehmenserfolgsrechnung

Die Unternehmenserfolgsrechnung zeigt über den Ausweis der einzelnen Kosten- und Erlösarten sowie das Betriebsergebnis und das neutrale Ergebnis das Gesamtergebnis der Unternehmung. Im Gegensatz zu den Spartenerfolgsrechnungen, die vorher erläutert wurden, stellt die Unternehmenserfolgsrechnung die Abstimmung der Managementerfolgsrechnung (Betriebsergebnis) mit dem Bilanzergebnis her.

Ein Gliederungsschema für eine Unternehmenserfolgsrechnung zeigt nachfolgende Abbildung:

	Plan	Ist	Abw. abs. / %	Jahres- plan	Ist Vorjahr	Ist Vorjahr	Plan	Ist	Abw. abs. / %
Bruttoumsatz Nettoumsatz Rohstoffe Verpackung . .									
Deckungsbeitrag 1 Personalkosten Energie . .									
. Gemeinkosten Betriebsergebnis Bilanzbrücke Übriges neutrales Ergebnis Neutrales Ergebnis Gesamtergebnis									

Das Schema der Unternehmenserfolgsrechnung trennt streng zwischen Betriebsergebnis und neutralem Ergebnis. Im Betriebsergebnis wird auf Basis des Umsatzkostenverfahrens und mit Grenzkosten gerechnet. Abschreibungen und Zinsen sind der Anlagenrechnung entnommen und enthalten kalkulatorische Abschreibungen, die abweichend vom bilanziellen Ansatz auf Wiederbeschaffungswerten beruhen. Ebenfalls kalkulatorisch angesetzt sind die Zinsen.

Das neutrale Ergebnis enthält alle betriebsfremden, aperiodischen und au-
ßerordentlichen Positionen wie Rückstellungen, Sonderabschreibungen, a.
o. Erträge, a. o. Aufwendungen usw. Die Abstimmung zwischen Manage-
menterfolg und Bilanzergebnis erfolgt in der Bilanzbrücke als Teil des neutralen Ergebnisses. Es ist deshalb zweckmäßig, das neutrale Ergebnis zu un-
terteilen in die Positionen Bilanzbrücke und übriges neutrales Ergebnis.
Diese Bilanzbrücke enthält folgende Positionen:
— die Differenz zwischen bilanziellen und kalkulatorischen Abschreibungen;
— den Differenzbetrag zwischen kalkulatorischen und effektiv gezahlten
   Zinsen;
— die Fixkostenanteile in den Wertansätzen der Bestände für Halb- und
   Fertigfabrikate, die in der Position Fixkosten der Bestandsveränderung
   auftauchen;
— den Differenzbetrag zwischen den Sollkosten der Kostenstellen, die im
   Soll-Ist-Vergleich auftreten und den auf die Erzeugnisse verrechneten effektiven Grenzkosten;
— Abgrenzungsdifferenzen zwischen Finanzbuchhaltung und Betriebsbuchhaltung, sofern diese ein größeres Volumen besitzen.

3. Analyse/Kontrolle: Plan-Ist-Vergleich

3.1 Abweichungsanalyse

Kontrolle bedeutet den Vergleich von Plan und Ist. Die Kontrolltätigkeit im
Controlling bleibt allerdings nicht bei der Feststellung von Abweichungen
stehen, sondern nutzt den Informationswert von Kontrollen als Soll-Ist-Vergleich für eine zukunftsorientierte Steuerung. Die Kontrolle bildet damit
nur die Vorstufe für eine intensive Analyse der Ursachen von Abweichungen, die wiederum den Einstieg für die Gegensteuerungsmaßnahmen als
Schwerpunktaufgabe des Controlling im Sinne der Unternehmenssteuerung
bilden.

3.1.1 Plan-Ist-Vergleich

3.1.1.1 Abweichungen im Kostenbereich

Nachfolgend eine flexible Kostenplanung auf Basis der Grenzkostenrechnung für die Kostenstelle Dreherei für das kommende Geschäftsjahr:

Kostenstellen-Nr.: Dreherei Kostenstellen—Leiter:	Planbeschäftigung: 1.750 Std.		
	variable Kosten	fixe Kosten	Σ
Fertigungslöhne	350	—	350
Hilfslöhne	70	—	70
Gehälter	—	120	120
kalk. Sozialkosten	120	48	168
Werkzeugkosten	65	—	65
Instandhaltung	30	10	40
Energie	40	10	50
Abschreibungen	—	20	20
Zinsen	—	15	15
Gesamt	675	223	898

Dabei wurden die Kosten nach variablen Kosten und fixen Kosten für die Kostenstelle getrennt und die variablen Kosten für eine Planbeschäftigung von 1.750 Vorgabestunden geplant. Per Ende Juni des abgelaufenen Geschäftsjahres zeigt sich für die Kostenstelle Dreherei folgender Plan-Ist-Vergleich:

	Plan	Ist	Abweichung	
			abs.	%
Fertigungslöhne	175	140	35	20,0
Hilfslöhne	35	40	5	14,3
Gehälter	60	60	—	—
kalk. Sozialkosten	84	81	3	3,6
Werkzeugkosten	33	28	5	15,1
Instandhaltung	20	20	—	—
Energie	25	24	1	4,0
Abschreibungen	10	10	—	—
Zinsen	8	8	—	—
Gesamt	450	411	39	8,7

Ein Plan-Ist-Vergleich für ein Kostenstellenbudget sagt in der vorliegenden Form relativ wenig aus, da eine Ursachenanalyse der Einzelabweichungen aufgrund der globalen Plan-Ist-Abweichung nicht möglich ist. Der globale Plan-Ist-Vergleich macht nämlich keine Aussage über die Ursachen der Abweichungen, die nur dann zu erhalten ist, wenn die Plan-Ist-Abweichung in die Einzelkomponenten aufgeteilt wird. Nur eine solche Aufteilung gestattet die Ursachenanalyse und damit den gezielten Einsatz von Gegensteuerungsmaßnahmen.

Die flexible Plan-Kostenrechnung liefert hier über das Instrumentarium des Soll-Ist-Vergleiches ein flexibles Instrumentarium zur Abweichungsanalyse, indem in Ergänzung zur starren Plan-Kostenrechnung die Plan-Kosten und die Ist-Kosten um sogenannte Soll-Kosten ergänzt werden. Dabei sind folgende Begriffe zu beachten:

(1)   Soll-Kosten sind die geplanten Kosten bei der jeweiligen Ist-Beschäftigung einer Kostenstelle (Soll = Istmenge x Planpreis)

(3)   Die Plan-Kosten sind die geplanten Kosten bei Plan-Beschäftigung der Kostenstelle (Plan = Planmenge x Planpreis)

(3)   Die Ist-Kosten sind die effektiven Kosten einer Kostenstelle bei Ist-Beschäftigung (Ist = Istmenge x Istpreis)

Die flexible Plan-Kostenrechnung liefert mit den Soll-Kosten eine Kostengröße, die angibt, wie hoch die variablen Kosten aufgrund der technischen Leistungsbeziehungen bei der jeweiligen Ist-Beschäftigung sein müssen. Für unser Beispiel der Kostenstelle Dreherei hat der Soll-Ist-Vergleich für den Zeitraum Januar bis Juni folgendes Bild:

	Plan	Soll	Ist	Abweichung	
				abs.	%
Fertigungslöhne	175	160	140	20	15,5
Hilfslöhne	35	32	40	8	25,0
Gehälter	60	60	60	—	—
kalk. Sozialkosten	84	79	81	2	2,5
Werkzeugkosten	33	30	28	2	6,6
Instandhaltung	20	19	20	1	5,3
Energie	25	23	24	1	4,3
Abschreibungen	10	10	10	—	—
Zinsen	8	8	8	—	—
Gewinn	450	421	411	10	2,4

Zur Ermittlung dieser Soll-Kosten werden die variablen Plan-Kosten mit der Ist-Beschäftigung multipliziert. Für unser Beispiel war die Plan-Beschäftigung 875 Vorgabestunden, während die Ist-Beschäftigung bei 800 Vorgabestunden gelegen hat. Die geplanten Fixkosten werden auch in diesem Falle budgetiert und sind im Soll mit dem halben Jahresbudget angesetzt.

Wie der Soll-Ist-Vergleich zeigt, hat der Kostenstellenleiter eine Unterschreitung der Soll-Kosten um TDM 10 (2,4 %) erreicht. Diese Abweichung ist die sogenannte Verbrauchsabweichung, die eine Aussage über den Mehr- oder Minderverbrauch von Kostengütern in den Kostenstellen macht.

Die sogenannte Preisabweichung wird nicht auf der Ebene der Kostenstelle ausgewiesen, da der Kostenstellenleiter auf die Höhe der Beschaffungspreise keinen Einfluß hat. Die Preisabweichung ist vielmehr das Beurteilungskriterium für die Einkaufsabteilung. Die sogenannten „Ist-Kosten" in unserem Beispiel des Kostenstellenbudgets sind aus diesem Grunde feste Verrechnungspreise, um die Abweichung nicht um Preisabweichungen zu verwässern.

Darüber hinaus zeigt die Abweichungsanalyse aus dem Vergleich von Plan und Soll eine positive Abweichung von TDM 29. Diese Plan-Soll-Abweichung ist die sogenannte Mengenabweichung, die eine Aussage über die Minderkosten aufgrund einer niedrigeren Beschäftigung als der geplanten Beschäftigung macht. Sie ist nicht zu verwechseln mit der Beschäftigungsabweichung der flexiblen Plankostenrechnung auf Vollkostenbasis, die de facto nichts anderes ist als eine Kalkulationskorrektur.

Für Zwecke der Kostenanalyse sind damit die Mengenabweichung, die Preisabweichung und die Verbrauchsabweichung relevant:

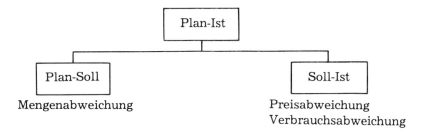

3.1.1.2. Abweichungen im Umsatzbereich

Während der Kostenbereich seit eh und je Mittelpunkt detaillierter Abweichungsanalysen ist, werden Abweichungsanalysen im Umsatzbereich mit einem ausgewählten Instrumentarium erst in jüngster Zeit vorgenommen. Diese Situation ist im wesentlichen historisch und umweltbedingt: In den Zeiten ungezügelten Wachstums der 50iger und 60iger Jahre war die Erlösseite für die meisten Unternehmen relativ stabil und in Ordnung. Erst mit der zunehmenden Verengung unserer Märkte und dem Zwang zur Marktsegmentierung haben bei vielen Unternehmen Veränderungen der Absatzstruktur stattgefunden, die ohne ein entsprechendes Analyseinstrumentarium nicht in den Griff zu bekommen sind. Diese Strukturabweichungen haben ihre Ursachen im wesentlichen in folgenden Entwicklungen:

(1) Auf der Abnehmerseite haben sich Machtzusammenballungen gebildet, die in der Lage sind, die Hersteller zu nicht zu unterschätzenden Preiszugeständnissen zu zwingen. Diese Preiszugeständnisse führen zu einer Verschlechterung der Durchschnittserlösstruktur.

(2) Aufgrund des Wachstums der 60iger Jahre haben viele Unternehmen im Glauben an einen Fortgang dieser Entwicklung ihre Kapazitäten sehr stark erweitert. Mit der aufkommenden Rezession in den 70iger und 80iger Jahren sind ganze Branchen von Überkapazitäten befallen worden, die die Unternehmen veranlaßt haben, in einer geradezu hekti-

schen Preispolitik Zugeständnisse zu machen und die Kapazitäten mit
sogenannten „Grenzgeschäften" auszulasten.

Die Anwendung des Abweichungsinstrumentariums im Umsatzbereich ist
deshalb besonders wichtig, weil sich dieser Strukturveränderungsprozeß in
der Regel langsam, aber mit zunehmender Dynamik fortsetzt und bei vielen
Unternehmungen Abweichungen im Umsatzbereich allein auf diese Strukturveränderungen zurückzuführen sind. Damit ist das alt hergebrachte Men-
gendenken zum Scheitern verurteilt und führt dazu, daß Unternehmen langsam aber sicher in eine Ertragsklemme getrieben werden.

Die Umsatzstrukturanalyse sei an folgendem Beispiel dargestellt:

	Plan	Ist	Abweichung	
			abs.	%
Absatzmengen (Verkaufseinheiten)				
Orangensaft	5.000	12.000	7.000	140,0
Tomatensaft	10.000	10.000	—	—
Tonic-Wasser	13.000	9.000	- 4.000	30,8
Gesamtabsatz	28.000	31.000	3.000	10,7
Umsatz (DM)				
Orangensaft	6.450	15.000	8.550	132,6
Tomatensaft	11.000	11.000	—	—
Tonic-Wasser	11.440	8.100	- 3.340	29,2
Gesamtumsatz	28.890	34.100	5.210	18,0
Erlös (DM/VE)				
Orangensaft	1,29	1,25	- 0,04	3,1
Tomatensaft	1,10	1,10	—	—
Tonic-Wasser	0,88	0,90	0,02	2,3
Gesamt	1,03	1,10	0,07	6,8
DB (DM/VE)				
Orangensaft	0,40	0,38	- 0,02	5,0
Tomatensaft	0,50	0,50	—	—
Tonic-Wasser	0,60	0,61	0,01	1,7
Gesamt	0,53	0,49	0,04	7,5

Die Abweichungsanalyse im Umsatzbereich zeigt folgendes Ergebnis:

Die Gesamtabweichung im Umsatz von DM 5.210 (18,0 %) wird zunächst in
eine Mengen- und eine Preisabweichung zerlegt:

(1) Mengenabweichung

Die Mengenabweichung des Gesamtsortiments ergibt sich aus der Differenz zwischen Soll-Umsatz und Plan-Umsatz. Dabei gelten folgende Beziehungen (Rundungsziffern sind ausgeklammert):

$$X_I \cdot P_P - X_P \cdot P_P$$

$$(X_I - X_P) P_P$$

(ISTMENGE — PLANMENGE) · PLANPREIS

$(31.000 - 28.000) \cdot 1,03 = 3.095$

Die Gesamtabweichung von DM 5.210 ist mit DM 3.095 auf eine Steigerung der Absatzmenge zurückzuführen.

(2) Preisabweichung

$$X_I \cdot P_I - X_I \cdot P_P$$

$$(P_I - P_P) X_I$$

(ISTPREIS — PLANPREIS) · ISTMENGE

$(1,10 - 1,03) \cdot 31.000 = 2.115$

(3) Strukturabweichung

Abweichungen, die zurückzuführen sind auf die Zusammensetzung der Absatzstruktur, zeigen sich bei der Umsatzanalyse in der Soll-Ist-Abweichung und damit in der Preisabweichung. Folglich ist die Preisabweichung aufzuteilen in eine strukturbereinigte Preisabweichung, die den isolierten Ergebniseffekt der Preisänderung auf die Abweichung zeigt und die sogenannte Strukturabweichung.

Zur Ermittlung der strukturbereinigten Preisabweichung sind vom Ist-Umsatz die Soll-Umsätze der einzelnen Produkte zu subtrahieren. Im Gegensatz zur globalen Preisabweichung wird hier bis auf die kleinste Ebene des Produktes durch Ermittlung der produktbezogenen Soll-Umsätze zurückgegriffen:

$$
\begin{aligned}
31.000 \cdot 1,10 - (12.000 \cdot 1,29 + \\
10.000 \cdot 1,10 + \\
9.000 \cdot 0,88) = \cdot/\cdot \; 300
\end{aligned}
$$

Die Ermittlung der reinen Strukturabweichung zeigt sich in der Differenz der Soll-Umsätze der Produkte und des Soll-Umsatzes des Gesamtsortiments, so daß sich folgendes Gesamtergebnis ergibt:

Mengenabweichung		3.095 DM
Preisabweichung	./.	300 DM
Strukturabweichung		2.415 DM
Gesamtabweichung		5.210 DM

Die Abweichungsanalyse zeigt, daß Preiszugeständnisse (negative Preisabweichung) nur in geringem Umfang zur Umsatzausweitung beigetragen haben. Das größere Volumen resultiert aus einer Strukturabweichung, die durch Forcierung des erlösstarken Orangensaftes erfolgte.

Die reine Umsatzanalyse gestattet zwar schon einen ersten Einstieg und Einblick in die Ursachen der Abweichungen, macht aber relativ wenig Aussagen über die Ertragsstärke dieser Entwicklung. Deshalb ist es erforderlich, die Umsatzanalyse um eine Deckungsbeitrags-Abweichungsanalyse zu erweitern.

3.1.2. Plan-Soll-Ist-Vergleich

Am Beispiel des flexiblen Kostenbudgets der Dreherei (Seite 100) wurde gezeigt, daß die globale Plan-Ist-Abweichung für eine ursachengerechte Abweichungsanalyse und den effizienten Einstieg für Gegensteuerungsmaßnahmen nicht brauchbar ist. Es empfiehlt sich deshalb, nicht nur kostenstellenweise sondern auch für das Gesamtunternehmen den Plan-Ist-Vergleich um einen Plan-Soll-Ist-Vergleich zu erweitern.

Eine derartige Form des Berichtswesens gestattet auf den ersten Blick eine sehr klare Aussage über die Situation des aktuellen Geschäftes, insbesondere durch den gleichzeitigen Ausweis der verschiedenen Abweichungsarten

— Plan-Ist-Abweichung (Plan-Ist)
— Mengenabweichung (Plan-Soll)
— Verbrauchsabweichung (Soll-Ist)
— Preisabweichung/Strukturabweichung (Soll-Ist)

3.1.3 Forecast

Der Plan-Ist-Vergleich und die Abweichungsanalyse liefern ein Feed-back: sie zeigen, welche Ursachen dazu geführt haben, daß der Plan nicht erreicht wurde. Diese Informationen liegen aber in der Regel erst einen halben Monat nach Abschluß des Monats, für den sie erstellt wurden, vor und signalisieren dann nur noch einen Tatbestand, der geschehen ist. Sie geben aber keine Hinweise dafür, wie es zukünftig weitergehen soll.

Neben der Tatsache, daß die Informationen des Plan-Ist-Vergleichs zu dem Zeitpunkt, zu dem sie vorhanden sind, nicht mehr revidiert werden können, haben sie den weiteren Nachteil, daß das Feed-back vom psychologischen Standpunkt her immer als eine Suche nach Schuldigen interpretiert wird. Der Controller sollte deshalb die Abweichungsanalyse und den Plan-Ist-Vergleich lediglich als Einstieg für zukünftige Gegensteuerungsmaßnahmen verwenden und die Frage stellen: „Was können wir tun, um unser Ziel zu erreichen?" Insofern ruft jeder Plan-Ist-Vergleich geradezu Gegensteuerungsmaßnahmen hervor, die zusammen mit dem Verantwortlichen erarbeitet werden müssen und in einer Vorschaurechnung transparent zu machen sind. Das bedeutet, daß die feed-back-orientierte Plan-Ist-Analyse um eine feed-forward-orientierte Gegensteuerungsanalyse zu erweitern ist.

Die Hochrechnung ist keine Extrapolation, die dadurch entsteht, daß man die kumulierten Ist-Werte der Ergebnisrechnung und den Plan für den restlichen Zeitraum des Jahres addiert. Eine Hochrechnung hat zu zeigen, welche konkreten Maßnahmen aufgrund der bis zum Zeitpunkt der Hochrechnungserstellung eingetretenen Ist-Entwicklung ergriffen werden, um das Jahresziel zu erreichen. Insofern hat die Hochrechnung Planungs-Charakter und stellt bei einer seriösen Erarbeitung die gleichen Forderungen an den Hochrechnungserstellungsprozeß wie sie an die Erstellung einer Jahresplanung zu stellen sind.

Für eine aktive Gegensteuerung wird der monatliche Plan-Ist-Vergleich durch eine monatliche Hochrechnung ergänzt. Um auch bei den Empfängern den Blick für die Hochrechnung zu verstärken, empfiehlt es sich, an die Stelle des Plan-Ist-Vergleichsschemas die in der nachfolgenden Abbildung dargestellte Form des zukunftsorientierten Plan-Ist-Vergleichs zu verwenden (Mann, Rudolf: Praxis strategisches Controlling, a.a.O., S. 24):

"Zukunftsorientierter Plan-Ist-Vergleich"										Blatt	
	Monat				Jahres-plan	Jahresvorschau				Abw. zu Jahres-plan	
	Plan	Ist	Abw.			Plan kum.	Ist kum.	Er-wartg.	Vor-schau		
			abs.	%						abs.	%
Bruttoumsatz Rohertrag Aufwendungen Vgl. Betriebsergebnis											
Gesamtergebnis											
Rohertrag % vom Umsatz Vgl. Betriebsergebnis % vom Umsatz											

Im Gegensatz zum vergangenheitsorientierten Plan-Ist-Vergleich beschränkt sich das Feed-back bei dieser Form des Plan-Ist-Vergleichs auf den linken Teil, und zwar bei der Analyse des Einzelmonats. Hingegen ist der gesamte rechte Teil im Bereich der Jahresvorschau ausschließlich zukunftsgerichtet und zeigt den kumulierten Plan, das kumulierte Ist, die Erwartung, die Vorschau für das Restjahr und die Abweichung zum Jahresplan.

Die Einführung einer monatlichen Hochrechnung scheitert häufig an dem damit verbundenen Aufwand, aber auch durch Widerstand der einzelnen Bereiche. Dieses Instrumentarium muß letztlich genauso verkauft werden wie eine Jahresplanung und stößt in einem ersten Schritt auf die gleichen Ressentiments, auf die man stößt, wenn man erstmalig eine Planung einführt. Aus diesem Grunde empfiehlt es sich, den Übergang zu einer monatlichen Hochrechnung stufenweise zu realisieren und zunächst quartalsweise eine Hochrechnung zu erstellen. Dabei sollte die erste Hochrechnung zum 31. 12. (0. Hochrechnung) erstellt werden und Gegensteuerungsmaßnahmen aufgrund von Planabweichungen des abgelaufenen Geschäftsjahres beinhalten, die noch nicht in die Jahresplanung Eingang finden konnten, da der Erstellungstermin der Jahresplanung in der Regel im Herbst liegt. Durch dieses Instrumentarium ist man in der Lage, frühzeitig bei allen Beteiligten den Umdenkungsprozeß und die Mentalität für die zukunftsorientierte Steuerung einzuleiten.

Um den Hochrechnungsprozeß ebenso wie den Prozeß der Jahresplanung zu rationalisieren, muß der Controller Ablauf- und Inhaltschecklisten festlegen. Diese sollten für die quartalsweise Hochrechnung detailliert sein und einen Schwerpunkt in der Abprüfung von Risiken auf das Jahresergebnis besitzen. Für die monatlichen Hochrechnungen, die der Controller — sofern die offiziellen Hochrechnungen nur quartalsweise erstellt werden — selbst vornimmt, empfehlen sich grobe Checklisten. Diese monatlichen Hochrechnungen des Controllers haben die Funktion, grob anhand der wesentlichen Ergebniseckwerte zu prüfen, ob aus der Entwicklung des abgelaufenen Monates Risiken und Revisionsmaßnahmen für die zu erstellende Hochrechnung entstehen.

3.2 Spielregeln bei Abweichungen

Abweichungen sind keine Schuldbeweise. Sie sind Reaktionen auf Umweltentwicklungen, die in die Planung in dieser Form keinen Eingang gefunden haben. Sie bilden den Einstieg für Gegensteuerungsmaßnahmen.

Die Einleitung von Gegensteuerungsmaßnahmen erfolgt nach Regeln, die die Zuständigkeiten zwischen Geschäftsleitung, Fachabteilungen und Controller festlegen. Auf der Basis von Ausnahmen gelten folgende Grundsätze:

(1) Bei sogenannten kleinen Abweichungen liegt die Initiative zur Gegensteuerung allein bei den Fachabteilungen. Innerhalb ihres Budgetrahmens haben sie dispositiv gegenzusteuern, ohne daß die Geschäftsleitung oder der Controller mitwirken.

(2) Bei den sogenannten mittleren Abweichungen schaltet sich der Controller ein und löst zusammen mit den Fachabteilungen die Probleme. Der Controller beurteilt dabei, ob die dezentrale Zuständigkeit zusammen mit seiner kooperativen Hilfe ausreicht, die Abweichungen zu kompensieren. Dieses System funktioniert solange, wie die Abweichungen nicht über den Bereich der denzentralen Zuständigkeiten hinausgehen.

(3) Bei größeren Abweichungen muß der Controller die Geschäftsleitung einschalten. Diese Einschaltungspflicht ist nicht so zu verstehen, daß über die Unternehmensleitung Sanktionen erlassen werden sollen, sondern stellt nur sicher, daß Abweichungen in ihrer Tragweite rechtzeitig erkannt werden und eine im Sinne des Gesamtunternehmens realisierbare Lösung gefunden wird, die ohne die hierarchische Zuständigkeit der Geschäftsleitung nicht durchsetzbar ist.

Diese Regeln gelten unabhängig von der Unternehmensgröße und der Branche. Sie sind ein generelles Prinzip der Arbeitsteilung im Controlling und garantieren,

— die volle Ausnutzung dezentralen Fach-Know-hows mit der Chance zur Motivation der dezentralen Einheiten und der Möglichkeit der Selbststeuerung;

— daß durch Exceptions und die Einschaltung des Controllers das Gesamtunternehmensziel nicht aus den Augen verloren wird, d. h. das dezentrale Unternehmensziele zu Lasten des Gesamtzieles optimiert werden;

— die Einschaltung der Unternehmensleitung nur in den Fällen erfolgt, in denen dies aufgrund der Tragweite der zu treffenden Entscheidungen erforderlich ist.

3.3 Controller-Bericht

3.3.1 Anforderungen

Unabhängig davon, ob es sich um Routineberichte oder für Sonderprojekte zu erstellende Berichte des Controllers handelt, gelten folgende Empfehlungen:

(1) Berichten Sie empfängerorientiert, d. h., stellen Sie sich auf den Standpunkt, was der Empfänger des Berichtes wissen möchte und liefern Sie ihm die für seine operationalen Ziele erforderlichen operationalen Informationen.

(2) Konzentrieren Sie ihre Berichte auf das Wesentliche. Nichts ist schlimmer als Zahlenfriedhöfe, die kein Mensch liest, weil sie den Empfänger überfordern und an dessen Informationsbedürfnis vorbeigehen.

(3) Halten Sie sich immer die Zielsetzung des Berichtes, den Sie als Controller anfertigen, vor Augen. Ergießen Sie sich nicht in langen Ausführungen, die das Ziel des Berichtes verwässern und den Blick auf Unwesentlichkeiten lenken.

(4) Denken Sie daran, daß Sie zwar in den Zahlen geschult sind, der Empfänger aber oft Interpretationsschwierigkeiten bekommen kann. Berichten Sie einfach und klar. Konzentrieren Sie sich auf das Wesentliche.

(5) Verwenden Sie graphische Darstellungen. Es hat sich in der Praxis gezeigt, daß eine gute graphische Darstellung mehr sagt als seitenlange verbale Ausführungen. Eine gute Graphik an der richtigen Stelle ist also angebracht.

(6) Ändern Sie Ihren Berichtsstil und Ihr Berichtswesen nicht fortwährend. Nichts ist schlimmer für einen Empfänger, als permanent mit anders aufbereiteten Zahlen und Berichten konfrontiert zu werden, aus denen ein Externer den sachlogischen Zusammenhang nicht erkennt.

(7) Benutzen Sie Ihre Controller-Berichte nicht dazu, Beweise für Dinge zu suchen, die in der Vergangenheit liegen. Nehmen Sie vielmehr die Vergangenheit als Input für aktive Gegensteuerungsmaßnahmen und bieten Sie Alternativen, die aufzeigen, wie die Ziele erreicht werden können.

(8) Nutzen Sie das persönliche Gespräch mit den Fachabteilungen. Verwenden Sie Ihren Bericht als Basis und versuchen Sie, durch Ihre persönliche Ausstrahlung wichtige Dinge voranzutreiben. Ein mündliches Gespräch ist oftmals hilfreicher als eine schriftliche Vorlage.

3.3.2 Berichtshierarchie

Je weiter das Entscheidungsfeld der Entscheidungsträger, um so höher ist der Verdichtungsgrad der Informationen, den diese zur Gegensteuerung benötigen. Der Verdichtungsgrad ist zwangsläufig bei der Unternehmensleitung am größten, da hier auch die größte Verantwortung für das Unternehmen liegt. Diese Tatbestände sind Basis eines jeden Controlling-Berichtswesens:

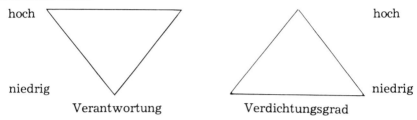

Wenn diese Forderungen berücksichtigt werden, erhält jeder die für seine Aufgabe „maßgeschneiderten" Informationen. Nur hierdurch stellen Sie als Controller sicher, daß jeder ausreichend gegensteuern kann und das Berichtswesen als aktive Hilfe akzeptiert.

Entsprechend diesem stufenweisen Verdichtungsgrad der Informationen innerhalb der Unternehmenshierarchie baut sich auch das Controlling-Berichtswesen auf. Nachfolgend ein Beispiel, wie in stufenweiser Konkretisierung die Bausteine des Controlling-Berichtswesens einzelnen Hierarchieebenen entsprechend deren Informationsbedürfnis zugeordnet sind:

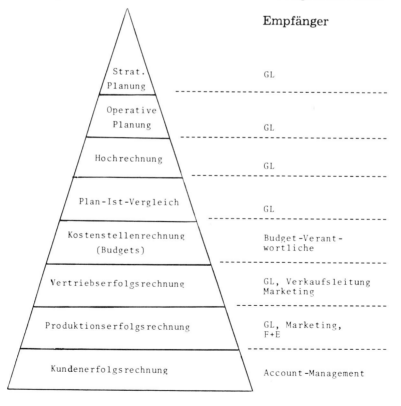

Diese Berichtshierarchie stellt sicher, daß

— diejenigen Einheiten die Informationen bekommen, die sie benötigen;
— Informationen innerhalb der Hierarchie nicht fehlgeleitet werden;
— nur die Unternehmensleitung die Unternehmensgesamtdaten erhält.

3.3.3 Inhalt

Der Routine-Controllerbericht, der in den meisten Unternehmungen mit dem monatlichen Plan-Ist-Vergleich erscheint, sollte die gleichen Bestandteile umfassen, die Basis der Jahresplanung sind und gemäß der Berichtshierarchie den einzelnen Unternehmenseinheiten zur Verfügung zu stellen sind.

Dabei handelt es sich im einzelnen um

— Absatz-/Umsatz nach
  Sortimenten
  Vertriebswegen
  Kunden
— Kostenplan mit
  Grenzkosten
  Fixkosten/Overheads

— Ergebnisplan
— Finanzplan
— Investitionsstatus
— Personalstand und Personalkosten
— Liquiditätsplan
— Finanzkennzahlen

Diese Berichte sind vom Controller monatlich zu kommentieren. Um im Stil der stufenweisen Verdichtung zu beginnen und einen Einstieg mit der Konzentration auf das Wesentliche zu ermöglichen, empfiehlt es sich, als Deckblatt für den Controlling-Bericht das auf den Seiten 109/110 wiedergegebene Formular zu benutzen. Dieses zeigt im ersten Teil die stufenweise Break-Even-Entwicklung im Zeitablauf und macht eine Aussage, in welchem Monat der Break-Even-Punkt erreicht wird, im zweiten Teil die wesentlichen Ergebniseckwerte bis zum Gesamtergebnis, im dritten Teil die Umsatzstruktur und im vierten Teil die Finanzkennzahlen. Dieses Deckblatt zeigt auf sehr knappem Raum die wesentlichen Eckdaten des Unternehmens und gibt einem schnellen Betrachter einen sehr guten Überblick:

Eckwerte monatliches Betriebswesen

1. Break — Even — Entwicklung

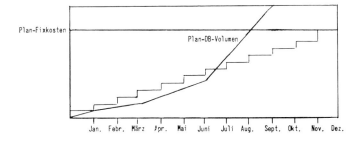

2. Ergebniseckwerte

	Plan	Ist	Abw.		Jahres-plan	Ist Vorjahr	Ist Vorjahr	Plan	Ist	Abw.	
			abs.	%						abs.	%
Bruttoumsatz											
Deckungsbeitrag 1											
Fixkosten											
Betriebsergebnis											
Gesamtergebnis											

3. Umsatzstruktur

	Plan	Ist	Abw.		Jahres-plan	Ist Vorjahr	Ist Vorjahr	Plan	Ist	Abw.	
			abs.	%						abs.	%
Produktgruppe 1											
Produktgruppe 2											
Produktgruppe 3											
Umsatz gesamt											
Vertriebsweg 1											
Vertriebsweg 2											
Vertriebsweg 3											
Umsatz gesamt											
Gebiet 1											
Gebiet 2											
Gebiet 3											
Umsatz gesamt											

4. Finanzkennzahlen

	Plan	Ist	Abw.		Jahres-plan	Ist Vorjahr	Ist Vorjahr	Plan	Ist	Abw.	
			abs.	%						abs.	%
Bilanzsumme											
Vorräte											
Debitoren											
Kreditoren											
Working Capital											

4. Steuerung: Kurseinhaltung

4.1 Steuerung als Engpaßaufgabe

4.1.1 Besonderheiten der Steuerungsfunktion

Die Steuerung als vierter Aktivitäten-Baustein garantiert die Kurseinhaltung der Unternehmung. Sie stellt sicher, daß über den Vergleich von Plan und Ist als Feed-back und Einstieg und die Analyse im Sinne des Feed-forward Maßnahmen eingeleitet werden, um trotz des Auftretens von Abweichungen die vorgegebenen Objectives zu erreichen.

Abweichungen sind keine Schuldbeweise, sondern signalisieren, daß sich die Umwelt, in der die Unternehmung agiert, anders entwickelt, als dies in der Planung vorhergesehen wurde. Abweichungen stellen insofern das Feedback auf Umweltreaktionen dar und haben für den Controller eine Informations- und Motivationsfunktion, das Controlling umweltorientiert zu betreiben:

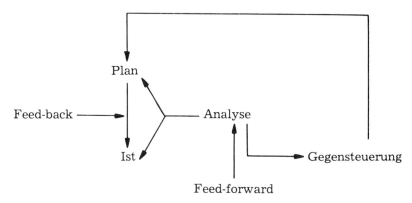

Controlling kann nur durch den aufeinander abgestimmten und geschlossenen Einsatz der Bausteine Planung, Information, Analyse und Steuerung funktionieren. Überall dort, wo die Steuerungsfunktion fehlt, ist der Controlling-Regelkreis offen mit der Gefahr, daß sich die Unternehmung ziellos selbst steuert.

Der permanente Zwang, diese Steuerung im Unternehmen zu garantieren, prägt das Controlling und hebt es von anderen Aufgaben im Unternehmen ab. Diese Steuerungsfunktion ist eine permanente Aufgabe des Controlling, die aber nicht routinemäßig erledigt werden kann. Vielmehr ist hier ganz besonders engpaßorientiertes Vorgehen erforderlich, bei dem sich der Controller auf die brennendsten Probleme der Unternehmung konzentrieren muß. Nur so ist sichergestellt, daß die die Zielerreichung hemmenden Faktoren Priorität genießen und abgebaut werden. Im Grad der Erfüllung dieser Aufgabe zeichnet sich der gute Controller aus: Bei strikter Verfolgung der Unternehmensziele, der Einbeziehung der einzelnen Funktionsbereiche beim Einsatz von Maßnahmen und dem permanenten Nachhaken bei der Umsetzung der erforderlichen Eingriffe.

4.1.2 Aufgabenverteilung und Zuständigkeiten

Der Controller steuert nicht alleine; er hat vielmehr dafür zu sorgen, daß die einzelnen Funktionsbereiche in der Lage sind, sich selbst zu steuern. Um dies zu erreichen muß der Controller folgende Aufgaben einleiten:
— Aufbau eines Systems von Objectives und Exceptions, das die dezentrale Selbststeuerung ermöglicht
— Bereithalten eines Instrumentenkastens, der gezielt bei Steuerungsmaßnahmen eingesetzt wird

— Mitwirkung bei Gegensteuerungsmaßnahmen.

Zur Durchsetzung dieser Aufgaben ist folgender Rahmen erforderlich:

(1) Formulierung von Objectives

Die Festlegung der Objectives geschieht im Rahmen der Jahresplanung und hat für alle Unternehmenseinheiten Zielcharakter.

(2) Aufbau eines Systems von Exceptions

Exceptions sind Signale, die die Bedeutung und Wichtigkeit von Abweichungen zum Ausdruck bringen. Sie legen fest
— innerhalb welcher Grenzen Aktivitäten einzuleiten sind und
— wer für die Einleitung dieser Aktivitäten zuständig ist.

Diese Zuständigkeitsfixierung kann nach folgendem System vorgenommen werden:

Abweichung	dezentrale Entscheidungsträger	Controller	Geschäfts-leitung
$< 3\%$	X		
$\geq 3\% < 5\%$	X	X	
$\geq 5\%$		X	X

Die Abbildung zeigt, daß
— bei Abweichungen, die kleiner als 3% vom Ausgangswert sind, die dezentralen Entscheidungsträger die Steuerungsfunktion selbst übernehmen;
— bei Abweichungen zwischen 3 und 5% die Einschaltung des Controllers erforderlich ist, um gemeinsam Gegensteuerungsmaßnahmen zu erarbeiten;
— bei Abweichungen, die größer als 5% sind, die Steuerungsverantwortung beim Controller und bei der Geschäftsleitung liegt.

Diese Zuständigkeitsfixierung ermöglicht ein sehr flexibles Eingreifen bei Abweichungen von den Objectives. Sie garantiert, daß Maßnahmen eingeleitet werden, eindeutige Zuständigkeiten und Verantwortlichkeiten für den Einsatz der Maßnahmen existieren und die Abweichungen nach ihrem Gewicht von den für die Einleitung von Gegensteuerungsmaßnahmen kompetenten Entscheidungsträgern abgestellt werden.

Beim Aufbau eines solchen Systems von Exceptions muß man sich der generellen Problematik dieser Art der Kompetenzsteuerung bewußt sein:
● Die pauschale Festlegung von Abweichungen auf der Basis von prozentualen Größen birgt die Gefahr in sich, daß den sich hinter den Abweichungen verbergenden tatsächlichen Gegebenheiten nicht ausreichend Rechnung getragen wird. Jeder Kompetenzsteuerung über Prozentwerte ist die Gefahr immanent, daß die relative Bedeutung der Abweichungen über-oder unterschätzt wird. Dies wird recht deutlich an folgendem Beispiel:

— Eine Abweichung von 2% bei den Personalkosten, die beispielsweise ein Volumen von ca. 20% vom Bruttoumsatz ausmachen, kann die Zielerreichung des Gesamtunternehmens erheblich in infrage stellen.

— Eine Abweichung von 5,5% bei den Postkosten, die vielleicht nur ein Volumen von 0,5% vom Bruttoumsatz besitzen, sind in ihren Auswirkungen auf das Gesamtergebnis relativ gering.

Aus diesem Grunde empfiehlt es sich, die Exceptions nach der relativen Bedeutung der einzelnen Ergebnispositionen zu differenzieren und dementsprechend auch die Zuständigkeiten festzulegen.

● Die alleinige Ausrichtung von Gegensteuerungsmaßnahmen an operativen Kriterien, d. h. an Abweichungen, die sich innerhalb eines Jahres zeigen, birgt die Gefahr in sich, daß langfristig sinnvolle Gegensteuerungsmaßnahmen, die die Umsetzung der Unternehmensstrategie sicherstellten, aber eventuell kurzfristig zu negativen Auswirkungen führen, nicht ergriffen werden. Zur Vermeidung dieser Situation ist es erforderlich, daß im strategischen Analysestadium die erforderlichen Maßnahmen fixiert werden und die operativen Gegensteuerungsmaßnahmen sich den langfristig erforderlichen Maßnahmen unterordnen.

● In vielen Unternehmen entstehen die größten Probleme im Bereich der Abweichungen durch sogenannte Strukturabweichungen, wie z. B. Verschiebungen in der Kundenstruktur, im Vertriebswegemix, in der Sortimentsstruktur etc. Um rechtzeitig gegensteuern zu können, sind für diese Abweichungen andere Exceptions zu setzen und der Zuständigkeits- und Steuerungseingriff entsprechend der Bedeutung der Abweichungsart zu modifizieren.

Generell gilt für die Festlegung der Exceptions, daß die dezentrale Zuständigkeit solange bestehen bleibt, wie unter Ausnutzung des dezentralen Know hows eine dezentrale Lösung machbar ist. Die zentrale Zuständigkeit beginnt dort, wo das dezentrale Fach-Know-how und die dezentrale Kompetenz zur Problemlösung enden.

4.1.3 Controller als Steuerungsmotor

Die Aufgabe des Controllers stellt im Rahmen der Durchsetzung hohe Anforderungen:

(1) Mentalität für Steuerungsnotwendigkeit wecken

Der Controller muß die Linieneinheiten davon überzeugen, daß es besser ist, selbst zu steuern, als sich steuern zu lassen. Diese Steuerungsmentalität ist beim einzelnen Entscheidungsträger sukzessive durch sachliche Überzeugung vom Controller aufzubauen.

(2) Voraussetzung für dezentrale Steuerung liefern

Damit die einzelnen Entscheidungseinheiten sich selbst steuern können, hat der Controller folgendes bereitzustellen:

— Informationen, die rechtzeitig, verdichtet und problemorientiert dem Entscheidungsträger zur Verfügung stehen;

— Instrumente, die bei Abweichungen eingesetzt werden können, um die Objectives zu erreichen;
— persönliche Hilfestellung, sofern die Abweichungen über den Zuständigkeitsbereich des einzelnen Entscheidungsträgers hinausgehen.

(3) Aktivierung der Entscheidungsträger zur Ergebnisverantwortung

Die Steuerung funktioniert sehr gut, wenn dem einzelnen Entscheidungsträger die Möglichkeit gegeben wird, selbst Ergebnisverantwortung zu tragen. Dies kann geschehen durch Profit-Center-Bildung, Cost-Center-Einteilung und sonstige motivierenden Anreize.

Neben dem dezentralen Steuerungssystem hat der Controller auch zentrale Steuerungsaufgaben. Hierzu gehören der ganze Bereich der Gesamtergebnissteuerung unter Ausnutzung der dezentralen Steuerungsverantwortlichkeiten. Im Rahmen seiner Steuerungsfunktion befindet sich der Controller in einem permanenten Konflikt; auf der einen Seite hat er die Ziele der Unternehmensleitung zu verwirklichen, auf der anderen Seite muß er dezentrale Machbarkeiten beachten.

4.1.4 Break-Even-Analysen als Instrumenten-Mischpult

Den idealen Einstieg für die Erarbeitung von Gegensteuerungsmaßnahmen liefern dem Controller Break-Even-Analysen. Eine Break-Even-Analyse zeigt
— die Erlöse (E)
— die variablen Kosten (K_v)
— die fixen Kosten pro Jahr (K_f)
— die Menge der abzusetzenden Produkteinheiten (x):

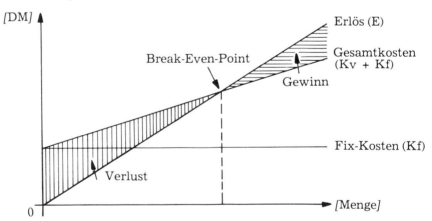

Die obige Abbildung macht eine Aussage darüber,
— bis zu welcher Absatzmenge die Unternehmung Verlust macht, d. h., die fixen Kosten nicht über die Produkt-Deckungsbeiträge gedeckt werden;
— bei welcher Menge die Unternehmung weder Gewinn noch Verlust macht (Break-Even-Punkt);

— ab welcher Menge die Unternehmung Gewinne erzielt.

Das Break-Even-Diagramm kann auch als Deckungsbeitragsdiagramm gezeichnet werden:

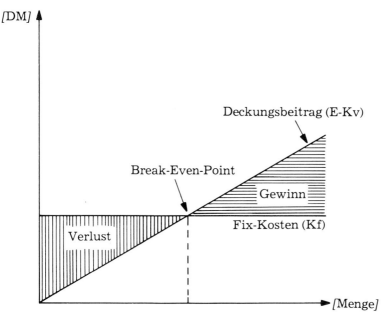

Break-Even-Diagramme finden Anwendung bei der Beantwortung folgender Fragestellungen: (siehe dazu Deyhle, Albrecht: Controller Praxis I., 3. Aufl., Gauting bei München 1975, S. 31; Kleinebeckel, Herbert: Break-Even-Analysen ... In: Zeitschrift für betriebswirtschaftliche Forschung, Kontaktstudium, 28. Jg. 1976, S. 51 ff. und S. 117 ff.):

(1) Bei welcher Absatzmenge sind die ausgabenwirksamen Gesamtkosten gedeckt?

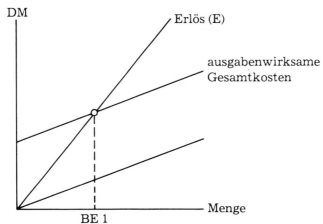

Der Punkt BE 1 ist der sogenannte Out-off-Pocket-Point (Finanz-Break-Even-Punkt).

(2) Bei welcher Absatzmenge ist die Zielsetzung Deckung der Fixkosten erreicht?

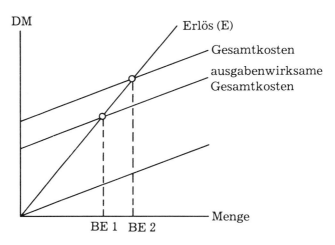

Der Punkt BE 2 ist der Punkt, an dem die gesamten Kosten gedeckt sind. Dieser Break-Even wird auch als Substanzerhaltungs-Break-Even-Punkt bezeichnet.

(3) Bei welcher Absatzmenge wird das Unternehmensziel erreicht?

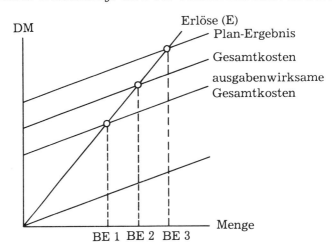

Der BE 3 ist der Break-Even für das Gesamtergebnis und zeigt, bei welcher Absatzmenge das Ergebnisziel erreicht wird. Dieser Punkt liegt jenseits des Finanz-Break-Even und jenseits des Substanzerhaltungs-Break-Even-Punktes.

(4) Welche zusätzlichen Ergebnisverbesserungen treten bei voller Kapazitäts-auslastung ein?

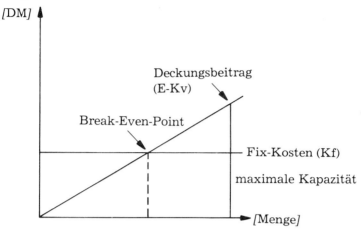

Die Abbildung zeigt den Abstand zwischen den für die Erreichung des Plan-Ergebnisses erforderlichen Absatzmengen und der Ergebnisverbesserung für den Fall, daß die vorhandene Kapazität voll ausgelastet wird. In umge-kehrter Richtung gibt dieses Diagramm Antwort auf die Frage, welche Er-gebnisrisiken bei einer Verringerung der geplanten Kapazität eintreten.

(5) Welche Auswirkungen haben Veränderungen der Verkaufspreise auf die Lage des Break-Even-Punktes?

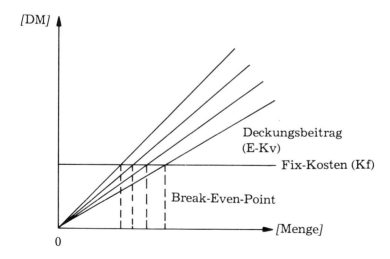

Die Erhöhung (Verminderung) der Verkaufspreise führt dazu, daß sich der Break-Even-Punkt in den Bereich geringerer (größerer) Absatzmengen ver-schiebt. Das Break-Even-Diagramm läßt somit sehr kurze Analysen in Verkaufspreisgesprächen oder preispolitischen Verhandlungen zu und zeigt recht klar die Konsequenzen der oftmals unterschätzten Veränderung der Verkaufspreise. Das Ausmaß der Erhöhung der Ergebniszielsetzung ist dabei entscheidend davon abhängig, wie die Lage der Deckungsbeitragskurve ist. Läuft die Deckungsbeitragskurve relativ flach, so haben schon geringe Preissenkungen einen erheblichen Einfluß auf die Verschiebung des Break-Even, d. h., die zusätzlichen Absatzmengen, die erforderlich sind, um die Preissenkung zu kompensieren, sind sehr hoch.

(6) Welche Auswirkungen haben Veränderungen der Grenzkosten auf die Lage des Break-Even-Punktes?

Veränderungen der Grenzkosten haben die umgekehrte Wirkung wie Veränderungen der Verkaufspreise auf die Lage des Break-Even-Punktes.

(7) Wie verschiebt sich der Break-Even-Punkt durch Veränderung der Fixkosten?

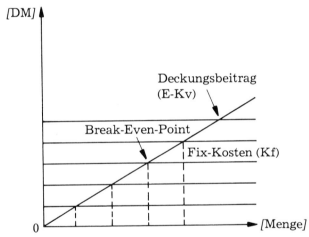

Die Erhöhung der Fixkosten verschiebt den Break-Even-Punkt in den Bereich größerer Mengen, eine Senkung der Fixkosten in den Bereich geringerer Mengen.

(8) Wie verhält sich der Break-Even-Punkt innerhalb des laufenden Geschäftsjahres?

Eine sehr gute Steuerungshilfe gibt die monatliche Fortschreibung des kumulierten Break-Even. Dazu werden die monatlichen kumulierten Fixkosten in einer Treppenkurve aufgetragen, bis im Dezember das geplante Jahresfixkostenvolumen erreicht ist. Das Plan-Deckungsbeitragsvolumen wird ebenfalls in der Kumulation fortgeschrieben. Als Ergebnis zeigt sich ein Diagramm, das eine Aussage darüber macht, in welchem Monat eine Unternehmung „Break-Even" erzielt. Mit Hilfe dieser Abbildung können alle die vorher beschriebenen Beispiele der Break-Even-Analyse auf den Zeitraum des Monats angewendet werden, so daß man nun nicht eine Antwort auf die Frage bekommt, wie sich Veränderungen von Ergebnispositionen auf die Absatzmengen, sondern wie sich Veränderungen der entscheidenden Ergebnispositionen auf die Lage des Break-Even im laufenden Jahr auswirken. Zudem gibt dieses Diagramm wesentliche Ansatzpunkte für die finanzielle Steuerung im laufenden Geschäftsjahr:

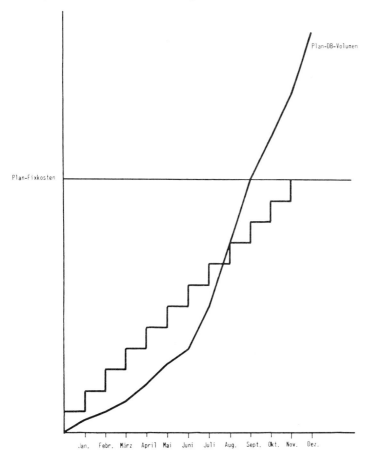

Neben diesen primär kurzfristigen Anwendungen von Break-Even-Analysen können die gleichen Fragestellungen natürlich über einen längerfristigen Zeitraum in einer Mittelfristprognose angewendet werden.

Break-Even-Analysen besitzen den wesentlichen Vorteil, daß man mit ihnen sehr schnell

— Aussagen über das Ergebnisgefüge einer Unternehmung erhält,

— Antworten auf die Frage bekommt, wie sich Veränderungen von Ergebnispositionen auf die Erreichung der Objectives auswirken,

— an welcher Stelle notwendige Gegensteuerungsmaßnahmen anzusetzen sind.

4.2 Maßnahmen zur Kostensteuerung

4.2.1 Gefahren traditioneller Kosten-Budgetierung

Die traditionellen Methoden der Kostenbudgetierung laufen nach folgendem Prinzip ab:

$$
\begin{array}{ll}
 & \text{Kostenbudget des Altjahres} \\
+ & \text{Veränderungen des Mengengerüstes der Kosten} \\
+ & \text{Voraussichtliche Kostensteigerung} \\
\hline
= & \text{Budget-Ansatz für das Folgejahr}
\end{array}
$$

Diese Vorgehensweise der Budgetierung ist typisch sowohl für flexible Budgets als auch für Budgets der sogenannten Overhead-Bereiche. Der wesentliche Nachteil dieser konventionellen Budgetierung liegt in folgenden Punkten:

— Ausgangsbasis der Budgetierung ist immer das Vorjahr; die Budgethöhe des Vorjahres wird dabei als gerechtfertigt angesehen.
— Veränderungen der Kostenstrukturen in Form neuer Aktivitäten werden den alten Programmen hinzugeführt, ohne zu prüfen, ob die alte Kostenhöhe gerechtfertigt war. Die Entscheidungsträger haben dabei immer nur den Kostenzuwachs zu rechtfertigen.
— Durch die Addition von Zusatzkosten, die durch Strukturveränderungen begründet sind, zum alten Budgetvolumen, entsteht die Gefahr, daß niemals die Frage gestellt wird, ob aufgrund dieser partiellen Strukturveränderung nicht eine totale Strukturveränderung sinnvoller erscheint und zu niedrigeren Kosten führt.
— Kostenbudgets sind in der Regel das Ergebnis eines Verhandlungsprozesses über die Zuteilung finanzieller Ressourcen. Die Budgethöhe ist damit weitgehend abhängig von politischen Konstellationen und internen Machtverhältnissen, die einer sachlogischen Begründung manchmal widersprechen.
— Die Entscheidungsträger sind in jeder Periode gezwungen, das Budget voll auszuschöpfen; jede Minderausschöpfung hat schließlich zur Folge, daß das Budget des Folgejahres ebenfalls reduziert wird.
— Die Grundsatzfrage, ob die Budgetstruktur überhaupt den Anforderungen genügt, wird zwangsläufig nicht gestellt.

Die Kostenstruktur wird von vier Komponenten bestimmt:
— dem zugrundeliegenden Mengenvolumen,
— dem Wertgerüst der Kosten,
— der aktuellen Ergebnissituation und
— der organisatorischen Struktur der Aufgaben.

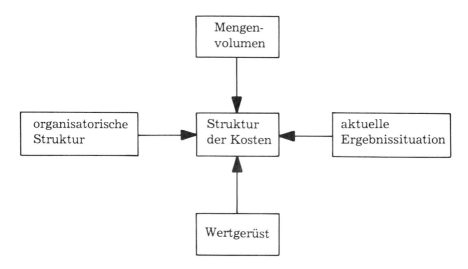

Die traditionellen Methoden der Kostenbudgetierung knüpfen entweder am Mengenvolumen der Kosten oder am Wertgerüst an. Die Art des Eingriffs in die Struktur der Kosten über diese beiden Komponenten ist wesentlich abhängig von der operativen Ergebnissituation. Das Kernproblem der traditionellen Methoden der Budgetierung liegt darin, daß die organisatorische Struktur der Aufgaben in der Unternehmung gänzlich vernachlässigt wird und damit eine entscheidende Kosteneinflußgröße nicht Grundlage der Betrachtung ist.

Aufgrund dieser Ausgangslage nehmen traditionelle Verfahren der Kostenbudgetierung in einer Situation, in der die Deckungsbeiträge aus dem aktuellen Umsatzgeschäft nicht mehr ausreichen, den Fixkostenblocks abzudecken, oft folgenden Ablauf:

(1) In vielen Unternehmungen hat das Mitschwimmen auf der allgemeinen Wachstumswelle der 60iger und ersten 70iger Jahre zu einer Aufblähung des „Overhead-Bereiches" geführt. Durch das relativ problemlose Wachstum wurde der Kosten-Schlendrian überdeckt. Bei einer positiven Ergebnissituation wird man kaum feststellen, daß sich das Management intensive Gedanken über die Umsetzung von Maßnahmen zur Kostensteuerung macht.

(2) Spätestens mit Beginn der Ölkrise zeichneten sich Ergebnisrückgänge ab, weil das quantitative Wachstum ausblieb. Die Gegensteuerungsmaßnahmen des Managements bewegten sich in sehr vielen Fällen zunächst auf eine unkontrollierte, vom Zwang der Ergebnissituation geprägte Budgetierung. Diese Budgetierung nach dem Gießkannenprinzip läuft derart ab, daß man jeder Abteilung und jedem Bereich Kosteneinsparungsziele für die einzelnen Budgetpositionen vorgibt, etwa in folgender Form:

— Einfrieren der Telefonkosten auf Vorjahresniveau
— Senkung der Personalkosten um 10 %

— Aussetzen der erforderlichen Instandhaltungsmaßnahmen
— Streckung der Investitionen
— Rücknahme des Werbebudgets usw.

(3) Diese Maßnahmen greifen in den ersten Jahren relativ gut. Der Grund dafür liegt darin, daß ein ungezügeltes Kostenaufblähen in der Vergangenheit zwangsläufig Rationalisierungspotentiale geschaffen hat, die nun aufgebracht werden können. Diese Leichtigkeit der Ergebnissicherung über Kosteneinsparungen führt dann zu erheblichen Problemen, wenn das Management die einzige Möglichkeit der Ergebnissicherung in Einsparungen im Kostenbereich sieht.

(4) Eine solche Politik der Ergebnissteuerung führt dazu, daß im Zeitablauf mögliche Rationalisierungspotentiale ausgemolken werden. Das hat zur Folge, daß man sich zukünftiger Wege einer vernünftigen Kostenreduzierung begibt.

(5) Bei Erreichen der kritischen Rationalisierungsschwelle zeigt sich als Konsequenz eine „Variabilisierung" wesentlicher Positionen des Overhead-Bereichs. Wenn diese Symptome auftreten, ist es in der Regel zu spät, über traditionelle Budgetierungsmaßnahmen diese Variabilisierung noch in den Griff zu bekommen, da sich die Einflußfaktoren der Kostenstruktur durch die ungezügelten Einsparungsmaßnahmen grundlegend verändert haben. Zu diesem Zeitpunkt werden andere Struktureinflüsse maßgebend, die bei Überschreiten der kritischen Rationalisierungsschwelle zu einer Verfilzung der Kostenstruktur führen.

(6) Wenn dieser Punkt der totalen Problemverfilzung erreicht ist, bleibt als Ausweg nur die Zerschneidung dieses Kosten-Netzes. Eine solche Auflösung der Problemverfilzung ist nur über eine totale Strukturveränderung möglich, bei der die Einflußfaktoren des Kostenbereiches grundlegend verändert werden. Ein solcher Prozeß ist hart, kostet viel Zeit und setzt eine Durststrecke voraus.

Hinweis auf Abbildung auf der nächsten Seite.

Neben der Gefahr der Problemverfilzung und des Ausmelkens potentieller Rationalisierungspotentiale besitzen die traditionellen Budgetierungsmethoden einen weiteren erheblichen Nachteil. Sie sind in den meisten Fällen antizyklisch zur strategischen Notwendigkeit:

— Die Ergebnissicherung durch Einsparungen im Werbebudget — ein in der Praxis sehr gerne angewandtes Mittel, das kurzfristig immer zur Ergebnisverbesserung beiträgt — führt über einen längeren Zeitraum dazu, daß die Unternehmung am Markt Boden verliert.

— Sehr gern werden auch notwendige Instandhaltungen verschoben, um das Ergebnis zu sichern. Die Konsequenz solcher Maßnahmen ist, daß ab einer kritischen Schwelle ein Instandhaltungsnachholbedarf eintritt, der überproportionalen Aufwand erfordert.

— Die Streckung von Investitionsprogrammen im Zeitablauf ist ebenfalls strategisch schädlich. Das Aufschieben langfristig erforderlicher Investitionen blockiert eine Unternehmensstrategie, bevor sie in die Tat umgesetzt ist.

Diese Beispiele zeigen, daß es operativ sehr einfach ist, Ergebnisse zu präsentieren, daß das Problem aber darin liegt, wirtschaftlich sinnvoll den Kostenbereich zu steuern, um sich strategisch nicht die Zukunft zu verbauen.

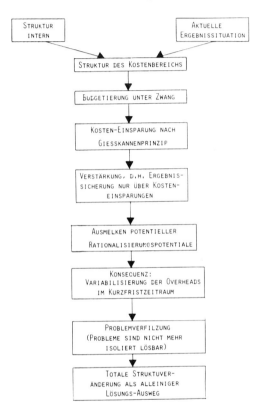

4.2.2 Moderne Kostensenkungsprogramme

Während die traditionellen Ad-hoc-Maßnahmen zur Kostensenkung von den betroffenen Bereichen in den meisten Fällen als Druckmittel und Sanktion empfunden werden, zielen moderne Kostensenkungsprogramme in die entgegengesetzte Richtung. Sie wollen die einzelnen Unternehmensbereiche aktiv in die Kostenverantwortung mit einbeziehen und ihnen über seriöse Verfahren auch bei Kosteneinsparungsaktivitäten Erfolgserlebnisse vermitteln.

Um das Verständnis für den Einsatz derartiger Verfahren zu fördern, sind im Vorfeld unterschiedliche Aktivitäten erforderlich. Diese Vorkehrungen schaffen den Rahmen zu einem Kostenbewußtsein, innerhalb dessen sich andere Verfahren problemlos einsetzen lassen.

Um die Kosten in den Griff zu bekommen, empfiehlt es sich, daß der Controller mit den anderen Unternehmensbereichen folgende Aktivitäten einleitet:

(1) Klare Verantwortungsbereiche

Das Prinzip der Einheit von Aufgabe, Verantwortung und Kompetenz gilt auch im Bereich der Kostenverantwortung. Um dieses Prinzip aufrecht zu erhalten, sind die Kostenblöcke eines Unternehmens eindeutig auf die Verantwortlichen aufzuteilen, d. h., es dürfen keine Überschneidungen bei der Kostenverantwortung existieren. Gleichzeitig müssen aber alle Kosten zugeordnet sein. Eine wesentliche Voraussetzung hierfür ist, daß das Controlling ein Budgetierungssystem aufbaut, das ohne Kostenschlüsselungen arbeitet. Kostenschlüsselungen werden immer als ungerecht empfunden, da wesentliche Einflußkomponenten für die Kostenentstehung nicht in der Kompetenz des Betreffenden liegen.

(2) Profit-Center-Idee

Zur Erhöhung der Kosten-Motivation ist es sinnvoll, das Unternehmen in Pofit-Center aufzuteilen. Diese Profit-Center-Einteilung darf aber nicht beim Absatzbereich enden, sondern hat alle Unternehmensbereiche einzubeziehen. Dabei sind die sogenannten Cost-Center im Wege der innerbetrieblichen Leistungsverrechnung nach dem Verursachungsprinzip zu entlasten und die Negativ-Aspekte der Kostenschlüsselung zu vermeiden.

(3) Schaffung von Kostentransparenz

Nach dem Prinzip „die richtigen Kosten-Informationen zur rechten Zeit beim richtigen Empfänger" ist der Informationsfluß im Rahmen des Soll-Ist-Vergleichs für ein aktives Kosten-Denken aufzubauen. Um die Kosten-Mentalität zu erhöhen, empfiehlt es sich, daß der Controller bei entscheidenden Kostenpositionen im Sinne des Feed-forward Alternativrechnungen präsentiert, die dem Verantwortlichen die Entscheidung „wenn a, dann b" erleichtert.

Ist dieser Rahmen zur Schaffung einer Kostenmentalität vorhanden, so lassen sich moderne Kostensenkungsprogramme realisieren. Diese Verfahren besitzen gegenüber den traditionellen Budgetierungsmaßnahmen folgende wesentliche Unterschiede:

(1) Es wird im Team gearbeitet, da die Team-Arbeit der erste Schlüssel zum Erfolg ist. Die Kosten werden nicht mehr als Probleme einer Abteilung gesehen, sondern über bereichsübergreifende Lösungen werden die Auswirkungen von kostensenkenden Maßnahmen beurteilt. Damit wird der wesentliche Nachteil der funktionsweisen Kosteneinsparung aufgehoben, die über „funktionsegoistische" Einsparungsmaßnahmen anderen Bereichen die Möglichkeit von Kostensenkungen verbauen.

(2) Kostensenkung beginnt nicht bei einzelnen Budgetpositionen, sondern stellt zunächst die den Kostenbereich bestimmende Struktur der

Overhead-Bereiche infrage. Hierdurch wird an den Kern der Kostenverursachung gegangen und gefragt, ob über andere Strukturen Rationalisierungsreserven freigesetzt werden können, ohne die Qualität des Aufgabenvollzuges zu mindern.

(3) Es muß ein Kostensenkungsziel vorgegeben werden, da sich in der betrieblichen Praxis in vielen Bereichen gezeigt hat, daß eindeutige Ziele fehlen mit der Konsequenz, daß die gemachten Vorschläge in unterschiedliche Richtung laufen und in ihrer Effizienz begrenzt sind. Bei Vorgabe eines konkreten Kostensenkungszieles wird zudem eine hohe Identifikation der an diesem Ziel arbeitenden Team-Mitglieder erreicht.

(4) Es wird nach einer systematischen Lösungsmethode vorgegangen.

(5) Es werden Kreativitätstechniken verwendet. Hierdurch werden traditionelle Denkbahnen und Denkbarrieren durchbrochen und auch originelle Lösungen in ihrer Ergebnisrelevanz akzeptiert.

(6) Die Sitzungen schließen mit einem konkreten Maßnahmenplan ab. Hierdurch ist sichergestellt, daß die beschlossenen Maßnahmen den nötigen Verbindlichkeitscharakter bekommen, die Umsetzung über konkrete Termine und Verantwortliche kontrollierbar wird und der Erfolg von Maßnahmen nachgehalten werden kann.

4.2.3 Wertanalyse

Die Wertanalyse ist ein Verfahren, das systematisch vorhandene Funktionsstrukturen durchdringt mit dem Ziel einer Wertsteigerung dieser Funktionen. Der Vorteil gegenüber den vorhandenen traditionellen Kostensteuerungsmethoden liegt darin, daß nicht mehr innerhalb vorhandener Funktionsstrukturen vertikal gedacht wird, sondern horizontal die Funktionsstrukturen durchleuchtet werden.

Für jedes Objekt (Rezeptur, Sortiment, Verwaltungsfunktion, Kostenstelle) werden die Funktionen, die dieses Objekt erfüllt, eingeteilt in Funktionsarten, Funktionsklassen und funktionsbedingte Eigenschaften:

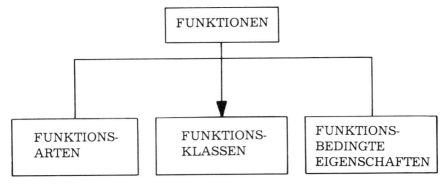

Die Einteilung nach Funktionsarten trennt die Funktionen in Gebrauchsfunktionen und Geltungs- oder Prestigefunktionen. Eine weitere Unterteilung in Funktionsklassen trennt nach Hauptfunktionen, Nebenfunktionen (Funktionen, die notwendig sind, um die Hauptfunktionen wahrnehmen zu können) und funktionsbedingte Eigenschaften (quantitative und qualitative Anforderungen an die Funktionserfüllung) der Objekte. Nach dieser Zerlegung können im Rahmen der Wertanalyse für jedes Objekt folgende Fragen beantwortet werden:

(1) Wozu dient das Objekt, wozu brauchen wir es, welche Funktion übt es aus?
(2) Ist diese Funktion erforderlich?
(3) Was kostet die Funktionserfüllung?
(4) Welche Einsparungen erzielen wir, wenn die Funktionserfüllung um einen Betrag X gesenkt wird?
(5) Ist diese Funktion nicht anders und billiger auszuführen?

Diese Durchleuchtung von Objekten im Rahmen der Wertanalyse findet sowohl Anwendung im Bereich der Grenzkosten als auch im Bereich der Fixkosten, so daß die Wertanalyse in die Bereiche der Produktwertanalyse und der sogenannten Gemeinkostenwertanalyse getrennt werden kann:

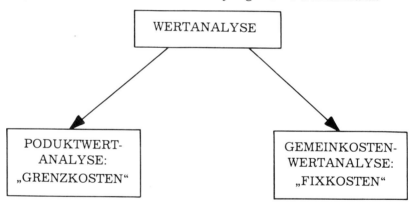

Die Wertanalyse läuft in folgenden Stufen ab:

(1) Vorbereitende Maßnahmen

Um einen erfolgreichen Projektablauf zu garantieren, sind folgende Maßnahmen vor Beginn durchzuführen:

● Auswahl des Wertanalyseobjektes
   Auswahlkriterien für die Bestimmung des Wertanalyseprojektes können sein

   — Ergebnisse einer ABC-Analyse über Produkte, Vertriebswege, Kunden, Herstellungsverfahren etc.. Die Wertanalyse setzt zweckmäßigerweise bei den sogenannten A-Teilen an, bei denen Einsparungen die größte Erfolgschance besitzen.

   — Abbau von Behinderungen, die der Unternehmung derzeitig im Wege stehen, z. B. Struktur von Abläufen, Wachstumsschwellen, Rohstoffe, Fachpersonal etc.

   — Zukunftsperspektiven wie Marktentwicklung, Konsumtrend usw.

- Fixierung der Aufgabenstellung
- Bildung des Projektteams
- Terminplanung und Festlegung des Arbeitsablaufes

(2) Ermittlung des Ist-Zustandes

Die Beschreibung des Ist-Zustandes umfaßt folgende Teilschritte:
— Informationsbeschaffung über das Objekt
— Beschreibung der Funktionen des Wertanalyseobjektes
— Bestimmung der Funktionskosten

(3) Prüfung des Ist-Zustandes

Die kritische Durchleuchtung des Ist-Zustandes umfaßt die Stufen
— Prüfung der Plausibilität der Ist-Daten
— Prüfung der Funktionserfüllung
— Prüfung der Funktionskosten

Unter Berücksichtigung der Funktionen und der Funktionskosten wird der Soll-Zustand, der an das Wertanalyseobjekt zu stellen ist, fixiert.

(4) Ermittlung von Alternativlösungen

Diese Phase, die vorwiegend mit Hilfe von Kreativitätstechniken abläuft, hat zur Aufgabe, Lösungen zur Erreichung des Soll-Zustandes zu finden.

(5) Prüfung der Lösungen

Die Prüfung der in der vierten Phase ermittelten Lösungen bezieht die Bereiche
— wirtschaftliche Prüfung
— technische Prüfung

ein und hat als Ergebnis einen Katalog von Vorschlägen zur Erreichung der Soll-Zustände mit einer kritischen Prüfung der einzelnen Alternativen.

(6) Vorschlag und Einführung

Die Wertanalyse besitzt folgende wesentliche Vorteile:
- Die Unternehmung und deren Funktionen und Objekte werden horizontal durchleuchtet und nicht mehr wie in der traditionellen, durch Organisationsstrukturen geprägten funktionalen oder vertikalen Betrachtungsweise. Diese Vorgehensweise ermöglicht es, Interdependenzen zwischen den Bereichen ausreichend zu berücksichtigen und die Schnittstellen zwischen den Funktionen abzudecken.
- Die Wertanalyse führt zu einer Bestandsaufnahme aller wesentlichen Unternehmensfunktionen und Objekte und liefert damit die Basis für zukünftige Budgetierungen und Gegensteuerungsmaßnahmen. Aus diesem Grunde sollte in jeder Unternehmung nach drei bis fünf Jahren eine intensive Durchleuchtung des Overhead-Bereichs und der wesentlichen Produkte und Produktgruppen erfolgen.
- Die Durchführung der Wertanalyse im Team fördert nicht nur die Motivation der einzelnen Funktionsbereiche, sonderen trägt wesentlich zum be-

reichsübergreifenden Denken und zur Erkennung der Probleme der einzelnen Funktionsbereiche dar. Hierin liegt ein nicht zu unterschätzender Nebeneffekt.

4.2.4 Zero-Base-Budgeting

Eine sehr starke Verwandtschaft mit der Wertanalyse besitzt das Verfahren des Zero-Base-Budgeting (Null-Basis-Budgetierung). Zero-Base-Budgeting ist eine Planungs- und Analysetechnik, die im Gemeinkostenbereich zur Senkung der Gemeinkosten eingesetzt wird. Die Vorgehensweise und der Denksatz ist weitgehend ähnlich zum Verfahren der Wertanalyse, wobei allerdings mit anderen Begriffen gearbeitet wird.

Das entscheidend Neue am Verfahren des Zero-Base-Budgeting ist die Einteilung von Entscheidungseinheiten in sogenannte Leistungsniveaus. Dabei bildet ein Leistungsniveau die Qualität oder Menge der Arbeitsergebnisse, d. h. den Output einer Entscheidungseinheit.

Über das Leistungsniveau werden im Rahmen des Zero-Base-Budgeting unterschiedliche Aktivitäten bewertet. Dabei wird in der Regel von einem hohen, einem mittleren und einem sehr niedrigen Leistungsniveau ausgegangen. Diese Denkweise zwingt noch stärker als die Wertanalyse dazu, sich Gedanken darüber zu machen, was wäre, wenn eine bestimmte Funktion oder Tätigkeit nicht durchgeführt würde. Hier wird quasi der Zustand auf der grünen Wiese simuliert.

Durch den Zwang, konsequent bis auf den Zustand Null zu denken, zwingt das Zero-Base-Budgeting, vorhandene Strukturen konsequent aufzugeben. Es bietet den Einstieg für grundlegend neue Strukturüberlegungen, wenn es ernst und konsequent durchgeführt wird.

Ein wesentlicher Nachteil des Zero-Base-Budgeting ist allerdings, daß es von der Gruppenmethodik innerhalb der vorhandenen Strukturen abläuft und hier die Gefahr besteht, daß Rationalisierungspotentiale bis zum Extremen ausgereizt werden. Dabei läuft eine Unternehmung sehr leicht Gefahr, daß die Qualität der erbrachten Leistungen auf ein solches Mindestmaß beschränkt wird, daß ein qualitativ geordneter Ablauf kaum noch machbar ist.

4.2.5 Struktur-Änderungen

Alle bisher beschriebenen Verfahren zur Kostensteuerung haben folgende wesentliche Nachteile:
- es wird weitgehend innerhalb vorhandener Strukturen gedacht;
- es handelt sich weitgehend um operative Gegensteuerungsmaßnahmen, die die Gefahr der Problemverfilzung in sich bergen, weil sie nicht ausreichend mit der von der Unternehmung verfolgten Strategie gekoppelt sind.

Jede Unternehmensstrategie verlangt zur Umsetzung die mittelfristige Ausrichtung der Strategien für die einzelnen Funktionsbereiche der Unternehmung. Die Funktionsstrategien haben sich dabei hierarchisch an der übergeordneten Unternehmensstrategie auszurichten und sind für diese maßgeschneidert zu konzipieren. Dies gilt auch für die Organisationsstrategie einer Unternehmung: Die Strukturorganisation muß strategiekonform, d. h. stromlinienförmig der Strategie angepaßt sein.

Viele Unternehmungen haben in den vergangenen Jahren ihre Absatz- und Marketingkonzeptionen geändert. Dabei sind die Änderungen teilweise von links nach rechts in eine total andere Richtung gegangen. Die Aktivitäten waren eindeutig marktorientiert. Der Kostenbereich ist dagegen in der Regel stiefmütterlich behandelt worden; hier hat man weiterhin mit vereinfachten Methoden gearbeitet, ohne zu fragen, welche Änderungen durch die Neuorientierung auf der Abseitsseite im Kostenbereich und in der Strukturorganisation erforderlich sind. Dieses hat dann zu der bereits beschriebenen Problemverfilzung geführt, weil im Kostenbereich Einflußfaktoren wirksam wurden, die in der vorhandenen Struktur nicht mehr in den Griff zu bekommen waren.

Um über Strukturveränderungen den Kostenbereich in den Griff zu bekommen, gibt es zwei grundsätzliche Ansatzpunkte:

(1) Man hat den Kostenbereich von einer Problemverfilzung zu befreien. In diesem Falle bedeutet die Strukturveränderung einen harten Weg, hat man doch sogenannte verfilzte Strukturen zu zerschlagen. Jede verantwortungsvolle Unternehmensführung sollte es nicht so weit kommen lassen.

(2) Mit der Änderung der Produkt-Markt-Strategie wird zwangsläufig die Frage nach den erforderlichen Funktionsstrategien gestellt. In einem solch frühen Stadium ist man in der Lage, den Kostenbereich entsprechend der Strategie relativ problemlos auszurichten, weil man durch ein solches Verfahren jegliche Verfilzung des Kostenbereiches vorab vermeidet. Zudem ist man in der Lage, relativ ruhig über grundlegend neue Ansätze nachzudenken, z. B.

    — Abschaffung des eigenen Fuhrparks und Verwendung von Spediteuren

    — Vergabe der EDV außer Haus in ein Gemeinschaftsrechenzentrum

    — Bildung eigener Service-Unternehmen in einem Unternehmensverbund, die die typisch operativen Verwaltungsfunktionen zentral für verschiedene dezentral am Markt operierende Einheiten wahrnehmen usw.

4.3 Maßnahmen zur Erlössteuerung

4.3.1 Sortimentsbereinigung

Viele Unternehmungen leiden daran, daß sich ihr Sortiment im Zeitablauf unverhältnismäßig hoch erweitert hat. Die Ursachen dafür können sein:

— eine Unternehmenspolitik, die dem Kunden eine Systemproblemlösung präsentiert,

— Hektik in der Produktneuentwicklung, die zu unverhältnismäßig hohen Innovationen führt mit der Folge, daß viele Innovationen Flops werden,

— eine nicht konsequent durchgezogene Segmentierungspolitik,

— ein ungezügeltes Umsatzdenken im Verkauf,

— laufende Umorientierungen in der Sortimentspolitik.

Anhaltspunkte für eine notwendige Sortimentsbereinigung zeigen sich vor allem in folgenden Punkten:

— das Sortiment nimmt im Zeitablauf unverhältnismäßig stark zu,

— der Deckungsbeitrag in % vom Umsatz des Gesamtsortiments zeigt im Zeitablauf sinkende Tendenz,

— parallel entwickeln sich die Lagerkosten überproportional.

Wenn obige Symptome gegeben sind, sollte sich der Controller Gedanken machen, ob eine Sortimentsbereinigung sinnvoll ist und die Unternehmung in Bezug auf das Gewinnsteuerungsziel weiterbringt. Dazu hat der Controller folgende Aufgaben durchzuführen:

(1) Aufstellung der Produkt-Hitliste mit folgenden Angaben
  ● Deckungsbeitrag je Artikel
    — absolut
    — in % vom Umsatz
    — je Engpaßeinheit
  ● Deckungsbeitragsvolumen des Artikels als Produkt aus abgesetzten Einheiten multipliziert mit dem Deckungsbeitrag pro Einheit
  ● Deckungsbeitragsstruktur der wesentlichen Sortimente
    — absolut
    — in % vom Umsatz.

(2) Durchführung einer ABC-Analyse für das Sortiment. Teilen Sie dabei Ihre Produkte auf der Basis der Produkt-Hitliste wie folgt ein:

	Deckungsbeitrags-anteil	Anzahl Artikel
A-Produkte	80 %	10 — 50 %
B-Produkte	15 %	20 — 60 %
C-Produkte	5 %	30 — 70 %

Graphisch ergibt sich folgendes Diagramm, das klar zeigt, daß mit einem kleinen Umsatzvolumen ein relativ hohes Deckungsbeitragsvolumen realisiert wird:

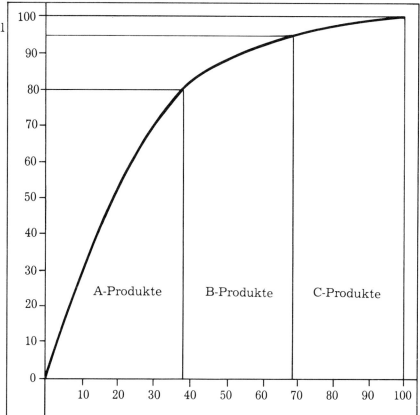

(3) Stellen Sie folgende Fragen:
   — Eine Reduzierung der Artikelanzahl um 5% führt zu einem Umsatz-
     verlust von x % und einem Deckungsbeitragsverlust von y %.
   — Eine Reduzierung der Artikelanzahl um 10% führt zu einem Umsatz-
     verlust von x % und einem Deckungsbeitragsverlust von y %.
   — usw.
(4) Prüfen Sie, wo sich Kapazitätsengpässe zeigen und ob durch eine Rücknahme bestimmter Artikel mit geringerem Deckungsbeitrag andere Artikel mit höherem Deckungsbeitrag gefördert werden können.
(5) Prüfen Sie, wie sich alternative Sortimentsbereinigungen auf den La-
   gerbestand und die Höhe der Lagerhaltungskosten auswirken.
(6) Prüfen Sie, welche Einsparungen sich aufgrund einer Artikelreduzie-
   rung innerhalb der Fertigung ergeben, insbesondere durch günstigere
   Losgrößen, bessere Fertigungssteuerung, niedrigere Werkzeugkosten,
   usw.
(7) Prüfen Sie, welche Auswirkungen eine Sortimentsreduzierung auf die
   Entwicklungsabteilung, die Werkzeugmacherei, die Arbeitsvorberei-
   tung, usw. hat.

(8) Prüfen Sie, ob eine Sortimentsbereinigung die Flexibilität bei der Auslieferung, bei der Bearbeitung von Kundenaufträgen, in der Produktion erhöht.

(9) Prüfen Sie, welche Auswirkungen Sortimentsbereinigungen auf den sogenannten Overhead-Bereich, insbesondere die Verwaltung und die Auftragsbearbeitung haben.

In den meisten Fällen führen Sortimentsbereinigungen zu erheblichen Kosteneinsparungen in allen betroffenen Unternehmensbereichen, die die teilweise nur unwesentlichen Rückgänge im Deckungsbeitragsvolumen mehr als überkompensieren. Die Folge sind entweder freie Kapazitäten, die anderweitig besser genutzt werden können oder die Möglichkeit, Rationalisierungsmaßnahmen mit dem Abbau von Personalstellen und Abteilungen durchzuführen. Gerade der Effekt in den indirekt betroffenen Unternehmensbereichen ist teilweise viel höher.

Bei der Durchführung einer Sortimentsbereinigung ist unbedingt das dem Außendienst gewährte Provisionssystem mit zu überprüfen. In vielen Fällen liegt die Ursache darin, daß der Außendienst nach dem erbrachten Umsatz honoriert wird, was oft zu einer Sortimentsaufblähung führt.

Die Sortimentsbereinigung ist ein typisch operatives Gegensteuerungsinstrument, das nicht ohne die Prüfung der verfolgten Strategie durchgeführt werden soll. In vielen Fällen ist die strategisch verfolgte Preispolitik die Ursache dafür, daß bestimmte Produkte als Neueinführung, mit denen ein Markt aufgeschlossen werden soll, zur Reduzierung der Deckungsbeiträge führen. Hier ist die operative und strategische Prüfung solcher Maßnahmen unbedingt erforderlich.

Oft ist ein relatives Absinken des Deckungsbeitrages nicht Indiz für die Notwendigkeit einer Sortimentsbereinigung. Es gibt Unternehmungen, deren Hauptproduktbereiche sich in angestammten, nicht mehr wachsenden Märkten mit hohen Marktanteilen befinden, so daß die Produktmatrix hauptsächlich sogenannte Cash-Produkte zeigt. In diesem Fall muß jeder Neuaufbau von Produkten zwangsläufig zu einem Absinken der relativen Deckungsbeiträge führen, da die überwiegende Zuordnung von Produkten zum Cash-Bereich eine relative Gleichverteilung von deckungsbeitragsstarken Produkten zur Folge hat.

4.3.2 Preispolitik

Die Zuschlagskalkulation ist nicht geeignet, die Anforderungen, die an die Preispolitik gestellt werden müssen, zu erfüllen. Dies hat zwei wesentliche Ursachen:

— Die Zuschlagskalkulation als Instrument der Vollkostenrechnung besitzt methodische Mängel, die eine Situation einsuggerieren, die in der betrieblichen Realität nicht gegeben ist.

— Die Zuschlagskalkulation basiert auf der Vorstellung, daß die Bestimmung von Preisen allein ein rechnerischer Vorgang ist.

Jede Preispolitik läuft vereinfacht in zwei Schritten ab:

(1) Ermittlung der Preisuntergrenze

Bei der Ermittlung der Preisuntergrenze handelt es sich um einen rechnerischen Vorgang, der vom Controlling vorgenommen werden kann. Die Preisuntergrenze bildet eine betriebswirtschaftliche Grundlage.

(2) Preisfixierung

Aufbauend auf der rechnerischen Ermittlung der Preisuntergrenze ist die Preisfixierung ein zwischen verschiedenen Funktionen des Unternehmens ablaufender Entscheidungsprozeß, bei dem Marktgesichtspunkte sowie interne Ertrags- und Kostenaspekte in die Betrachtung einfließen.

4.3.2.1 Preispolitik bei Auftragsproduktion

Bei Auftragsproduktion erfolgt die Produktion erst, nachdem der Auftrag erteilt worden ist. Es handelt sich hier um auftragsindividuelle Leistungen, für die keine Marktpreise existieren. Eine Unternehmung mit Werkstattfertigung hat eine Vielzahl von Einzelprodukten zu fertigen. Für diese Unternehmung gestaltet sich die Preispolitik schwierig, da Fehler in diesem Bereich

— einmal über die Erteilung oder Nichterteilung des entsprechenden Auftrags entscheiden und

— durch langfristige Auftragsabwicklung Kalkulationsfehler schwerwiegende Folgen für die Ertragssituation des Unternehmens haben.

Für eine zielorientierte, auf dem Deckungsbeitragschema aufbauende Preispolitik, die nach dem Kalkulationsschema arbeitet:

$$\text{Grenzkosten} + \text{Soll-Deckungsbeitrag} = \text{Preis}$$

können verschiedene Entscheidungssituationen aufgeführt werden, die unterschiedliche Anforderungen an die Preispolitik stellen. Diese Situationen sollen an folgendem Beispiel dargestellt werden (vgl. Mann, Rudolf: Die Praxis des Controlling, a. a. O., S. 136 ff.):

Die Jahresplanung einer Unternehmung geht von folgenden Daten aus:

Geplanter Umsatz	TDM 100.000
Geplante Fixkosten	TDM 40.000
Geplanter Gewinn	TDM 10.000

In der Fertigungsabteilung A besteht auf einer Fräsmaschine ein Kapazitätsengpaß von 5.000 Stunden.

Von einem Großkunden kommt eine Anfrage für die Fertigung eines Auftrages, der folgende Daten besitzt:

Materialverbrauch	DM 210.000
Fertigungslohn	DM 90.000
Sondereinzelkosten	DM 50.000

Der Auftrag beansprucht die Fräsmaschine insgesamt 120 Stunden. Der für den Auftrag notwendige Materialeinsatz befindet sich im Rohstofflager und ist bereits bezahlt.

Welche Preisuntergrenze würden sie für den Auftrag bei alternativen Zielsetzungen festlegen?

Folgende Sonderfälle sind zu beachten:

(1) Preispolitik bei finanziellen Engpässen

Befindet sich die Unternehmung in einem Liquiditätsengpaß, so ist die Zielsetzung der Preispolitik, dem Unternehmen möglichst schnell einen Liquiditätszufluß zuzuführen. In diesem Fall ist die Preisuntergrenze dort erreicht, wo die ausgabenwirksamen Kosten gedeckt sind. Für unser Beispiel würde dies eine Preisuntergrenze von DM 140.000,— bedeuten.

Material	—
Lohn	90.000,—
Sondereinzelkosten	50.000,—
Preisuntergrenze	140.000,—

(2) Preispolitik zur Kostendeckung

Die kurzfristige Preisuntergrenze wird durch die Höhe der Grenzkosten bestimmt und bedeutet in unserem Beispiel eine Preisuntergrenze von DM 350.000,—. Eine solche Preisuntergrenze vernachlässigt das Ziel, die Unternehmensfixkosten zu decken.

Die langfristige Preisuntergrenze hat auch das Deckungsziel für die Fixkosten zu berücksichtigen. In diesem Falle würde sich für unser Beispiel eine Preisuntergrenze von DM 630.000,— ergeben, die eine durchschnittliche Fixkostenbelastung auf den Auftrag von DM 280.000,— einschließt:

Grenzkosten	= 350.000,—
+ ∅ Fixkosten	= 280.000,—
Preisuntergrenze	= 630.000,—

(3) Preispolitik zur Kapazitätsauslastung

Liegt ein Kapazitätsengpaß vor und besteht die Zielsetzung in der deckungsbeitragsoptimalen Auslastung der vorhandenen Kapazität, so wird die Preisuntergrenze bestimmt durch die Grenzkosten und den Deckungsbeitrag pro Engpaßeinheit, multipliziert mit der Beanspruchung dieser Engpaßeinheit.

In unserem Beispiel bedeutet dies, daß bei einem Soll-Deckungsbeitrag von 50 Mio. DM und einer vorhandenen Kapazität von 5.000 Stunden jede Kapazitätsstunde einen Deckungsbeitrag von DM 10.000,— erbringen muß. Damit stellt sich die Ermittlung der Preisuntergrenze wie folgt dar:

Grenzkosten	350.000,—
+ 120 x 10.000	1.200.000,—
Preisuntergrenze	1.550.000,—

(4) Preispolitik zur Markterschließung

Eine Preispolitik zur Markterschließung ist darauf gerichtet, Marktanteile zu gewinnen. Sie wird aus diesem Grunde vom „Normalpreis" abweichen. Normalpreis ist ein Preis, der als Soll-Deckungsbeitrag das Deckungsziel für die Fixkosten und das Gewinnziel der Unternehmung abdeckt. In unserem Beispiel wäre der Normalpreis DM 700.000,—. Die Preispolitik zur Markterschließung wird einen Preis zwischen diesem Normalpreis und der kurzfristigen Preisuntergrenze von DM 350.000,— festlegen.

Eine solche Preispolitik wird die Unternehmung nicht unbegrenzt durchführen, sondern nur solange, bis das Ziel der Markterschließung erreicht ist.

(5) Preispolitik zur Nutzung von Marktchancen

Bei einem „Alleinstellungsprodukt", bei dem es der Unternehmung gelungen ist, ein Segment aufzuschließen, würde in unserem Beispiel die Preisuntergrenze bei DM 1.550.000,— liegen.

4.3.2.2 Preispolitik bei Serien-/Massenproduktion

Bei Serien- oder Massenproduktion werden standardisierte Leistungen für einen anonymen Markt angeboten. Bei diesen Produkten herrschen in der Regel feste Preise auf Basis einer Preisliste.

Auch in diesem Falle gilt, daß die kurzfristige Preisuntergrenze durch die Grenzkosten bestimmt wird, die langfristige Preisuntergrenze die Grenzkosten und den Soll-Deckungsbeitrag in Höhe der durchschnittlichen Fixkosten umfaßt sowie der Normalpreis bei den Grenzkosten + dem Soll-Deckungsbeitrag zur Deckung der Fixkosten + des Planergebnisses liegt.

Für die Preispolitik sind in diesen Fällen folgende Grenzen zu beachten:

(1) Die Zuhilfenahme einer Preisabsatzfunktion läßt sich in den meisten Fällen der betrieblichen Praxis kaum realisieren. Wenn die Aufstellung einer Preisabsatzfunktion in der Praxis überhaupt möglich ist, so gilt sie lediglich für einen Kurzfristzeitraum und berücksichtigt nicht Verbundwirkungen zu anderen Produkten.

(2) Eine „Isodeckungsbeitragskurve", die auf der Preisabsatzfunktion aufbaut, ist aus den gleichen Gründen für eine Preispolitik nicht verwendbar.

(3) Für viele Unternehmen ist der Preis in einem gewissen Preisrahmen festgeschrieben, da aufgrund der Wechselwirkungen zwischen Preis und Image von einem Unternehmen eine ganz bestimmte Preispolitik erwartet wird.

(4) Aufgrund einer weitgehenden Preiskonstanz vieler Markenartikel und einer Preisband-Zugehörigkeit sind von vornherein die Angebotspreise auch für neue Produkte weitgehend fixiert.

(5) Kurzfristige Preissenkungen zur Markterschließung bringen in der Regel die Gefahr mit sich, daß eine Rückkehr zu dem Image des Normalpreises kaum möglich ist.

Aufgrund dieser Faktoren wird sich bei Unternehmen, die sich bei ihrer Preispolitik diesen Restriktionen gegenübersehen, die Preisfixierung retrograd gestalten. Das heißt, es wird zunächst am Markt festgestellt, welcher Preis aufgrund der

— Konkurrenzlage
— Unternehmenspolitik
— Preisband-Zugehörigkeit der Produkte
— Produkt-Markt-Strategie

durchsetzbar ist. Der nächste Schritt ist, die Grenzkosten des Produktes und den mit diesem Produkt bei dem entsprechenden Preis erzielbaren Deckungsbeitrag zu fixieren. Durch Vergleich der Soll-Deckungsbeiträge, die aufgrund des gesamten Kostengefüges der Unternehmung realisiert werden müßten, wird ermittelt, ob eine solche Preisstellung für das betreffende Produkt möglich ist. In der Regel beginnt ein harter Preisfixierungsprozeß, in den unterschiedliche Faktoren einbezogen werden. (Siehe Simon, Hermann, Preisstrategien für neue Produkte, Opladen 1976).

4.3.3 Zusatzgeschäfte

Viele Unternehmungen sehen ihre Chance darin, über Zusatzgeschäfte, Zweitmarken, Füllaufträge, Lohnarbeiten zum Beschäftigungsausgleich oder durch Fertigung von Eigenmarken für bestimmte Abnehmer eine Unternehmensgröße und Ergebnissituation zu erreichen, die die tatsächlichen Gegebenheiten überdeckt und gefährliche Tendenzen zur Folge haben kann.

Wenn der Fixkostenblock der Unternehmung und das Gewinnziel über den Deckungsbeitrag des Hauptgeschäftes abgedeckt werden, führt jedes Zusatzgeschäft bei freien Kapazitäten zu einem zusätzlichen Deckungsbeitrag, der zu einer Erhöhung des Jahresergebnisses in gleicher Höhe führt:

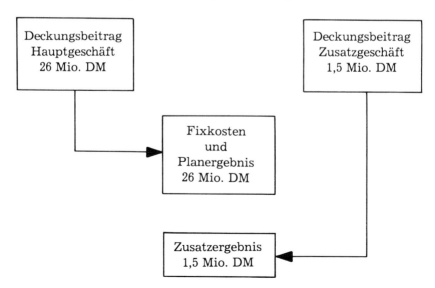

Viele dieser Zusatzgeschäfte sind aus einer falsch verstandenen Deckungs-
beitragspolitik heraus konzipiert worden. Diese Situationen sind häufig anzutreffen in weitgehend gesättigten und stagnierenden Märkten, bei denen
im Hauptgeschäft kein Wachstum mehr erzielbar ist. Aus diesem Grunde
werden Zusatzaufträge, Eigenmarken oder Zeitmarken produziert, die dann
relativ kurzfristig eine Ergebnissituation sicherstellen, die mit dem traditionellen Geschäft schon nicht mehr möglich gewesen wäre. Diese Situation ist
in der nachfolgenden Tabelle dargestellt:

	Hauptgeschäft			Zusatzgeschäft			Unternehmen		
Periode	1	2	3	1	2	3	1	2	3
Absatz (Mio. Einh.)	8	7	6,4	1	3	3,6	9	10	10
Deckungsbeitrag (DM/Einh.)	3,50	3,50	3,50	1,00	1,00	1,00	3,22	2,75	2,60
Deckungsbeitrag (Mio. DM)	28	24,5	22,4	1	3	3,6	29	27,5	26
Fixkosten (Mio. DM)	26	26	26	—	—	—	26	26	26
Gesamtergebnis (Mio. DM)	2	− 1,5	− 3,6	1	3	3,6	3	1,5	0

In der Periode 1 hat die Unternehmung bei einem Absatz von 8 Mio. Einheiten zu einem Deckungsbeitrag von 3,50 DM/Einheit ein Gesamtergebnis von
2 Mio. DM erwirtschaftet. Die Geschäftsleitung nimmt ein Zweitmarkengeschäft mit einem Absatz von 1 Mio. Einheiten zu einem Deckungsbeitrag von
1,00 DM/Einheit an, was entsprechend zu einem zusätzlichen Deckungsbeitragsvolumen von 1 Mio. DM führt. Hierdurch ist es möglich, das Gesamtergebnis in dem betreffenden Geschäftsjahr auf 3 Mio. DM zu erhöhen. Da die
vorhandene Kapazität 10 Mio. Einheiten ausmacht, tritt hierdurch keine Erhöhung der Fixkosten ein.

In der zweiten Periode ist im Hauptgeschäft ein Rückgang auf 7 Mio. Einheiten zu verzeichnen, was entsprechend zu einer Minderung des Gesamtergeb-
nisses auf ./. 1,5 Mio. DM führt. Die Geschäftsleitung weitet das Zusatzgeschäft auf 3 Mio. Einheiten aus, um ein Gesamtergebnis von 1,5 Mio. DM für
die betreffende Periode zu erwirtschaften. Damit ist aber bereits die gesamte Kapazität des Unternehmens ausgelastet.

In der dritten Periode erfolgt im Hauptgeschäft ein weiterer Rückgang um
600.000 Einheiten, der durch eine nochmalige Erhöhung des Zusatzgeschäftes
um die gleiche Anzahl mengenmäßig kompensiert wird. Dieser Effekt reicht
nicht mehr, um ein positives Ergebnis zu erzielen.

In dieser Periode sinkt das Gesamtergebnis für das Unternehmen auf 0 DM
ab. Hier ist die sogenannte kritische Substitutionsschwelle erreicht, die
zeigt, daß die Verluste im Hauptgeschäft nicht mehr durch eine entsprechende Erhöhung des Zusatzgeschäftes kompensierbar sind.

Eine Unternehmung, die eine derartige Politik verfolgt, muß sich im klaren
sein, daß zur Kompensation von Verlusten im Hauptgeschäft ein x-faches

mehr an Absatzmengen und damit an Deckungsbeitragsvolumen im Zusatzgeschäft erwirtschaftet werden muß, sofern die Ergebnissituation konstant
bleiben soll. Eine solche Politik zwingt damit zwangsläufig zu einer unkon-
trollierten, niedrigpreisigen Mengenstrategie, die die Unternehmung in die
Existenzkrise treibt, da die Investitionen auf Basis der Deckungsbeitragsre-
lationen des Hauptgeschäftes gedeckt werden müssen. Zusatzgeschäfte können diesen Beitrag nicht leisten, so daß spätestens mit einer Reinvestition
das volle Ausmaß der Krise hervortritt.

Die Problematik einer derartigen Politik besteht darin, daß nicht die wesentlichen Voraussetzungen
— Trennung der Herkunftsauslobung
— Trennung der Zielgruppen
— Qualitätsunterschiede in Höhe der entsprechenden Preisdifferenzen zwischen Erst- und Zweitmarkengeschäft
beachtet werden, oft wird sorglos die gleiche Qualität, die im Hauptgeschäft
abgesetzt wird, im Zweitmarkengeschäft zu niedrigeren Preisen auf den
Markt gebracht. Zwar wird sehr schnell Kapazitätsauslastung und Mengen-
wachstum erreicht, aber negative Folgen auf das Hauptgeschäft treten
zwangsläufig ein. Deshalb sollte eine Zweitmarkenpolitik mit sehr viel Vor-
sicht angegangen werden, und immer überlegt werden, ob es nicht besser ist,
die Kräfte auf das Hauptgeschäft zu konzentrieren.

Für den Controller ist es ratsam, die Jahresplanung niemals auf Zweitmar-
kengeschäften aufzubauen, sondern sie wirklich als echten Zusatz zu betrachten und sicherzustellen, daß das Zusatzgeschäft nie zum Hauptgeschäft
wird. Wenn letzteres der Fall ist, ist es erforderlich, daß das Zusatzgeschäft
— eine entsprechend hohe Fixkostenbelastung aus der Kapazitätsnutzung
  trägt und
— entsprechende Soll-Deckungsbeiträge auch für diese Produkte kalkuliert
  werden müssen.

Wenn letzterer Punkt konsequent durchgeführt wird, scheiden viele Zweit-
markengeschäfte aus.

4.3.4 Preiserhöhungszyklen

Es gibt Branchen, in denen aufgrund stagnierender oder rückläufiger Ge-
samtmärkte nur temporäre Preiserhöhungen möglich sind. In diesem Falle
vollziehen sich durchsetzbare Preiserhöhungen in einem Zeitraum von zwei
bis vier Jahren. Dies bedeutet für die Ertragssituation, daß in den Perioden,
in denen Preiserhöhungen nicht durchsetzbar sind, Ertragsklemmen entstehen, weil die Kosten inflationsbedingt ansteigen.

Für den Controller entstehen dabei folgende Aufgaben:
(1) Die Preiserhöhungszyklen sind planbar. Es empfiehlt sich, in einer Mit-
     telfristplanung diese Preiserhöhungen einzuplanen und zu zeigen, in
     welchen Perioden Ertragsklemmen entstehen.
(2) Die Perioden, in denen Preiserhöhungen durchsetzbar sind, bedeuten ei-
     ne Abschwächung des Ergebnisdruckes. Notwendige Kostensenkungs-

maßnahmen, die in Perioden ohne Preiserhöhung die Ergebniszielsetzung sicherstellen müssen, sollten deshalb in Perioden mit Preiserhöhungen geplant und eingeleitet werden. In diesen Perioden lassen sich Kostensenkungsprogramme leichter realisieren.

4.3.5 Qualitative Sortimentsverbesserung

Bei stagnierenden und rückläufigen Gesamtmärkten ist Wachstum nur durch qualitative Sortimentsverbesserung möglich. Qualitatives Wachstum bedeutet die Verbesserung der Erlös- und damit auch der Deckungsbeitragstruktur bei gleicher Absatzmenge und gleicher Höhe des Fixkostenblocks. Diese Maßnahmen werden auch unter den Begriffen

— trading up
— Innovation
— Segmentierung

erfaßt und bedürfen einer intensiven Begleitung durch den Controller im Hinblick auf folgende Aspekte:

(1) Die Zeitdauer zur Durchsetzung von qualitativen Sortimentsverbesserungen ist relativ lang. In der Regel besitzen die neuen Produkte nur ein geringes Deckungsbeitragsvolumen und sind nicht in der Lage, die Verluste in den angestammten Bereichen zu kompensieren. Aus diesem Grunde empfiehlt es sich, hier mit realistischen Werten zu planen und parallel andere Maßnahmen zur Ertragsverbesserung einzuleiten.

(2) In vielen Fällen handelt es sich nicht um Innovationen schlechthin, sondern es werden lediglich geringe Produktänderungen, Veränderungen der Packungsgestaltung, der äußeren Aufmachung usw. eingeleitet, deren Erfolg insgesamt relativ gering ist.

(3) Bei allen Absatzsteigerungen, die durch qualitative Sortimentsveränderung eintreten sollen, ist zu prüfen, welche Substitutionseffekte im vorhandenen Sortiment auftreten. In vielen Unternehmen ist das Sortiment innerhalb bestimmter Bandbreiten substituierbar.

(4) Viele neuen Produkte sind in der ersten Phase keine zusätzlichen Deckungsbeitragsbringer, sondern erhöhen zunächst den Fixkostenblock durch Werbung, Verkaufsförderung, Logistik und sonstige Promotions. Auch diese Effekte sind einzuplanen, um bei der Jahresplanung Überraschungen zu vermeiden.

Kapitel 4: Strategisches Controlling

1. Erweiterung des Gegensteuerungs-Zeitraums durch strategisches Controlling

1.1 Notwendigkeit des strategischen Controlling

Seit der Energiekrise hat sich das Umfeld der Unternehmen grundlegend geändert: Neben dem Rückgang der Nachfrage und damit dem Ende des quantitativen Wachstums sind zusätzliche neue Engpässe auf den Beschaffungsmärkten (Ressourcenverknappungen, Preissteigerungen) und im Bereich der Abnehmer und Kunden (Konzentrationen, Preisnachlaßforderungen) hinzugekommen. Eine zunehmende Gesetzesflut und Einengung des Handlungsfeldes durch staatliche Stellen haben diesen Prozeß noch kompliziert. Damit versagt die Extrapolation als Hilfsmittel der Planung, die bis in die frühen 70iger Jahre hinein noch funktionierte, als sich die Unternehmen auf dem Wachstumspfad bewegten und Fehlentscheidungen vielfach durch das quantitative Wachstum überdeckt wurden.

Das operative Controlling, das mit den Instrumenten Planung, Information, Analyse und Gegensteuerung versucht, die Enden zusammenzuhalten, wird immer mehr in die Enge getrieben: Die operativen Gegensteuerungsmaßnahmen greifen in vielen Situationen nicht mehr. Das operative Controlling ist an Grenzen gelangt, die nur durch die Erweiterung um das strategische Controlling überwunden werden können.

Ein wesentlicher Nachteil des operativen Controlling ist die Konzentration aller Aktivitäten und Maßnahmen auf den Zeitraum eines Jahres. Auch die Ergänzung der Jahresplanung um die Mittelfristplanung und die Langfristplanung bringt keine Verbesserung, da beide letztlich nur eine Extrapolation vergangener Größen darstellen und den heutigen Anforderungen an ein sensibles Steuerungsinstrumentarium nicht gerecht werden.

Ein den heutigen Umweltanforderungen adäquates Steuerungsinstrument muß garantieren, daß heute Maßnahmen ergriffen werden, die geeignet sind, dem Ziel der Unternehmung als langfristige Existenzsicherung zu dienen. Für diese Aufgaben ist das operative Controlling überfordert, da

— die Begrenzung auf die Ein-Jahres-Periode die Steuerung von Maßnahmen zur langfristigen Existenzsicherung geradezu blockiert,

— das operative Controlling durch das Arbeiten mit Kosten und Erträgen Größen nicht einbeziehen kann, die nicht quantifizierbar sind, aber die zukünftige Ertragskraft bestimmen.

Strategisches Controlling hat die Aufgabe, dafür zu sorgen, daß heute Maßnahmen ergriffen werden, die zur zukünftigen Existenzsicherung beitragen. Das heißt, es sind heute systematisch zukünftige Chancen und Risiken zu erkennen und zu beachten und damit Erfolgspotentiale für die Zukunft aufzubauen. Diese Erfolgspotentiale sind die Vorsteuerungsgrößen für den Gewinn, da sie doch mit hoher Wahrscheinlichkeit zukünftige positive operative Ergebnisse garantieren. Damit hat das strategische Controlling die Aufgabe, die Vorsteuerungsgrößen für zukünftige operative Ergebnisse aufzu-

bauen und das Feld zur Erreichung zukünftiger Ergebnisse zu ebnen (Gälweiler, Aloys: Controller & Strategische Planung — 10 Thesen; Mann, Rudolf: Praxis strategisches Controlling, a. a. O., S. 29 ff.).

1.2 Besonderheiten des strategischen Controlling

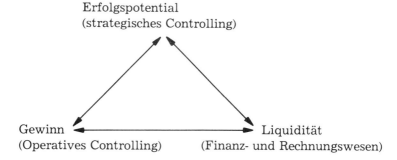

Ausgehend von diesem Controlling-Ziel-Dreieck und der Tatsache, daß diese
Größen in einem direkten und indirekten Vorsteuerungs-Zusammenhang
stehen, ergibt sich die Notwendigkeit unterschiedlicher Zuständigkeiten für
die Erreichung dieser Zielsetzungen. Auf der anderen Seite wird deutlich,
daß ebenso wie die Instrumente zur Liquiditätssteuerung nicht für ein operatives Controlling ausreichen, auch die Instrumente des operativen Controlling kein funktionierendes strategisches Controlling garantieren können. Aus diesem Grunde verlangt das strategische Controlling andere Steuerungsinstrumente, die dem Anspruch und der Zielsetzung des Aufbaus und
der Steuerung von Erfolgspotentialen zur Existenzsicherung der Unternehmung gerecht werden.

Diese Notwendigkeit anders gearteter Steuerungsinstrumente wird besonders deutlich, wenn man sich die wesentlichen Unterschiede zwischen dem
strategischen und dem operativen Controlling vor Augen hält (Mann, Rudolf: Praxis strategisches Controlling a. a. O., S. 29):

(1) Zeitlicher Horizont: Im Gegensatz zum operativen Controlling, das eine
     Begrenzung des Zeithorizontes auf die jeweilige Planungsperiode kennt,
     arbeitet das strategische Controlling ohne eine Begrenzung des zeitli-
     chen Horizontes.

(2) Dimension: Im operativen Controlling kennt man in erster Linie die
     Größen „Kosten" und „Erträge". Das strategische Controlling arbeitet
     grundsätzlich mit allen Größen, die für die zukünftige Entwicklung der
     Unternehmung relevant sind. Die dabei zu verarbeitenden, mehr quali-
     tativen Einflußfaktoren sind zunächst nicht in Kosten und Erträgen
     quantifizierbar, sondern erfahren ihre Berücksichtigung im Controlling-
     System über die Skalierung und qualitative Komponenten.

(3) Umwelt: Während das operative Controlling historisch bedingt weitge-
     hend introvertiert arbeitet und erst durch die Kundendeckungsbeitrags-
     rechnung ein extrovertiertes Instrument bekommen hat, das den Über-

gang zum strategischen Controlling darstellt, arbeitet das strategische Controlling primär umweltbezogen. Das heißt, es werden alle im Umfeld des Unternehmens relevanten Faktoren und Tatbestände in ihrer Auswirkung auf die zukünftige Situation berücksichtigt. Ein Schwerpunkt dieser Umweltbetrachtungen sind die relevanten Wettbewerber, die Ressourcen, die Vertriebswege usw.

(4) Termindruck: Während das operative Controlling immer unter Termindruck und Zwang arbeitet, da durch das Geschäftsjahr gesetzte Zeitpunkte eingehalten werden müssen, ist dies für das strategische Controlling nicht erforderlich. Es gibt in jeder Entscheidungssituation die Möglichkeit, durch operative Entscheidungen strategisch notwendigen Umdenkungsprozessen auszuweichen.

(5) Planungs- und Führungsstil: Die operative Planung wird nach dem Netzplan-Prinzip erarbeitet: jeder Funktionsbereich hat zu bestimmten Zeitpunkten seine funktionalen Teilpläne vorzulegen, die nach verschiedenen Abstimmungsschritten zum Gesamtplanungswerk integriert werden. Hingegen fordert die strategische Planung, daß in einer interdisziplinären Klausursitzung durch das Team alle Funktionsbereiche Chancen und Risiken aus unterschiedlichen Blickwinkeln betrachten. Insofern ist die strategische Planung das Mittel, das zum Überspringen überkommener funktionaler Organisationsbarrieren geradezu zwingt und das Know how nutzt, das im Tagesgeschäft unter funktionalen Eigeninteressen vielfach gar nicht hochkommt.

(6) Zielsetzung: Im Gegensatz zum operativen Controlling handelt es sich beim Gewinnziel nicht um ein strategisches Ziel, sondern lediglich um das Ergebnis richtigen strategischen Handelns. Die strategische Zielsetzung der Unternehmung ist die Existenzsicherung, die nur dann sichergestellt ist, wenn die Unternehmung in der Lage ist, bestimmte Probleme einer konkreten Zielgruppe nachhaltig besser zu lösen als die Konkurrenz.

Auch das strategische Controlling arbeitet mit den Bausteinen Planung, Information, Analyse/Kontrolle und Steuerung. Der Stellenwert und die Schwerpunktaufgaben der Einzelfunktionen jedoch haben eine andere Ausprägung. Im *operativen* Controlling liegen die Schwerpunktaufgaben in
— der Kursfixierung durch die Planung,
— dem Aufbau eines Controller-Berichtswesens zur Information der Entscheidungsträger,
— dem Plan-Ist-Vergleich als Mittel zur Analyse und Kontrolle und
— der Steuerung zur Kurseinhaltung der in der Planung fixierten Zielsetzungen:

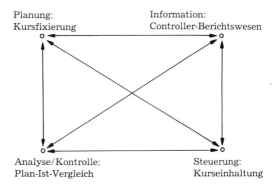

Im *strategischen* Controlling erhalten die Funktionen einen anderen Aufgabencharakter und Stellenwert:

— Planung: Schwerpunktaufgabe der strategischen Planung ist die Suche, der Aufbau und die Nutzung von Erfolgspotentialen zur langfristigen Existenzsicherung.

— Information: Das strategische Informationssystem hat in der ersten Stufe nach Einführung einer strategischen Planung die Sensibilisierung der Entscheidungsträger für strategisches Handeln zur Aufgabe. Es liefert die Basisinformationen, die für die Ansteuerung der strategischen Ziele und die Umsetzung der Strategien erforderlich sind.

— Analyse/Kontrolle: Die Analyse/Kontrolle hat den Vergleich der strategischen Plan- und Ist-Werte zur Aufgabe und die Verzahnung zum operativen Controlling herzustellen.

— Steuerung: Die Steuerungsaufgaben im Rahmen des strategischen Controlling sind zu prüfen auf ihre operativen Auswirkungen und auf ihre langfristigen strategischen Auswirkungen. Dabei kommt es entscheidend darauf an, solche Maßnahmen auch im operativen Bereich zu treffen, die strategisch nicht schädlich sind:

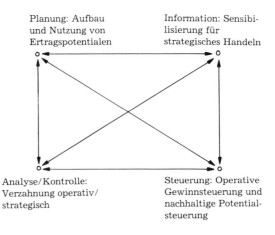

Damit wird klar, daß

— operatives und strategisches Controlling je einen funktionalen Regelkreis bilden,

— diese Regelkreise miteinander vermascht sind, d. h., daß sowohl operative als auch strategische Handlungen an den übergeordneten Zielsetzungen zu prüfen und in ihren Auswirkungen auf die einzelnen Parameter zu gewichten sind,

— eine organisatorische Trennung beider Zuständigkeiten in der Praxis nicht machbar ist, da für jede Funktion die Informationen des anderen Bereichs zwangsläufig erforderlich sind, um im Sinne eines interfunktionalen Feed-forward die erforderlichen Impulse für die Gegensteuerungsmaßnahmen zu besitzen.

1.3 Strategische Planung, strategisches Controlling, strategisches Management

Es reicht nicht, das vorhandene operative Controlling-System um eine strategische Planung zu ergänzen, wenn man strategisches Controlling haben möchte. Dann passiert das, was in vielen Unternehmen, die eine strategische Planungsabteilung besitzen, oft anzutreffen ist: Strategische Planung ist eine Aufgabe einzelner Stabs-Spezialisten, die von keinem im Unternehmen ernst genommen werden. Die strategische Planung schwimmt wie eine Wolke über dem Tagesgeschäft.

Erst die Ergänzung der strategischen Planung um die Bausteine Information, Analyse, Kontrolle und Steuerung garantiert, daß strategisches Controlling aktiv praktiziert wird und sichert die Verzahnung der strategischen Planung und Steuerung mit dem operativen Tagesgeschäft. Erst in diesem Falle ist die Grundlage für ein integriertes Steuerungsinstrumentarium gelegt, daß bei der Steuerung im Tagesgeschäft auch weitsichtig die langfristigen Steuerungserfordernisse einbezieht.

Strategisches Controlling erfordert die Ergänzung durch strategisches Management. Erst aus der Kombination beider Teile entsteht eine aktive strategische Steuerung des Unternehmens zur nachhaltigen Existenzsicherung. Strategisches Management ist dabei nicht eine neue Management-Philosophie, sondern die Art des Tätigwerdens in bezug auf die langfristigen strategischen Unternehmensziele hin. Dabei besitzt das strategische Controlling den gleichen Stellenwert, den das operative Controlling im Rahmen des operativen Geschäftes besitzt. Die Frage, wie das strategische Controlling organisatorisch aufzuhängen ist, erfährt allerdings einen höheren Stellenwert. Von der zweiten Ebene aus ist das strategische Management durch den Controller nicht mehr durchzuführen. Controlling erfordert hier die Vertretung auf der obersten Hierarchieebene.

2. Planung: Aufbau und Nutzung von Ertragspotentialen

2.1 Instrumente

2.1.1 Potentialanalyse

„Die faszinierendste Größe, mit der sich das strategische Controlling beschäftigt, ist das Potential. Es ist eine immaterielle Größe, die eine Unternehmung

— steuerbegünstigt aufbauen kann (da die immateriellen Investitionen sofort als Kosten den steuerpflichtigen Gewinn reduzieren)

— steuerfrei halten kann (da immaterielle Werte in unseren Bilanzen nicht erscheinen und deshalb keine Vermögensteuer verursachen) und

— von der Unternehmung zur Ertragsverbesserung kostenlos genutzt werden kann (da Potentiale als immaterielle Güter ohne Abnutzung gebraucht werden können; nur materielle Güter werden mit ihrer Verwendung auch abgenutzt oder verbraucht)." (Mann, Rudolf: Praxis strategisches Controlling, a. a. O., S. 53).

Potentiale, die von Gälweiler auch als Vorsteuergröße des Gewinns bezeichnet werden, sind die eigentlichen Stärken einer Unternehmung, die es ermöglichen, eigene Stärken auf fremde Schwächen zu konzentrieren. Nur wenn diese Konzentration gelingt, ist die Zielsetzung der Strategie als Befriedigung von Problemen der Zielgruppe möglich.

Wenn Strategie die Konzentration von eigenen Stärken auf fremde Schwächen ist, so setzt der strategische Planungsprozeß am besten bei der Suche nach diesen eigenen Stärken zur Findung von Potentialen an.

Es hat sich aus eigenen Erfahrungen bewährt, diese Potentialanalyse ohne vorbereitetes Informationsmaterial im Team als „Ad hoc-Informationssammlung" durchzuführen. Dieser Prozeß der Potentialanalyse läuft in folgenden Sufen ab: (Siehe dazu Mann, Rudolf: Praxis strategisches Controlling, a. a. O., S. 53 ff.).

2.1.1.1 Stärken-Schwächen-Analyse

Die Stärken-Schwächen-Analyse vollzieht sich in folgenden Teilschritten:

(1) Sammlung vergangener Erfolge und Mißerfolge: Hierbei handelt es sich um eine einfache Auflistung der Erfolge und Mißerfolge, die die Unternehmung in der Vergangenheit zu verzeichnen hatte. Diese Faktoren werden auf einem „Flip-chart" gesammelt.

(2) Analyse der Ursachen vergangener Erfolge und Mißerfolge: Die vergangenen Erfolge und Mißerfolge werden im Team intensiv diskutiert, analysiert und auf ihre Ursachen reduziert. Diese Ursachen werden ebenso auf einem Flip-chart festgehalten und so für die weitere Diskussion aufbereitet. Nach diesen beiden Teilschritten ist die Betrachtung der vergangenen Entwicklung der Unternehmung abgeschlossen.

(3) Sammlung der zukünftigen internen Stärken und Schwächen: In dieser Stufe nennt jeder Teilnehmer die aus seiner Sicht für den zukünftigen Erfolg wesentlichen Stärken des Unternehmens sowie die Schwächen, die den Erfolg beeinträchtigen können.

(4) Sammlung der externen zukünftigen Chancen und Risiken: Diese Sammlung erfolgt in der gleichen Form wie die Sammlung in Stufe 3, nur daß jetzt der Blick auf das Umfeld der Unternehmung gerichtet ist und geprüft wird, welche Chancen den Erfolg begünstigen und welche Risiken den Erfolg beeinträchtigen können. Auch diese Faktoren werden aufgelistet und auf einem Flip-chart festgehalten.

(5) Auswertung der Stärken-Schwächen-Analyse: Jeder Teilnehmer des Planungsteams bewertet mit 10 Selbstklebepunkten die aus seiner Sicht für die zukünftige Entwicklung wesentlichen positiven und negativen Faktoren.

(6) Fazit: Einer der Teilnehmer des Planungsteams zieht ein Fazit dieser Ausgangsanalyse, das ebenfalls auf einem Flip-chart festgehalten wird.

2.1.1.2 Schlüsselfaktoren

In den Zeiten des allgemeinen Wachstums unserer Märkte gab es für jedes Unternehmen genug Wachstumschancen. Es galt nur, das Wachstum intern durch Investitionen, Organisation etc. zu verkraften. Mit dem Rückgang der Nachfrage und der weitgehenden Stagnation der Märkte wurde es immer schwieriger, Märkte zu erschließen. Dieses Problem findet seinen Ausdruck in einer immer größeren Zahl von Schlüsselfaktoren, um Probleme der Zielgruppe zu befriedigen.

Schlüsselfaktoren sind diejenigen immateriellen Faktoren, die über den Erfolg in einem bestimmten Markt/Geschäft entscheiden (Widmer, Hans: Strategische Unternehmensführung, Zürich 1978, S. 6 ff.). Jede Branche und jedes Segment kennt solche Schlüsselfaktoren. Für den Erfolg einer Unternehmung ist es entscheidend,

— wie viele der für den Erfolg in dem betreffenden Geschäft entscheidenden Schlüsselfaktoren sie beherrscht,

— welche dieser Schlüsselfaktoren sie besser im Griff hat als der Wettbewerb,

— wie sie sich bezüglich der Schlüsselfaktoren von den Wettbewerbern differenziert.

Ebenso wie im Rahmen der Stärken-Schwächen-Analyse ist es erforderlich, sich über die Schlüsselfaktoren der Branche im Planungsprozeß im klaren zu sein, da sie den Ansatzpunkt der Strategien und durchzuführenden Maßnahmen sind.

Die Bestimmung der Schlüsselfaktoren läuft in folgenden Stufen ab:

(1) Ad hoc-Sammlung von Schlüsselfaktoren durch das Planungsteam in Form eines brain-storming.

(2) Prüfung der Schlüsselfaktoren auf Vollständigkeit. Hierzu empfiehlt sich die Benutzung einer Checklist:

Checklist: Schlüsselfaktoren

1. Marketing/Markt/Image

- Marke
- Markenimage Verbraucher
- Markenimage Handel
- Marktanteil
- Innovationskraft
- Marketing-Konzeption
- Werbung
- Produkt-Idee und Durchsetzungskraft
- Kompetenz beim Verbraucher
- Kompetenz beim Handel
- Abstimmung Marketing-Mix
- Zusammensetzung Marketing-Mix
- Kommunikation
- Hersteller-Kompetenz
- Tradition
- Selbstverständlichkeit der Markenverwendung
- Problemlösung
- Produkt-Qualität
- Kreativität

2. Außendienst/Vertrieb/Logistik

- Distributionskraft
- Außendienst-Organisation
- Kopfzahl Außendienst
- Beziehungen zu Handelspartnern
- Distribution
- Motivation der Mannschaft
- Steuerung des Außendienstes
- Konditionenpolitik
- Aktionssteuerung
- Kooperation in Teilbereichen
- gemeinsame Verkaufsförderung mit Handel
- Account-Management
- Handels-Marketing
- Handels-Manager
- physische Distribution
- Struktur der Außenläger
- Servicegrad
- Lieferbereitschaft

3. Verwaltung

- Flexibilität
- Controlling
- optimale Besetzung
- Informations- und Steuerungsinstrumentarium
- Finanzkraft
- gute externe Kontakte

4. Produktion/Beschaffung

- Produktions-know how
- Kenntnis Rohwaren-/Beschaffungsmärkte
- Produktivität
- Produktivitätsreserven
- günstige Standorte
- günstige Overhead-Struktur

(3)   Bewertung der Schlüsselfaktoren nach ihrer Wichtigkeit für die zukünftige Unternehmensexistenz in der Branche. Dabei sollten sich die fünf bis zehn wesentlichen Schlüsselfaktoren herausbilden.

(4)   Präzisierung der ausgewählten und bewerteten Schlüsselfaktoren. Dieser Schritt ist erforderlich, um die Schlüsselfaktoren mit Leben zu erfüllen und sicherzustellen, daß keine Allgemeinplätze verwendet werden.

(5)   Prüfung der Schlüsselfaktoren an den eigenen Erfolgen und Erfolgen der Konkurrenz. Diese zusätzliche Plausibilitätsprüfung soll sicherstellen, daß nur solche Schlüsselfaktoren verwendet werden, die für den Erfolg in der Branche entscheidend sind.

2.1.1.3 Potential Stärken/Schlüsselfaktoren

Nach der Sammlung und Präzisierung von Schlüsselfaktoren und eigenen Stärken werden

— die Schlüsselfaktoren als externe und objektivierbare Faktoren
— die Stärken als interne, subjektive Erfolgskomponenten
graphisch mit Hilfe einer Profildarstellung unter Verwendung des nachfolgenden Formulars präzisiert.

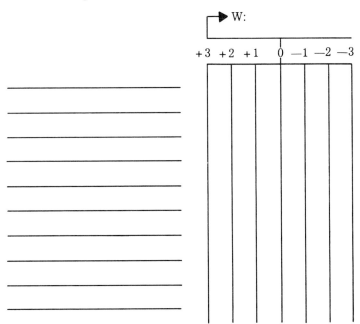

Diese Präzisierung läuft in folgenden Schritten ab:

(1) Eintragung der 10 Schlüsselfaktoren und Stärken in die Zeilen des Formulars.

(2) Festlegung des wichtigsten Wettbewerbers, mit dem man die eigenen Stärken und die Dominanz von Schlüsselfaktoren vergleicht.

(3) Die Bewertung von Stärken und Schlüsselfaktoren erfolgt nun relativ zum stärksten Wettbewerber, wobei dieser in der Quantifizierung die Bewertung „O" erhält.

(4) Im nächsten Schritt wird die relative Bewertung der eigenen Stärken und die Beherrschung der Schlüsselfaktoren im Vergleich zu diesem Wettbewerber dargestellt. Werte zwischen O und +3 bedeuten, daß die Unternehmung besser abschneidet als der Wettbewerb, Werte zwischen O und -3 entsprechend, daß die Unternehmung hier dem Wettbewerber unterlegen ist.

(5) In einem letzten Schritt wird sowohl für die Stärken als auch für die Schlüsselfaktoren die Verstärkung bei Unbegrenztheit aller dafür erforderlichen Mittel simuliert. Dieses Potential wird ebenfalls in der Graphik markiert.

2.1.1.4 Ergebnis der Potentialanalyse

Aus der unterschiedlichen Ausprägung der beiden Profile für die eigenen Stärken und die Schlüsselfaktoren können folgende Aussagen abgeleitet werden:

— Die Zahl und Stärke der Ausprägung der genutzten Potentiale ist ein Indiz für die Lebenskraft der Unternehmung. Je mehr positive Ausprägungen in beiden Profilen vorhanden sind, um so stärker und profilierter gegenüber dem Wettbewerb ist die Unternehmung.

— Die Differenz zwischen genutzten und nutzbaren Potentialen zeigt für die Zukunft Chancen auf. Ist diese Differenz groß, so eröffnen sich Möglichkeiten, die aktiv zu nutzen sind.

— Bei sehr schwach ausgeprägten Potentialen stellt sich die Frage, ob es daran liegt, daß das Management kraftlos ist oder ob die schwache Profilierungsmöglichkeit an der grundsätzlichen Differenzierbarkeit innerhalb der Branche liegt. Hier müssen tiefergehende Analysen ansetzen.

Aus dem Vergleich des Stärkenprofils und des Profils der Schlüsselfaktoren läßt sich erkennen,

— ob die eigenen Stärken einer Unternehmung auch gleichzeitig Schlüsselfaktoren sind, d. h., ob die Faktoren, in denen die Unternehmung stark ist, auch über den Erfolg in der Branche bestimmen,

— und ob die Unternehmung sich nicht besser mit ihren Stärken in einer anderen Branche betätigt, wo die Stärken gleichzeitig Schlüsselfaktoren sind.

Im Anschluß an diese Auswertung empfiehlt sich ein kurzes Brain-storming, um Maßnahmen zur Verstärkung der vorhandenen Stärken zu suchen. Diese Maßnahmen können für einen späteren Zeitpunkt der strategischen Planung aufbewahrt werden, um dann konkretisiert zu werden.

2.1.2 Zielsetzung

2.1.2.1 Leitbild

Das Leitbild als qualitative Unternehmungszielsetzung macht eine Aussage darüber, wozu eine Unternehmung da ist und wozu nicht. Es drückt aus, was eine Unternehmung im Mittelfristzeitraum anstrebt und welche konkreten Probleme sie für welche Zielgruppe nachhaltig besser lösen will als die Konkurrenz. Diese qualitative Zielsetzung drückt die Existenzgrundlage der Unternehmung aus und soll für alle Beteiligten ein Ansporn und ein Identifikationsmerkmal sein.

Für den Mindestinhalt, den ein Leitbild umfassen soll, empfiehlt es sich, folgende Punkte durchzuarbeiten:

(1)   Firma, Gruppe, Konzern

(2)   Leistung, Produktion

(3)   Absatz, Vertriebsleistung

(4)   Produkte, Problemlösungen, Herkunft

(5) Qualität
(6) Preislage
(7) Marke, Firma, Ausstattung
(8) Eigener/fremder Vertriebsapparat
(9) Regionales, nationales, internationales Vertriebsgebiet
(10) Vertriebskanäle
(11) Zielgruppen (Mittler/Verbraucher/Käufer)

Erläuterungen:

(1) Firma, Gruppe, Konzern: Welche Aussage verbindet sich mit dem Namen der Firma, wie ist ihre Stellung innerhalb einer Unternehmensgruppe oder eines Konzern, welche konkreten Aufgaben nimmt sie innerhalb dieses Verbundes wahr?

(2) Leistung, Produktion: Was produziert die Unternehmung an Gütern, zu welchen Zwecken? Produziert sie selbst, welche Teile bezieht sie zu, welche Produktionsbreite und -tiefe wird mittelfristig angestrebt?

(3) Absatz, Vertriebsleistung: Welche Vertriebsleistung nimmt die Unternehmung wahr? Vertreibt sie nur Eigen- oder auch Fremdprodukte?

(4) Produkte, Problemlösungen, Herkunft: Welche Produkte werden für welche Problemlösungen erstellt? Befinden sich diese Produkte im Stadium der Urproduktion, der Weiterverarbeitung oder eines hohen Reifestadiums?

(5) Qualität: Welche Qualität wird mit den Problemlösungen und Produkten angestrebt: mittlere Qualität, untere Qualität oder gehobene Qualitätsleistung?

(6) Preislage: In welchem Preissegment bewegen sich die wesentlichen Produktsortimente der Unternehmung? Vertreibt man in einer Preislage unterhalb der Mittellinie oder oberhalb der Mittellinie? Gibt es Produkte, die im oberen Preisniveau angesiedelt sind?

(7) Marke, Firma, Ausstattung: Werden alle Produkte unter einer Marke (Dachmarke) vertrieben oder besitzt jedes Produkt eine einzelne Marke (Solitär)? Ist der Firmenname mit dem Produktnamen identisch? Werden Markenartikel oder namenlose Produkte vertrieben?

(8) Eigener/fremder Vertriebsapparat: Wird über eine eigene Außendienstorganisation vertrieben, die nur eigene Produkte vermarktet oder wird auch für fremde Produzenten gebrokert? Bedient man sich eines Handelsvertreterapparats für Teilsegmente oder.geht man generell über den eigenen Vertriebsapparat?

(9) Regionales, nationales, internationales Vertriebsgebiet: Welche regionale Ausdehnung wird mit den Produkten mittelfristig angestrebt? Will man nur in Teilbereichen seine Produkte anbieten oder national als Markenartikler? Wann will man international expandieren?

(10) Vertriebskanäle: Geht jedes Produkt über einen Vertriebskanal oder alle Produkte über den gleichen Vertriebskanal oder gibt es produktspezifische Vertriebskanalsegmentierungen?

(11) Zielgruppen: Sind die Käufer der Produkte identisch mit den Verbrauchern der Produkte? Welchen Stellenwert erhält der zwischengeschaltete Absatzmittler?

Ein Leitbild, das zu diesen Fragen eine konkrete Aussage enthält, bildet für zukünftige strategische und operative Entscheidungen einen Filter, der garantiert, daß diese langfristigen qualitativen Zielsetzungen angestrebt werden.

2.1.2.2 Quantitatives Ziel

Das quantitative Unternehmensziel ist eine Mischung aus betriebswirtschaftlichen Zielgrößen, die die Ziele der Kapitaleigner, kurzfristige Ergebnisziele und branchenbezogene Zielsetzungen umfassen. Sie drücken den Anspruch aus, den die Unternehmung aufgrund ihres Leitbildes mittelfristig erreichen will. Sie betreffen folgende Teilbereiche:

1. **Ergebnisziele**
   — Umsatzrendite
   — Kapitalumschlag
   — Return-on-Investment
   — Eigenkapitalrendite
   — Rendite des zu verzinsenden Kapitals
   — Cash Flow usw.

2. **Bilanzkennzahlen**
   — Anlagendeckungsgrad
   — Working Capital
   — Eigenkapitalanteil
   — Fremdkapitalanteil
   — Bilanzsumme in % vom Umsatz
   — Investitionsquote usw.

3. **Produktivitätskennzahlen**
   — Umsatz je Beschäftigten
   — Gesamtleistung je Beschäftigten
   — Personalkosten je Beschäftigten
   — Umsatz je qm usw.

4. **Marktbezogene Zielsetzungen**
   — Marktanteil
   — Produktwachstum
   — Distribution
   — Preisabstand
   — Abverkauf pro führendes Geschäft usw.

5. **Umsatzbezogene Zielsetzungen**
   — Marketingaufwendungen in % vom Umsatz
   — Forschungs- und Entwicklungsaufwendungen in % vom Umsatz
   — Betriebsergebnis in % vom Umsatz
   — Personalkosten in % vom Umsatz
   — Deckungsbeitrag in % vom Umsatz
   — Kapitalkosten in % vom Umsatz usw.

2.1.2.3 Strategische Lücke

Um zu prüfen, ob die gesetzten Unternehmensziele mittelfristig erreichbar sind, empfiehlt sich das Istrument der strategischen Lücke. Im Beispiel (auf Seite 72) zeigte sich eine strategische Lücke von TDM 575 als Differenz zwischen der Planextrapolation mit Rationalisierungsmaßnahmen und der mittelfristigen Unternehmenszielsetzung einer 7 %igen Umsatzrendite. Diese strategische Lücke macht deutlich, daß die Ergebnislücke nicht mehr durch operative Maßnahmen überbrückt werden kann und daß eine Änderung der Unternehmensstrategien erfolgen muß. Die strategische Lücke bildet damit den Einstieg für die Änderungsnotwendigkeit bisher gefahrener Strategien.

2.1.3 Wachstum

2.1.3.1 Quantitatives und qualitatives Wachstum

Quantitatives Wachstum bedeutet Wachstum durch Erhöhung der Absatzmengen in bestehenden Sortimenten und Problemlösungen. Eine solche Wachstumsstrategie ist gerechtfertigt zur

— Erreichung einer in der Branche konkurrenzfähigen Unternehmensgröße,
— Ausnutzung von Kosteneinsparungsmöglichkeiten nach dem „Boston-Effekt",
— bessere Auslastung vorhandener Kapazitäten,
— effizientere Nutzung noch nicht genutzter Ertragspotentiale.

Wenn diese Chancen nicht gegeben sind, sollte qualitatives Wachstum Vorrang haben, d. h., Wachstum durch eine qualitative Verbesserung der Absatzstruktur. Dieses kann geschehen durch

— Verbesserung der Absatzstruktur bei Kunden, Sortimenten, Vertriebswegen etc.,
— stärkere Differenzierung gegenüber den Wettbewerbern durch eine Politik der Marktnischen,
— Verbesserung der Problemlösungsfunktion des vorhandenen Sortiments.

Eine solche Politik zielt darauf, durch qualitative Verbesserung der Absatzstruktur in stagnierenden Märkten zu Wachstum zu kommen, indem eine konsequente Politik der Marktsegmentierung betrieben wird.

2.1.3.2 Diversifikation und Konzentration

Konzentrationsstrategien zielen darauf, die Möglichkeiten im vorhandenen Betätigungsfeld der Unternehmung noch stärker auszureizen. Eine Konzentrationsstrategie bedeutet aber auf der anderen Seite

— die Konzentration aller Mittel der Unternehmung auf die angestammten Bereiche,
— die Beibehaltung der auch in der Vergangenheit praktizierten Reinvestitionsautomatik,
— die Abhängigkeit des Schicksals der Unternehmung von einem „Standbein",
— den Zwang zu schnellerem Wachstum als der Wettbewerb, wenn man bisher in der Position des Marktzweiten ist.

Das Gegenteil zur Konzentrationsstrategie ist die Diversifikationsstrategie. Die Diversifikation verfolgt die Zielsetzung der Risikostreuung und der Ausweitung der Betätigungsfelder auf neue Bereiche. Für die Diversifikation gibt es die in der nachfolgend dargestellten Möglichkeiten (vgl. auch Wittek, Burkhard F.: Strategische Unternehmensführung bei Diversifikation, Berlin-New York 1980, S. 50 ff.):

MARKT ZG / PL PRODUKT	ALT	NEU
ALT	KONZENTRATION PRODUKTENT-WICKLUNG	MARKTAUS-WEITUNG REGIONAL NATIONAL
NEU	SORTIMENTS-POLITIK HORIZONTAL VERTIKAL	LATERALE DIVERSIFI-KATION

(1) Eine Strategie, die mit dem heutigen Sortiment für heutige Märkte agiert, ist die Konzentration.

(2) Die Ausweitung alter Produkte für neue Märkte kann regional oder überregional erfolgen, sich aber auch auf neue Problemlösungen und Zielgruppen konzentrieren.

(3) Die Positionierung neuer Produkte für vorhandene Märkte und Zielgruppen kann horizontal durch Sortimentsverbreiterung oder vertikal durch Vertiefung der bisherigen Sortimentsansätze erfolgen.

(4) Geht man mit neuen Produkten in völlig neue Märkte, so liegt der Fall der lateralen Diversifikation vor.

Diversifikationsstrategien bieten sich an, wenn

(1) in den heutigen strategischen Geschäftseinheiten rückläufige Entwicklungen zu verzeichnen sind,

(2) die Gewinnpotentiale dieser vorhandenen Geschäftseinheiten ausgereizt sind,

(3) die Unternehmung über hohe Gewinne verfügt, die im vorhandenen Betätigungsfeld nicht mehr wirtschaftlich sinnvoll angelegt werden können.

Wenn diese drei Fälle gegeben sind, bietet die Diversifikation die Möglichkeit eines weiteren Unternehmenswachstums, der Risikostreuung und der Investition vorhandener Mittel zum Aufbau neuer Ertragspotentiale.

Diversifikationsstrategien tragen allerdings nicht zur Lösung von Problemen bei, die in den angestammten Arbeitsgebieten der Unternehmung auftreten. Viele Unternehmungen versuchen, nicht mehr vorhandenes Wachstum in angestammten Bereichen allein über eine Diversifikation zu kompensieren, ohne Möglichkeiten einer Konzentrationsstrategie geprüft zu haben. Handelt es sich hierbei um Unternehmungen mit schlechter Rentabilität, so führt die Diversifikation oft in eine Sackgasse.

Diversifikationsstrategien sind darüber hinaus strategisch falsch, wenn sie darauf gerichtet sind,

— in ein langsam wachsendes oder stagnierendes Marktsegment einzudringen,

— den Marktanteil in einem gering wachsenden oder stagnierenden Segment zu erhöhen,

— in ein Marktsegment einzudringen, das von einigen wenigen Unternehmungen beherrscht wird, die die Kostenvorteile der betreffenden Branche ausspielen können (Hinterhuber, Hans H.: Strategische Unternehmensführung, Berlin - New York 1977, S. 109).

Aus diesen Gründen sollte eine Diversifikationsstrategie folgende Komponenten berücksichtigen:

— Nutzung von „Synergieeffekten",

— möglichst nahe um das vorhandene Betätigungsfeld, um eigenes Know how einsetzen zu können,

— Verstärkung der eigenen angestammten Position durch Besetzung von Randfeldern,

— Erschließung attraktiver Wachstumssegmente.

Die nachfolgende Checklist hilft, die für die Beurteilung einer Diversifikation wesentlichen Punkte zu berücksichtigen. Diese Checklist kann ebenso verwendet werden, wenn es sich um Unternehmensakquisitionen handelt, die im oder außerhalb des vorhandenen Betätigungsfeldes liegen. Diese Kriterien treten dann in Ergänzung zu den traditionellen Faktoren der Unternehmensbewertung wie Ertragswert, Substanzwert, übernahmefähiges Deckungsbeitragsvolumen etc.:

Checklist zur Diversifikationsprüfung

	Ja	Nein
Synergiechancen	☐	☐
— Außendienst	☐	☐
— Verwaltung	☐	☐
— Produktion	☐	☐
Realisierung des Boston-Effektes	☐	☐
Ergebnisverbesserung	☐	☐
Deckungsbeitragsverbesserung	☐	☐
Unabhängigkeit	☐	☐
Wachstumschancen nutzen	☐	☐
Risikostreuung	☐	☐
Know how Übernahme	☐	☐
Verlustfreie Expansion	☐	☐
Nutzung von Marktchancen	☐	☐
Abblocken der Konkurrenz	☐	☐
Abhängigkeit von Vorlieferanten reduzieren	☐	☐
Gewinnung von Marktmacht	☐	☐
Abwehr potentieller Wettbewerber	☐	☐
Einsatz vorhandenen Know hows	☐	☐
Verstärkung der heutigen Position	☐	☐

2.1.4 Produktmatrix

Die Produktmatrix (auch Vier-Felder-Matrix oder Boston-Matrix genannt)
ist ein Strukturierungshilfsmittel zur strategischen Bestandsaufnahme von
Sortimenten und Produkten. Durch eine systematische Bestandsaufnahme
ermöglicht sie die Ableitung von Basisstrategien und ist ein Denkhilfsmittel
bei der Findung von Produkt-Markt-Strategien. Die Produktmatrix ist ein
Teilausschnitt aus der Diversifikationsmatrix und ermöglicht die Spreizung
der Konzentrationsstrategie bezüglich ihrer Ansatzpunkte in Sortimenten
und Produkten:

MARKT ZG / PL PRODUKT	ALT (Marktanteil)	NEU
ALT (Marktwachstum)	Star / Problem / Cash Cow / Dog	MARTAUSWERTUNG REGIONAL NATIONAL
NEU	SORTIMENTSPOLITIK HORIZONTAL VERTIKAL	LATERALE DIVERSIFIKATION

Die Produktmatrix ordnet bestehende Sortimente und Produkte nach den Kriterien
— relativer Marktanteil
— Marktwachstum.
Diese Einordnung der Sortimentsteile in die Produktmatrix läuft in folgenden Schritten ab:

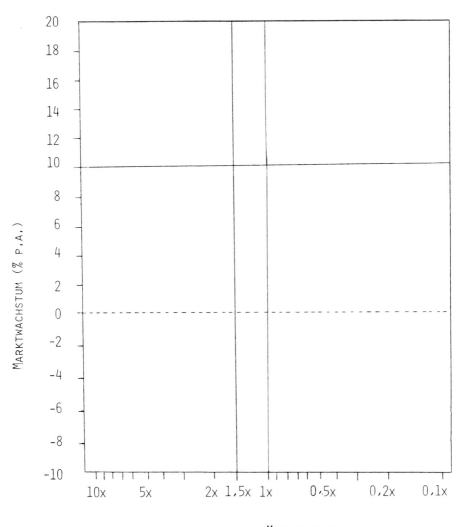

(1) Aufteilung des Absatzprogrammes in die wesentlichen Produktgrup-
     pen/Sortimentsbestandteile
     Es ist zweckmäßig, daß diese Aufteilung 10 bis 15 Sortimentsteile um-
     faßt, die in etwa gleiche Umsatzgrößenordnungen besitzen.
(2) Festlegung der Umsätze der einzelnen Produktgruppen nach dem
     — Ist und
     — dem Planansatz des Mittelfristzeitraumes.
(3) Ermittlung der Deckungsbeiträge absolut und in % vom Bruttoumsatz
     ebenfalls für das Ist und den Plan der einzelnen Sortimentsteile. Dabei
     ist es zweckmäßig über den Deckungsbeitrag I hinauszugehen und so
     weit wie möglich die den Produktgruppen zurechenbaren Kosten zu er-
     fassen:

	Bruttoumsatz
./.	Erlösschmälerungen
=	Nettoumsatz
./.	Grenzkosten
=	Deckungsbeitrag 1 (nach Produktion)
./.	zurechenbare Logistik- und Verkaufskosten
=	Deckungsbeitrag 2
./.	strategische Kosten (Marketing, Forschung und Entwicklung Verkaufsförderung)
=	Deckungsbeitrag 3
./.	Ausgaben für produkt- bezogene materielle Investitionen
=	„Cash-Beitrag" des Produktes

Der Cash-Beitrag des Produktes ist die Größe, die zeigt, wie die Produktgruppe unter strategischen Finanzmittelaspekten zu betrachten ist.
In der Regel ist diese Größe im Zeitpunkt der Erstellung der Produkt-
matrix noch nicht greifbar, so daß es auch ausreicht, bis zum Deckungsbeitrag 2 zu quantifizieren.

(4) Bestimmung des relativen Marktanteils. Der relative Marktanteil wird
     ermittelt, indem der eigene Marktanteil durch den Marktanteil des
     nächst größten Wettbewerbers dividiert wird.
(5) Bestimmung des relativen Marktwachstums. Diese Fixierung ist relativ
     schwierig. Aus Vereinfachungsgründen kann allerdings davon ausge-
     gangen werden, daß heute ein reales Marktwachstum von 5 % als hohes
     Marktwachstum gilt.

Zur Bestimmung dieser für die Erstellung der Produktmatrix erforderlichen Kriterien dient das nachfolgende Formular:

Produkt/ Sortiment	Strategische Positionierung				Umsatz				Deckungsbeitrag				Marktanteil				Marktwachstum			
					Ist		Plan		Ist		Plan		Ist		Plan		Ist		Plan	
	Star	Cash Cow	Problem	Dog	abs.	%	abs.	%	abs.	%	abs.	%	abs.	%	abs.	%	abs.	%	abs.	%

Um eine Vorstellung über das Volumen der einzelnen Produktgruppen zu erhalten, empfiehlt es sich, die Produktgruppen innerhalb der Produktmatrix als Kreise graphisch darzustellen. Der Durchmesser der Kreise wird dabei bestimmt von dem relativen Deckungsbeitragsvolumen der einzelnen Produkte am Gesamtdeckungsbeitragsvolumen.

Innerhalb der Produktmatrix gelten folgende Gesetzmäßigkeiten:

(1) Produktverlauf

Der ideale Produktverlauf innerhalb der Produktmatrix ist gegeben bei einer Innovation, die vom Star- über den Cash Cow-Bereich in den „Dog-Bereich" läuft. Die finanziell aufwendigere Strategie ist die „me-too-Position", die im Problem-Bereich beginnt, in den Star-Bereich gebracht werden muß und von dort aus, ähnlich wie die Innovation, über den Cash Cow-Bereich in den Dog-Bereich läuft.

(2) Finanz-Strategie

Produkte im Cash Cow- und Dog-Bereich sind Cash-Lieferanten. Sie setzen Finanzierungsmittel frei zur Finanzierung von Produkten im Star- und Problem-Bereich. Im Sinne einer Bewegungsbilanz ist der Cash Cow- und Dog-Bereich der Bereich der Mittelherkunft, während der Star- und Problem-Bereich der Bereich der Mittelverwendung ist.

An dieser Stelle zeigt sich deutlich der Unterschied zwischen operativer und strategischer Produktsteuerung. Operativ sollen alle Produkte einen Deckungsbeitrag zur Abdeckung zentraler Overheads leisten. Produkte mit negativem Deckungsbeitrag sind operativ gesehen nicht zu dulden. Strategisch kann letzterer Effekt gewollt sein, wenn es sich um Nachwuchsprodukte handelt, zu deren Aufbau kurzfristig hohe Finanzierungsmittel eingesetzt werden müssen.

(3) Strategische Gewinn- und Verlustrechnung

Legt man durch die Produktmatrix ein T-Kreuz, so zeigen sich auf der linken
Seite, d. h. für die Star- und Cash-Produkte zukünftige Gewinnchancen,
während die rechte Seite mit dem Problem- und Dog-Bereich zukünftige
Verlustrisiken signalisiert.

Die nachstehende, quantifizierte Produktmatrix für sechs Produktgruppen
läßt folgende Aussagen zu:

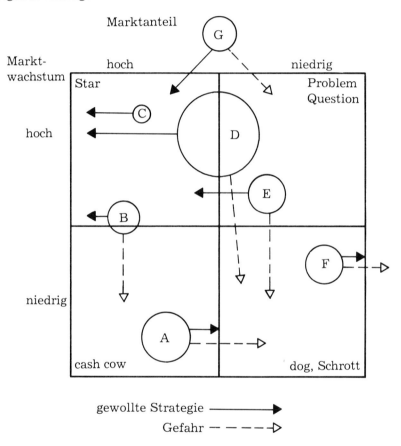

gewollte Strategie ──────▶

Gefahr — — — — —▷

— Im Star-Bereich liegen bei außenstehender Betrachtung die Produktgruppen B und C. Die strategische Stoßrichtung sieht für beide Produktgruppen weiteres Wachstum vor, mit der Zielsetzung, diese fest im Star-
  Bereich zu positionieren. Die Produktgruppe G ist eine Innovation mit
  der Zielsetzung, diese im Star-Bereich zu etablieren. Hier besteht die Gefahr des Abgleitens in den Problem-Bereich und damit auch in den Dog-
  Bereich. Eine kritische Position nimmt die Produktgruppe D ein, die auf
  der Mittellage zwischen Problem- und Star-Bereich liegt. Bei dem von ihr
  repräsentierten Umsatz- und Deckungsbeitragsvolumens kann die unter-

nehmerische Zielsetzung nur die volle Konzentration der Kräfte auf diese Produktgruppe bedeuten, da bei einem Scheitern der Wachstumsstrategie die Gefahr des Abgleitens in den Problem- und Dog-Bereich (Cash-Falle) besteht und damit ein erhebliches zukünftiges Potential verlorengeht.

— Im Problem-Bereich liegt die Produktgruppe E, für die die Gefahr des Abgleitens in den Dog-Bereich besteht. Auch hier wird eine Wachstumsstrategie verfolgt.

— Im Cash Cow-Bereich liegt allein die Produktgruppe A, die noch einen relativ hohen Cash-Beitrag zur Finanzierung der Wachstumsstrategien der Produktgruppen im Star- und Problem-Bereich liefert. Die strategische Zielsetzung kann nur auf eine Halten-Position abgestimmt sein, um den hohen Cash-Beitrag dieser Produktgruppe noch langfristig zu nutzen.

— Im Dog-Bereich liegt die Produktgruppe F, für die ebenfalls eine Halten-Strategie verfolgt wird. Für diese Produktgruppe werden keine Investitionen mehr getätigt, sondern es werden bewußt Finanzmittel abgezogen. Die Gefahr, daß diese Produktgruppe stirbt, ist latent vorhanden, so daß auch hier die Gefahr des Verlustes eines Cash-Bringers besteht.

Das Portfolio in vorstehender Abbildung zeigt insgesamt einige kritische Momente:

— Für die meisten Produktgruppen ist eine Wachstumsstrategie erforderlich, die aus dem Cash-Beitrag des Cash Cow- und Dog-Segmentes (der Produktgruppen A und F) nicht ausreichend finanziert werden kann. Es entsteht damit eine Überbeanspruchung der Selbstfinanzierungskraft strategischer Maßnahmen mit dem Zwang, Prioritäten setzen zu müssen.

— Die zukünftige Existenz der Unternehmung hängt entscheidend von der erfolgreichen Durchsetzung der Wachstumsstrategie für die Produktgruppe D ab. Wenn dies nicht gelingt, und die Produktgruppe D in den Problem- und Dog-Bereich abfällt, führt dies nicht nur zum Verlust von hohen Investitionen in die Produktgruppe, sondern auch dazu, daß in der Zukunft der Star-Bereich weitgehend leer ist, da das Potential der Produktgruppen C und G kaum ausreicht, die zukünftige strategische Position sicherzustellen. Damit ist die Unternehmung bei heute noch solider Ertragslage mittelfristig gefährdet.

Das Beispiel der Produktmatrix auf Seite 162 zeigt, daß bei der strategischen Beurteilung von Produkten und Sortimentsteilen ganz andere Argumentationskategorien Verwendung finden als bei der operativen Beurteilung von Produkten anhand der Produktgruppenerfolgsrechnung. Die Produktmatrix zwingt damit dazu, sich recht früh Gedanken über die Zukunft des Unternehmens zu machen und gibt dem Betrachter gleichzeitig einen sehr guten Einblick in die heutige Struktur der Unternehmung. Entscheidungsträger werden mit Hilfe dieses Instrumentariums für zukünftige Denkalternativen sensibilisiert.

Die Anwendung der Produktmatrix erstreckt sich nicht nur auf Produkte und Sortimente. Sie kann ebenso Anwendung finden auf

— Kunden
— Vertriebswege
— Vertriebskanäle
— Verkaufsgebiete
— Regionen
— Verkaufsstellen
— Problemlösungen usw.

Sie ist ein sehr flexibles Strukturierungsmittel und bildet einen sehr guten Einstieg in die Strategienstrukturierung. Zudem hilft die Produkt-Matrix bei der Simulation der strategischen Situation der Wettbewerber. Durch Quantifizierung der Wettbewerber-Matrizen ist es möglich, die eigene strategische Position und die zu fahrenden Strategien auf Logik, Plausibilität und Machbarkeit abzuprüfen. Dieses relativ einfache Denkspiel gibt Anhaltspunkte über die aktuelle Wettbewerbssituation.

2.1.5 Portfolio-Matrix

Die Portfolio-Matrix (auch Neun-Felder-Matrix genannt) kann als Erweiterung der Produkt-Matrix angesehen werden mit der Zielsetzung, die Schwächen der Produkt-Matrix
— zu abstrakte Einteilungskriterien mit Marktanteil und Marktwachstum
— nicht einfache Quantifizierung innerhalb der Vier-Felder-Matrix
beseitigt.

In der Neun-Felder-Matrix wird die Position Marktanteil der Vier-Felder-Matrix ersetzt durch eine Summe von Einzelkriterien, die unter dem Begriff „Wettbewerbsposition" zusammengefaßt werden. Dabei ist der Marktanteil nur eines der Kriterien, die die Wettbewerbsposition einer Unternehmung bestimmen. Die wesentlichen Faktoren, die die Wettbewerbsposition einer Unternehmung bestimmen, sind von Hinterhuber in einer Checklist angegeben worden. Sie ähneln weitgehend den Schlüsselfaktoren, die auf Seite 150 in einer Checklist aufgeführt worden sind. Nachfolgende Kriterien werden von Hinterhuber als Kriterien für die Wettbewerbsposition aufgeführt (Hinterhuber, Hans H.: Strategische Unternehmensführung, a. a. O., S. 77):

(1) Relative Marktposition
    — Marktanteil und seine Entwicklung
    — Größe und Finanzkraft der Unternehmung
    — Wachstumsrate der Unternehmung
    — Rentabilität (Deckungsbeitrag, Umsatzrendite und Kapitalumschlag)
    — Risiko (Grad der Etabliertheit im Markt)
    — Marktingpotential (Image der Unternehmung und daraus resultierende Abnehmerbeziehungen, Preisvorteile aufgrund von Qualität, Lieferzeiten, Service, Technik, Sortimentsbreite usw.)
    — u. a. m.

(2) Relatives Produktionspotential
● Prozeßwirtschaftlichkeit
    — Kostenvorteile aufgrund der Modernität der Produktionsprozesse, der

Kapazitätsausnutzung, Produktionsbedingungen, Größe der Produktionseinheiten usw.
- Innovationsfähigkeit und technisches *Know-how* der Unternehmung
- Lizenzbeziehungen
- u. a. m.

● Hardware
- Erhaltung der Marktanteile mit den gegenwärtigen oder in Bau befindlichen Kapazitäten
- Standortvorteile
- Steigerungspotential der Produktivität
- Umweltfreundlichkeit der Produktionsprozesse
- Lieferbedingungen, Kundendienst usw.
- u. a. m.

● Energie- und Rohstoffversorgung
- Erhaltung der gegenwärtigen Marktanteile unter den voraussichtlichen Versorgungsbedingungen
- Kostensituation der Energie- und Rohstoffversorgung
- u. a. m.

(3) Relatives Forschungs- und Entwicklungspotential
- Stand der orientierten Grundlagenforschung, angewandten Forschung, experimentellen Entwicklung und anwendungstechnischen Entwicklung im Vergleich zur Marktposition der Unternehmung
- Innovationspotential und Innovationskontinuität
- u. a. m.

(4) Relative Qualifikation der Führungskräfte und Mitarbeiter
- Professionalität und Urteilsfähigkeit, Einsatz und Kultur der Kader
- Innovationsklima
- Qualität der Führungssysteme
- Gewinnkapazität der Unternehmung, Synergien usw.
- u. a. m.

Die Übersicht macht deutlich, wie weit die Portfolio-Matrix in der Bewertung über die Produkt-Matrix hinausgeht. Sie ermöglicht es zudem, branchenspezifische Besonderheiten (z. B. Eintrittsbarrieren, Kapitalintensität usw.) gezielt zu erfassen und zu bewerten, die in die Produkt-Matrix keinen Eingang finden können.

Das Kriterium Marktwachstum wird in den Neun-Felder-Matrix durch das Kriterium der Branchenattraktivität ersetzt. Auch für diesen Punkt gibt Hinterhuber eine Checkliste, die die unterschiedlichen Kriterien aufführt. Auch diese Checkliste ist im Einzelfalle um die Besonderheiten der zu beurteilenden Unternehmung zu erweitern (Hinterhuber, Hans H.: Strategische Unternehmensführung, a. a. O., S. 73):

(1) Marktwachstum und Marktgröße

(2) Marktqualität
- Rentabilität der Branche (Deckungsbeitrag, Umsatzrendite, Kapitalumschlag)

— Stellung im Markt-Lebenszyklus
— Spielraum für die Preispolitik
— Technologisches Niveau und Innovationspotential
— Schutzfähigkeit des technischen *Know-how*
— Investitionsintensität
— Wettbewerbsintensität und -struktur
— Anzahl und Struktur potentieller Abnehmer
— Verhaltensstabilität der Abnehmer
— Eintrittsbarrieren für neue Anbieter
— Anforderungen an Distribution und Service
— Variabilität der Wettbewerbsbedingungen
— Substitutionsmöglichkeiten
— u. a. m.

(3) Energie- und Rohstoffversorgung
— Störungsanfälligkeit in der Versorgung von Energie und Rohstoffen
— Beeinträchtigung der Wirtschaftlichkeit der Produktionsprozesse durch Erhöhungen der Energie- und Rohstoffpreise
— Existenz von alternativen Rohstoffen und Energieträgern
— u. a. m.

(4) Umweltsituation
— Konjunkturabhängigkeit
— Inflationsauswirkungen
— Abhängigkeit von der Gesetzgebung
— Abhängigkeit von der öffentlichen Einstellung
— Risiko staatlicher Eingriffe
— u. a. m.

Die Erstellung der Portfolio-Matrix läuft in folgenden Schritten unter Zuhilfenahme des Formulars ab:

Branchenaktivität	Bewertung						Relative Wettbewerbs-situation
	niedrig 0—33	mittel 34—66	hoch 0—33	niedrig 0—33	mittel 34—66	hoch 67—100	

(1) Suche und Eintragung von 10 bis 15 Kriterien zur Branchenattraktivität und Wettbewerbsposition in die Zeilen des Formulars.

(2) Bewertung der einzelnen Positionen der Marktattraktivität und der Wettbewerbssituation anhand der Bewertungsskala von 0 bis 100.

(3) Ermittlung des Durchschnittswertes der Koordinatenpositionen, der sich aus der Summe der Einzelwerte, dividiert durch die Anzahl der Kriterien, ergibt.

(4) Übertragung der einzelnen bewerteten Produktgruppen in die Portfolio-Matrix, die nachfolgend wiedergegeben ist:

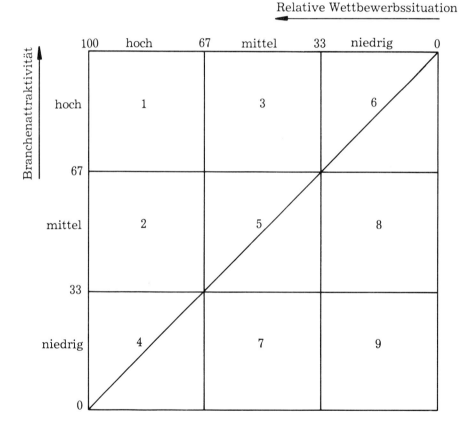

Die Portfolio-Matrix läßt folgende Ergebnisse erkennen:

(1) Produktgruppen oberhalb der Risikolinie (zur linken Seite hin) sind tentenziell positiv zu beurteilen, während Produktgruppen unterhalb der Risikolinie potentiell gefährdet sind.

(2) Eine Definition der neun Sektoren auf Seite 167 zeigt Ansatzpunkte für die zu fahrende Strategie (Hinterhuber, Hans H.: Strategische Unternehmensführung, a. a. O., S. 84).

(3) Für die Beurteilung der Produktgruppen gelten folgende Aussagen:
   — Produktgruppen in den Feldern 1, 2, 3 erfordern eine Wachstumsstrategie
   — Produktgruppen in den Sektoren 4, 5, 6 sind differenzierter zu beurteilen. Hier geht es um die Frage, ob man stärker investieren soll, um in die Sektoren 1, 2, 3 zu gelangen oder ab man sich durch Abziehen von finanziellen Mitteln in die Sektoren 7, 8, 9 bewegt.
   — Für Produkte in den Sektoren 7, 8, 9 empfiehlt sich eine Ernten- oder Aussteigen-Strategie:

Relative Wettbewerbssituation

	100 hoch 67	mittel 33	niedrig 0
hoch	Marktführer	Investition	Investition oder Rückzug
mittel	Wachstum	Übergang	Abschöpfung und stufenweise Desinvestition
niedrig	Abschöpfung	Abschöpfung und stufenweise Desinvestition	Desinvestition

(Branchenattraktivität: 100, hoch, 67, mittel, 33, niedrig, 0)

In der praktischen Handhabung hat sich bewährt, die Portfolio-Matrix zur „Sortierung" von strategischen Geschäftseinheiten zu verwenden und nach dieser Sortierung die strategische Bestandsaufnahme der Sortimente mit Hilfe der Boston-Matrix durchzuführen.

2.1.6 Basis-Strategien

Aus der Produkt- und der Portfolio-Matrix ergeben sich Norm- oder Basis-

Strategien für die einzelnen Produktgruppen. Dabei können die Basis-Strategien
— Wachsen, Halten, Ernten
unterschieden werden.

Eine Wachstumsstrategie ist sinnvoll für Produktgruppen, die
— im Star- und in Teilen des Problem-Bereichs der Produkt-Matrix und
— in den Feldern 1, 2, 3 der Portfolio-Matrix positioniert sind.

Eine Wachstumsstrategie bedeutet die Konzentration der Kräfte auf die in diesen Bereichen positionierten Produktgruppen. Die Zielsetzung ist, unter Verlust auf kurzfristige Ergebnismaximierung gezielt Finanzmittel zu investieren, um Ertragsbringer für die Zukunft aufzubauen.

Diese Wachstumsstrategie kann durch qualitatives oder quantitatives Wachstum erfolgen. Bei quantitativem Wachstum gibt es drei Einzelstrategien (Mann, Rudolf: Praxis strategisches Controlling, a. a. O., S. 119):
— Vernichtung,
— Konfrontation,
— Umgehung.

Die Vernichtung der Konkurrenten ist eine Strategie, bei der gezielt auf die Schwächen der Konkurrenz angespielt wird mit der Zielsetzung, den Konkurrenten die Basis zu entziehen.

Bei der Konfrontation wird mit den gleichen strategischen Mitteln gearbeitet wie beim Wettbewerb nur mit dem Unterschied, daß diese Mittel noch massiver eingesetzt werden.

Die Umgehungsstrategie ist identisch mit dem Ausmanövrieren des Wettbewerbers durch Nutzung von Marktlücken und wird auch oft „Markt-Nischen-Politik" bezeichnet.

Eine Ernten- oder Aussteigen-Strategie empfiehlt sich für
— den Cash Cow- und Dog-Bereich der Produkt-Matrix und
— die Felder 7, 8, 9 der Portfolio-Matrix.

Eine Ernten-Strategie bedeutet, daß in diesen Produktbereichen nicht mehr investiert wird, sondern der Finanzbeitrag aus diesen Produktfeldern gezielt abgezogen wird zur Finanzierung von Wachstumsstrategien. Bei der Ernten-Strategie kann unterschieden werden, ob es sich um eine Halten-Strategie handelt, bei der die Zielsetzung darin besteht, die Produktfelder in der vorhandenen Position zu halten, um noch lange aus ihnen Finanzmittel abziehen zu können oder um eine Aussteigen-Politik, bei der man sich von Produktbereichen trennt, weil diese entweder neu aufzubauende Produktgruppen stören, Kapazitäten blockieren oder bei einem späteren Aussteigen unnötig hohe Aussteige-Kosten verursachen.

Eine Halten-Strategie als Grenzfall zwischen einer Wachstums- und Ernten-Strategie bietet sich an für
— Teile des Problem- und den Cash Cow-Bereich in der Produkt-Matrix und
— für die Bereiche 4, 5, 6 der Portfolio-Matrix.

Bei der Halten-Strategie werden in einzelnen Produktbereichen nur noch solche Investitionen getätigt, die erforderlich sind, um die Bereiche in dem heutigen Niveau zu halten. Zudem bietet sich diese Strategie an, wenn aufgrund anderer Prioritäten für Wachstums-Strategien einzelne Produktgruppen heute noch nicht die ausreichende finanzielle Unterstützung erfahren können, um eine Wachstums-Strategie durchzuführen.

Sofern für die Bereiche 4, 5, 6 der Portfolio-Matrix eine Halten-Strategie verfolgt wird, kann das nur vorübergehend sein (Prioritäten). Danach ist über selektive Strategien zu prüfen, ob man mit den hier positionierten Produktgruppen wachsen oder ernten und aussteigen will.

Das nachfolgende Formular ermöglicht eine sehr schnelle Bestandsaufnahme der Strategien für die einzelnen Produktgruppen zusammen mit dem Umsatz und Deckungsbeitragsvolumen:

Produkte/-gruppen	Wachsen	Halten	Ernten/Aussteigen	Umsatz				DB 1			
				Ist		Plan		Ist		Plan	
				TDM	%	TDM	%	TDM	%	TDM	%

2.1.7 Funktions-Strategien

Bei den aus der Produkt- und aus der Portfolio-Matrix abgeleiteten Basis-Strategien handelt es sich in erster Linie um Produkt-Markt-Strategien, die die grobe strategische Stoßrichtung für die einzelnen Sortimente angeben. Diese grobe Formulierung der strategischen Stoßrichtung ist allerdings bei weitem nicht ausreichend, um die Strategien für die Umsetzung „griffig" zu präzisieren. Aus diesem Grunde leiten sich aus den Basis-Strategien hierarchisch Strategien für die einzelnen Funktionsbereiche ab. Diese Funktions-Strategien enthalten alle die Maßnahmen, die von den einzelnen Funktionsbereichen zur Umsetzung der Produkt-Markt-Strategie getroffen werden müssen. Sie stehen zu den Produkt-Markt-Strategien in einem Unterordnungsverhältnis.

Die Funktions-Strategien enthalten folgende Aussagen:

(1) Die Marketing-Strategie zeigt, welche Aktivitäten im Rahmen der Programm-Politik, der Vertriebswege-Politik, der Preis-Politik usw.

für die übergeordnete Produkt-Markt-Strategie umzusetzen sind. Ein Beispiel zeigt nachfolgende Abbildung, die bei Hinterhuber entnommen wurde. Im Rahmen der Marketing-Politik geht es um konkrete Maßnahmen zur Erreichung von Marktanteilszielen, Distributionszielen, Abverkäufen pro führendem Geschäft usw. (Hinterhuber, Hans H.: Strategische Unternehmensführung, a. a. O., S. 159):

Elemente der Marketingstrategie	BASIS-STRATEGIEN	
	Wachstumsstrategie	Ernte-Strategie
1. Programmpolitik	Sortiment ausbauen; Diversifizieren; Innovation	Programmbegrenzung (keine neuen Produkte; Aufgeben ganzer Linien)
2. Abnehmermärkte und Marktanteile	Gewinnen, Basis verbreitern - Neue Regionen - Neue Anwendungen	Aufgeben zugunsten von Erträgen - Kundenselektion - Regionaler Rückzug
3. Preispolitik	Preisführer (nach oben und unten)	Tendenzielle Hochpreispolitik (Preisabschläge nicht mitmachen)
4. Vertriebspolitik (Werbung und Absatzkanäle)	Aktiver Einsatz von - Werbemitteln - Zweitmarken - Markennamen	Zurückgehender Einsatz des vertriebspolitischen Instrumentariums
5. Risiko	Akzeptieren	Vermeiden
6. Investitionen	Vertretbares Maximum (Invest. $>$ Abschr.)	Minimum bzw. Stillegen (Invest. $<$ Abschr.)

(2) Die Organisations-Strategie macht eine Aussage über die zur Umsetzung der Produkt-Markt-Strategien erforderlichen organisatorischen Umstrukturierungen im Bereich des Gesamtunternehmens und einzelner Teilbereiche.

(3) Die Investitions-Strategie gibt Hinweise für zukünftige Investitionsaktivitäten bezüglich der vorhandenen Produktionsstätten, neu aufzubauender Produktionsstätten, Stillegungen von Produktionsstätten usw.

(4) Die Beschaffungs-Strategie macht Aussagen über das zukünftige Verhalten auf den Beschaffungsmärkten, die Sicherung der Rohstoffquellen, das Verhältnis zu Lieferanten und die Aktivitäten zur Integration der Beschaffungsseite in das eigene Unternehmen usw.

(5) Die Produktions-Strategie trifft Aussagen über das Ausmaß von Eigenfertigung und Fremdbezug, Entscheidungskriterien für die Vergabe von Aufträgen, Zielsetzungen der eigenen Fertigung, Standard der eigenen Fertigung usw.

(6) Die Personal-Strategie gibt an, wie sich das Unternehmen bei der Personalsuche und -beschaffung, gegenüber den Mitarbeitern, im Schulungs- und Ausbildungswesen usw. betätigen will.

(7) Die Cash-Strategie legt fest, wo investiert wird, wo nicht und wie der mittelfristige strategische Finanzmittelstrom abläuft.

2.2 Planungsprozeß

2.2.1 Planungsteam

Für die Durchführung des strategischen Planungsprozesses gibt es drei Alternativen:

— den externen Berater, von dem man die Unternehmenspolitik durch Fremdbezug kauft,

— die strategische Stabsstelle, der die Gefahr anhaftet, daß ihre Leistungen von den Linieneinheiten ignoriert werden,

— das Planungsteam, das sich aus Mitgliedern der ersten und zweiten Ebene zusammensetzt und im Team gemeinsam die strategische Planung erarbeitet.

Nachfolgend wird die dritte Alternative beschrieben, die der Autor aus eigener Erfahrung kennt (siehe im einzelnen Mann, Rudolf: Praxis strategisches Controlling, a. a. O., S. 135 ff.).

Das Planungsteam sollte maximal 8 bis 10 Personen umfassen, um eine moderierbare Gruppe zu bilden. Diese Personen haben sich aus Mitgliedern der ersten und zweiten Ebene zusammenzusetzen. Dabei ist in jedem Falle die Geschäftsführung Teilnehmer und mindestens die gleiche Anzahl von Personen aus Mitgliedern der zweiten Ebene. Die Mitglieder der zweiten Ebene sollten aus den für die zukünftige Entwicklung wesentlichen Unternehmensfunktionen kommen.

Für die Moderation der Gruppe empfiehlt sich nach Möglichkeit eine Fremdmoderation, bestehend aus zwei Personen. Diese sind erstens nicht unternehmensblind und haben zweitens die Möglichkeit, auch extreme Denkalternativen über die Moderation zu steuern.

Ein derart zusammengesetztes Planungssystem hat folgende Vorteile:

— Es ist gewährleistet, daß das Denken in Alternativen als grundlegende Voraussetzung für strategisches Denken im Team praktiziert wird.

— Die Teamzusammensetzung garantiert, daß vorhandene Denkbarrieren übersprungen werden und man sich aus den Funktionsschranken löst.

— Die strategische Planung als Ergebnis des Planungsprozesses wird von den wesentlichen Entscheidungsträgern der Unternehmung getragen, was zur zusätzlichen Motivation beiträgt.

— Dadurch, daß die wesentlichen Entscheidungsträger hinter der strategischen Planung stehen, ist auch die Umsetzung garantiert.

— Ein Planungsteam, das sich aus unterschiedlichen Unternehmensbereichen rekrutiert, garantiert, daß die Probleme aus den Blickwinkeln aller Funktionen diskutiert werden.

2.2.2 Vorgehensweise

Der strategische Planungsprozeß läuft am effizientesten ab, wenn er als gruppendynamischer Prozeß unter Verwendung von Kreativitätstechniken wie
— Methode 635
— Brain-storming
— Basic synectics
— Gruppenarbeit
— Utopie-Spiele etc.
moderiert wird. Zielsetzung ist es, den Gedanken nach Möglichkeit freien Lauf zu lassen, um über vorhandene Denkbarrieren hinwegzuspringen und auch im Tagesgeschäft unübliche Denkansätze zu diskutieren.

Um einen funktionsfähigen gruppendynamischen Prozeß zu garantieren, ist es zweckmäßig, daß die strategischen Planungssitzungen
(1) außer Haus und
(2) in gelöster und lockerer Atmosphäre in einem angenehmen Umfeld stattfinden.

In den Sitzungen gelten folgende Spielregeln:
(1) Offenheit und Vertraulichkeit
     Diese Spielregel soll sicherstellen, daß einmal alle notwendigen Punkte angesprochen werden, zum anderen aber die Ergebnisse mit der nötigen Vertraulichkeit gehandhabt werden.
(2) Entscheidung und Revision
     Diese Spielregel sichert, daß in den Sitzungen zwar Vorentscheidungen getroffen werden, die aber nach näherer Prüfung durch jeden der Teilnehmer wieder revidiert werden können.
(3) Moderation und Störung
     Diese Spielregel bedeutet, daß die Teilnehmer zwar die Fremdmoderation akzeptieren, jeder Teilnehmer aber die Möglichkeit hat, die Moderation zu stören, sofern er fruchtbare Gedanken in den Prozeß einbringt.

2.2.3 Zeitlicher Ablauf

Der strategische Planungsprozeß läuft bei diesem Verfahren in der Regel in zwei Sitzungen ab. Zur Vorbereitung auf die Sitzungen empfiehlt es sich,
— die Unternehmung in die wesentlichen strategischen Geschäftseinheiten aufzuteilen,
— für die wesentlichen Produktgruppen und Sortimente die Absatzstruktur nach relativen Deckungsbeiträgen, Marktanteilen, Marktwachstum und Distributionswerten aufzulösen,
— Vorüberlegungen zum gleichen Thema kurz zusammenzufassen.

Die erste Sitzung des strategischen Prozesse ist die Analyse-Sitzung, in der die Potential-Analyse erarbeitet wird, die Unternehmenszielsetzung formuliert wird sowie die wesentlichen Produkt-Markt-Strategien in einem ersten Grobansatz erarbeitet werden:

(1) Potentialanalyse
     — Schlüsselfaktoren
     — Präzisierung Schlüsselfaktoren
     — Vergangene Erfolge und Mißerfolge
     — Ursachen vergangener Erfolge und Mißerfolge
     — Zukünftige interne Stärken und Schwächen
     — Zukünftige externe Chancen und Risiken
     — Fazit Potentialanalyse
     — Potential-Stärken
     — Potential-Schlüsselfaktoren
(2) Verstärkung der Stärken
     — Maßnahmen zur Verstärkung der Stärken
     — Was hindert uns am meisten an der Verstärkung der Stärken
(3) Zielsetzung
     — Quantitative Zielsetzung
     — Qualitative Zielsetzung
     — Wachstum
(4) Produkt-Markt-Strategien
     — Bewertungsskala
     — Portfolio-Matrix

Am Ende der ersten Sitzung sollte die Frage beantwortet werden können, ob die bisherige Strategie gangbar ist oder nicht. Ist dies der Fall, so kann in der zweiten Sitzung die Konzeption formuliert werden. Ist dies nicht der Fall, sind unterschiedliche Alternativ-Sitzungen erforderlich, um alternative Zukunfts-Strategien zu erarbeiten. Diese Strategien müssen jeweils operationalisiert werden, um zu prüfen, ob
— sie zur Erreichung der Unternehmensziele beitragen,
— sie von der Unternehmung bewältigt werden können.

2.2.4 Ergebnis

Die strategische Planung als Ergebnis eines im Team durchgeführten Denkprozesses macht Aussage über
— den Aufbau und die Nutzung von Potentialen als Basis zukünftiger Gewinnchancen,
— die Konzentration auf eigene Stärken, die für den Erfolg in dem betreffenden Geschäft von Bedeutung sind (Schlüssenfaktoren),
— und damit über die Wege (Strategien) zur Erreichung des strategischen Ziels, bestimmte Probleme für bestimmte Zielgruppen nachhaltig besser zu lösen als der Wettbewerb.

Die strategische Planung konkretisiert mithin folgende Teilbereiche:
— die Potentiale und die Probleme und Behinderungen, die der Nutzung der Potentiale entgegenstehen;
— die Unternehmenszielsetzung in Form des Leitbildes, der quantitativen Zielsetzung und der strategischen Lücke, die zeigt, ob die mittelfristigen Unternehmensziele erreichbar sind;

— die Wachstumszielsetzung, die eine Aussage über die Richtung des mittelfristigen Wachstums (qualitativ, quantitativ; Diversifikation, Konzentration) macht;
— die Produkt-Markt-Strategien, über die in Form der Basis-Strategien
Wachsen — Halten — Ernten die Probleme der Zielgruppe unter Ausma-
növerierung des Wettbewerbes optimal gelöst werden;
— die Funktionsstrategien, die die Aufgabe haben, Behinderungen bei der
Umsetzung der Produkt-Markt-Strategien abzubauen.

Diese weitgehend verbal formulierten Aussagen werden bis zu den Funktionsstrategien zunehmend konkreter:

Grad der Konkretisierung	1. Potentiale 2. Probleme, Behinderungen 3. Leitbild 4. Quantitatives Ziel 5. Wachstum 6. Produkt-Markt-Strategie 7. Funktions-Strategie 8. Operationalisierung 9. Prämissen, Check-Points 10. Maßnahmen, Kontrollen, Projekte

Zur Prüfung der Vollständigkeit der strategischen Planungsüberlegungen
empfiehlt sich die nachfolgende Checklist:

Checklist: Vollständigkeit der strategischen Planung

Ja Nein

(1) Sind auf Basis einer sorgfältigen Ausgangsanalyse die eigenen Stärken festgestellt? □ □

(2) Sind die eigenen Stärken auch für den Erfolg in dem betreffenden Geschäft von Bedeutung (Schlüsselfaktoren)? → Potentiale □ □

(3) Enthält die strategische Planung Maßnahmen (mit Terminen
und Verantwortlichen), die den Abbau der Behinderungen
zur Nutzung der Potentiale sicherstellen? □ □

(4) Ist das Leitbild präzise formuliert und enthält es die Existenzgrundlage, um als strategische Zielsetzung ansteuerbar
zu sein? □ □

(5) Zeigt die strategische Planung Wege zur Schließung der Leistungslücke und der stratregischen Lücke? □ □

(6) Sind die Produkt-Markt-Strategien ausreichend durch Simulation der Wettbewerbsreaktionen überprüft? □ □

(7) Haben Alternativstrategien gezeigt, daß die verabschiedete
Strategie vor dem Hintergrund der eigenen Möglichkeiten
der beste Weg ist? □ □

Ja Nein

(8) Stehen die Funktionsstrategien in logischem Zusammen-
     hang zu den Basisstrategien?   ☐   ☐
(9) Enthalten die Funktionsstrategien Projekte und Maßnah-
     men mit Terminen und Verantwortlichen?   ☐   ☐

2.3 Operationalisierung

2.3.1 Operationalisierungszwang

Strategisches Controlling hat die Aufgabe, in Form eines den Umweltanforderungen angepaßten sensiblen Steuerungsinstruments den Gegensteuerungszeitraum zu verlängern und damit eine aktive langfristige Unternehmenssteuerung zu ermöglichen. Es bildet die Voraussetzung für ein gesteuer-
tes strategisches Management. Um dies zu garantieren ist es erforderlich, die
strategische Planung in einer solchen Form zu operationalisieren, daß sie die
gleichen Möglichkeiten zur Gegensteuerung wie die Jahresplanung bietet:

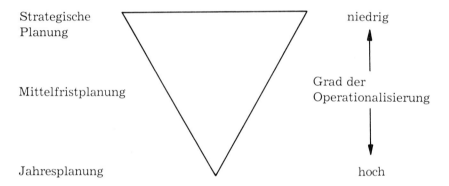

Strategische   niedrig
Planung

Mittelfristplanung   Grad der
                                                     Operationalisierung

Jahresplanung   hoch

Die Operationalisierung der strategischen Aussagen setzt an folgenden
Punkten an:
(1) Bei der Erarbeitung der strategischen Planung als Denkprozeß in Alter-
     nativen ist die Operationalisierung erforderlich, um die Plausibilität,
     Machbarkeit und den Zielerreichungsgrad einzelner Alternativen auf
     die langfristigen Ziele abzuprüfen.
(2) Im Stadium der Umsetzung der strategischen Planung garantiert die
     Operationalisierung die nachprüfbare Leitlinie im Tagesgeschäft und
     bildet die Basis zur Gegensteuerung.
(3) Für Tagesentscheidungen besitzt die operationalisierte strategische Pla-
     nung eine Filterwirkung: Sie stellt die Verzahnung zwischen operativen
     und strategischen Zielsetzungen her und ermöglicht, den strategischen
     Nutzen operativer Tagesentscheidungen zu beurteilen.
(4) Durch Festlegung von Verantwortlichen und Terminen für die Umset-
     zung von Maßnahmen wird die notwendige Verbindlichkeit gesichert.
(5) Eine operationalisierte strategische Planung ermöglicht in Form eines
     Soll-Ist-Vergleiches die Abprüfung der Umsetzung von Einzelmaßnah-
     men.

2.3.2 Extrapolation

Sowohl im Rahmen der Erarbeitung der strategischen Planung als auch für die spätere Operationalisierung einer verabschiedeten strategischen Planung bildet die Extrapolation die Ausgangsbasis. Die Extrapolation zeigt einen weitgehend von Strategieänderungen freien Geschäftsverlauf, indem auf Basis des Ausgangsjahres die zukünftige Entwicklung unter Berücksichtigung normaler Kosten- und Erlössteigerungen sowie Mengenerhöhungen „fortgeschrieben" wird. Als Ergebnis der Extrapolation zeigt sich im Vergleich zur mittelfristigen Zielsetzung

— die Leistungslücke, die durch Optimierungsarbeiten geschlossen werden kann,

— die strategische Lücke als Herausforderung für zukünftige Strategieänderungen (vgl. Seite 72):

Die Extrapolation kann als Mittelfristplanung immer dann weitgehend beibehalten werden, wenn sich zwischen der Entwicklung auf Basis der Extrapolation und der mittelfristigen Zielsetzung keine Differenz zeigt. In diesem Falle führen die bisherigen Strategien zur Erreichung der mittelfristigen Zielsetzung, so daß keine grundlegende Veränderung des Geschäftsverlaufes notwendig ist. In diesem Fall der sogenannten Normalstrategien ergibt sich keine Notwendigkeit für größere Änderungsprozesse (Aurich, Wolfgang; Schroeder, Hans-Ulrich: Unternehmensplanung im Konjunkturverlauf, 2. Aufl., München 1977, S. 245).

2.3.3 Projekte/Maßnahmen

Das Ausmaß der Bestimmung der Mittelfristplanung durch die Extrapolation hängt von der Anzahl der Strategien ab, die im Mittelfristzeitraum gefahren werden. Je größer die Anzahl der Strategien zur Schließung der strategischen Lücke ist, um so weiter entfernt sich die Mittelfristplanung als operationalisierte strategische Planung von der Extrapolation.

Die Vorgehensweise zur Formulierung umsetzbarer Strategien besteht in der hierarchischen Zerlegung übergeordneter strategischer Stoßrichtungen in Teilprobleme: Die globale Strategie wird in umsetzbare Teilstrategien bis zu Projekten und Maßnahmen segmentiert:

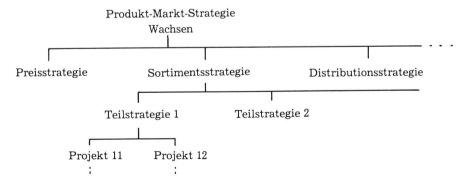

Jede dieser Teilstrategien und Maßnahmen wird nun hinsichtlich der Ergebnisauswirkungen quantifiziert. Dabei werden über Grenzbetrachtungen die Verzahnungen zu anderen Teilbereichen hergestellt und die Auswirkungen auf die Ergebnisrechnung, die Planbilanz, den Finanzplan usw. quantifiziert. Damit entsteht aus einer Strategie eine quantifizierte Projektrechnung, die in dieser Form in die Ergebnisrechnung überführt wird:

	Ausgangsjahr	1. Jahr	2. Jahr	- - - -	n-tes Jahr
Gesamtergebnis lt. Extrapolation					
Teilstrategie 1 Teilstrategie 2 „ „ „ „ „					
Gesamtergebnis Mittelfristplanung					

Eine strategisch abgesicherte Mittelfristplanung entsteht folglich aus einer Extrapolation und der projektweisen Quantifizierung der Teilstrategien:

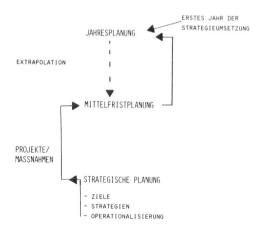

2.3.4 Engpaßaufgaben

Jede strategische Planung einer Unternehmung ist die Summe der Strategien der einzelnen strategischen Geschäftseinheiten. Jede dieser Strategien hat eine ganz bestimmte Schwerpunktaufgabe zur Priorität. Diese strategischen Engpaßaufgaben sind hinsichtlich ihrer Operationalisierung unterschiedlich auszugestalten:

(1) Wachstum

Die globale Wachstumszielsetzung wird in den meisten Fällen als Umsatzoder Absatzmengenwachstum quantifiziert. Während eine absatzmengenorientierte Quantifizierung dann sinnvoll ist, wenn es sich um weitgehend homogene Fertigungsstrukturen handelt, ist in den meisten Fällen die umsatzorientierte Quantifizierung anzutreffen.

Qualitatives Wachstum durch

— Verbesserung der Absatzstruktur bei Kunden, Sortimenten, Vertriebswegen,
— stärkere Differenzierung gegenüber den Wettbewerbern durch eine Politik der Marktnischen,
— Erhöhung der Problemlösungsfunktion des vorhandenen Sortimentes,

ist operativ dadurch prüfbar, daß es mit einer Erhöhung des relativen Deckungsbeitrages 1 verbunden sein muß (→ Prüfkriterium). Hingegen erfolgt quantitatives Wachstum bei gleichem relativen Deckungsbeitrag 1 durch eine weitgehend mengenbedingte Ausweitung des absoluten Deckungsbeitragsvolumens (→ Prüfkriterium!). Eine solche Strategie ist gerechtfertigt zur

— Erreichung einer konkurrenzfähigen Unternehmensgröße (→ Meßkriterium)
— Ausnutzung von Kosteneinsparungsmöglichkeiten durch den Boston-Effekt (→ Projektrechnung)
— bessere Auslastung vorhandener Kapazitäten (→ Degressionsgewinne)
— effizientere Nutzung noch nicht genutzter Ertragspotentiale.

Die Diversifikation als Eintritt in neue Betätigungsfelder ist ebenfalls durch eine Ergebnisrechnung zu stützen, die zeigt, ob die strategischen Zielsetzungen eine vernünftige Perspektive erlauben. Zudem ist Zeitpunkt und Richtung der Diversifikation anzugeben und das Risiko der zeitlichen Verzögerung (bei Akquisitionen!) und des Abbruchs der Aktivitäten (Aussteigerverlust).

Die Konzentration als stärkste Ausschöpfung der vorhandenen Aktivitäten bedeutet (→ Prüfkriterien)

— den Einsatz aller Mittel in den angestammten Bereichen (→ Cash-Herkunft/Cash-Verwendung),
— die Beibehaltung der in der Vergangenheit praktizierten Reinvestitionsautomatik (→ steigender, gleichbleibender, sinkender Mitteleinsatz je Bezugseinheit),

— die Abhängigkeit des Schicksals der Unternehmung von einem einzigen Standbein (→ Risikorechnung),

— den Zwang zum schnelleren Wachstum als der Wettbewerb (→ Konkurrenzreaktionen, Marktanteilsentwicklung).

(2) Ernten/Aussteigen

Bei einer Ernten-Strategie wird der Cash-Beitrag bestimmter Teilbereiche oder Produkte gezielt so lange abgezogen, wie dieser Bereich Erträge abwirft. Der Endpunkt einer Ernten-Strategie ist das Aussteigen aus vorhandenen Bereichen, was gleichbedeutend mit einer Schrumpfung bisheriger Aktivitäten ist. Bei einer Ernten-Strategie ist der Cash-Beitrag dieser Aktivitäten zu quantifizieren und der Zeitpunkt, bis zu dem diese Mittel abgezogen werden können.

Hingegen ist bei einer Aussteige-Strategie der entfallende Cash-Beitrag, der Zeitpunkt des Aussteigens und die Einmal-Kosten, die mit dem Austritt aus diesen Aktivitäten verbunden sind, zu quantifizieren. Zu den Einmal-Kosten zählen Sozialplankosten, Abbruchkosten für Betriebsmittel, Verwertung von Vorräten u. a. Das Kernproblem einer solchen Schrumpfungsstrategie besteht darin, den für diese Aktivität vorgehaltenen Overhead-Bereich entsprechend zu reduzieren. Viele praktische Beispiele zeigen, daß sich der Overhead-Bereich in der Regel nur unterproportional reduzieren läßt, so daß in vielen Fällen mit einer nicht sauber geplanten Schrumpfungsstrategie Kostenremanenzen verbunden sind, die den Erfolg einer solchen Strategie ins Gegenteil verkehren. Eine Aussteige-Strategie hat nur dann den gewünschten Erfolg, wenn der Gesamteffekt aus entfallendem Cash-Beitrag, abbaubaren Overheads und kalkulatorisch verteilten Einmalkosten positiv ist.

(3) Halten

Bei einer Halten-Strategie wird versucht, eine einmal vorhandene Position im Zeitablauf zu stabilisieren, um den Ergebnisbeitrag dieser Aktivitäten möglichst langfristig zu nutzen. Investitionen werden in diesem Falle nur getätigt, um die vorhandene relative Marktposition zu halten.

Eine Halten-Strategie bietet sich immer nach Phasen intensiven Wachstums und bei Konsolidierung der Märkte an. Im Overhead-Bereich bedeutet eine Halten-Strategie die Konsolidierung der vorhandenen Strukturen und hat damit den Schwerpunkt auf Optimierungsaufgaben zur Ausschöpfung von Ertragspotentialen, die in Phasen intensiven Wachstums nicht ausreichend genutzt werden konnten. Insofern liegt hinsichtlich der Strategienquantifizierung der Schwerpunkt auf dem Bereich der Funktionsstrategien.

2.3.5 Produkt-Markt-Strategien

Die Operationalisierung der Produkt-Markt-Strategien der wesentlichen Sortimente läuft in folgenden Schritten ab:

(1) Im ersten Schritt werden die heutige Position hinsichtlich der wesentlichen strategischen Faktoren

— Marktwachstum
— Marktanteil
— Distribution
— derzeitige Position in der Produkt-Matrix
— derzeitige Basis-Strategie
und die mit diesen verbundenen Kosten und Erträge
— Umsatz
— Deckungsbeitrag nach direkten Kosten
— strategische Kosten
— Deckungsbeitrag nach strategischen Kosten
— materielle Investitionen
— Cash-Beitrag nach Investitionen
festgehalten. Durch diese Quantifizierung ist die heutige Position der einzelnen Produktgruppen operationalisiert.

(2) Im nächsten Schritt werden für die gleichen Kriterien die mittelfristigen Zielwerte fixiert. Dabei reicht es zunächst aus, nur die mittelfristigen Ziele für das Ende des Betrachtungszeitraumes festzuhalten.

(3) Um die Machbarkeit einer Strategie zu prüfen, empfiehlt es sich, die Position und die Zielsetzungen der wesentlichen Wettbewerber bezüglich der einzelnen Produktgruppen entsprechend zu durchleuchten. Nach Möglichkeit sollte versucht werden, die Wettbewerbsstrategien in der gleichen Form zu quantifizieren wie die eigenen Strategien. Nur so kann die Frage beantwortet werden, was die eigene Strategie für die Wettbewerber bedeutet und wie diese reagieren werden. Damit wird gleichzeitig absehbar, ob die eigene Strategie machbar ist.

(4) Im nächsten Schritt werden die einzelnen Strategien in konkrete Projekte und Maßnahmen, die operativ planbar und kontrollierbar sind, überführt.

(5) Die in dieser Form für den Beginn und das Ende des Mittelfristzeitraumes festgelegten Strategien werden anschließend über die einzelnen Perioden des Mittelfristzeitraumes aufgebrochen. Damit ist die Grundlage für den noch zu diskutierenden strategischen Plan-Ist-Vergleich, der die Eckwerte und den Projekt- und Maßnahmen-Fortschritt transparent macht, gelegt.

2.3.6 Funktionsstrategien

Während die Marketingstrategie die engste Verzahnung mit der Produkt-Markt-Strategie aufweist, sind die übrigen Funktionsstrategien primär auf Veränderungen im Overhead-Bereich gerichtet. Die Zielsetzung der Funktionsstrategien besteht im Wegschaffen von Behinderungen, die einer Umsetzung der Produkt-Markt-Strategien entgegenstehen, und in der Freisetzung von nicht genutzten Ergebnispotentialen.

Bei einer übergeordneten Wachstumsstrategie besteht die wesentliche Aufgabe in einer Ausrichtung des Overhead-Bereiches derart, daß für das Wachstum keine Behinderungen bestehen. Im Rahmen einer Wachstums-

Strategie liegt allerdings der Schwerpunkt der strategischen Aufgaben auf marktbezogenen Aktivitäten.

Im Gegensatz dazu kommt den Funktionsstrategien im Rahmen von Konsolidierungs- und Schrumpfungsstrategien eine übergeordnete Priorität zu. In diesen Fällen geht es darum, im Overhead-Bereich entweder Ertragspotentiale freizusetzen oder durch Veränderungen im Overhead-Bereich eine Struktur zu schaffen, die den neuen Marktgegebenheiten entspricht.

Die Operationalisierung der Funktionsstrategien umfaßt folgende Punkte:

(1) Projekte

Jede Funktionsstrategie ist grundsätzlich als Projekt zu formulieren mit den zugehörigen Kosten, den Terminen und den Verantwortlichen. In Abhängigkeit des Grades der Unsicherheit sind Erträge in die Ergebnisrechnung einzubeziehen oder nicht („stille" Ergebnisreserven).

(2) Investitionen

Bei der Operationalisierung der Funktionsstrategien umfassen Investitionsstrategien allein die materiellen Investitionen. Während bei Erweiterungsinvestitionen die Marktseite explizit einbezogen wird, sind Ersatz- und Rationalisierungsinvestitionen allein kostenorientiert. Investitionsprojekte sind sowohl hinsichtlich ihrer Liquiditätsauswirkungen als auch hinsichtlich ihrer Ergebnisauswirkungen zu erfassen.

(3) Degressionseffekte

Während bei Konsolidierungsstrategien explizit mit Maßnahmen im Overhead-Bereich angesetzt wird, findet in Zeiten starken quantitativen Wachstums in den meisten Fällen eine Freisetzung von Ergebnispotentialen durch Degressionswachstum statt. Degressionswachstum ist immer dann gegeben, wenn die Wachstumsrate des Umsatzes bei gleicher relativer Deckungsbeitragsstruktur über der Kostensteigerungsrate liegt (→ quantitatives Wachstum).

(4) Synergienutzung

Die Zielsetzung bei Akquisitionen und Zusammenlegung von Betriebsteilen ist in den meisten Fällen die Nutzung von Synergieeffekten. Über den 2 + 2 = 5 Effekt sollen nicht genutzte Ertragspotentiale freigesetzt werden. Hierbei ist zu bedenken, daß die Synergieeffekte sehr hoch sind bei verwandten Aktivitäten, daß sie aber um so geringer werden, je weiter die Aktivitäten markt- und produktionsseitig auseinanderliegen. In letzterem Fall lassen sich Synergieeffekte in den meisten Fällen nur im Verwaltungsbereich realisieren.

2.3.7 Schubladenpläne

Jede strategische Planung besitzt kritische Strategien, die eine sehr sensible Gegensteuerung verlangen. Für diese Strategien empfiehlt sich die detaillierte Festlegung von Frühindikatoren, die den Erfolg oder Mißerfolg signalisieren. Für diese Strategien ist es darüber hinaus erforderlich, in Form von

Schubladenplänen den Gegensteuerungszeitraum schon bei der Erarbeitung der Strategien zu erhöhen. Da jede strategische Planung als Denken in Alternativen ohnehin die Erarbeitung mehrerer Teilstrategien voraussetzt, empfiehlt es sich, diese Alternativstrategien in Form von Schubladenplänen für die Gegensteuerung bereitzuhalten. Auch für diese Alternativstrategien gilt eine Operationalisierung in der Form, daß sie umsetzungskonform sind.

2.3.8 Prämissen-interne und externe Risikofaktoren

Interne und externe Risikofaktoren, in die das strategische Konzept eingebettet ist, werden üblicherweise als Prämissen in die strategische Planung eingegeben. Es sind Annahmen über den internen und externen Datenkranz, die für das Gelingen des strategischen Konzeptes eintreffen müssen wie z. B.
— Konkurrenzentwicklung
— Abnehmersituation
— staatliche Rahmenbedingungen
— sozio-ökonomische Trends
— Rohstoffversorgung

2.3.9 Erfolgssignale und Etappenziele

Erfolgssignale sind qualitative Argumente, die die positive Umsetzung einer Strategie signalisieren. Diese Faktoren lassen sich nur sehr schwer planen, da einerseits sehr viele qualitative Argumente infrage kommen können, zum anderen auch sehr wenig Erfahrung über diese Faktoren herrscht, da sie, ohne daß man das Auge auf sie richtet, leicht übersehen werden. Qualitative Argumente für eine positive Strategieumsetzung können zum Beispiel sein:
— Die Unternehmung hat mit einer entscheidenden Produktgruppe bei einem wesentlichen Abnehmer die Listung erhalten.
— Der größte Konkurrent entfaltet in seinen Aktionen zunehmende Aktivitäten, weil er sich von den Aktionen des Unternehmens bedrängt fühlt.
— Es ist erstmals gelungen, dem Hauptwettbewerber eine entscheidende Niederlage beizubringen.
— Der Außendienst wird von einem bisher nicht gekannten Motivationsschub für die Strategien getrieben.
— Die Konkurrenz spricht zunehmend positiver über das Unternehmen.
— Es ist erstmals gelungen, beim Kunden X das Abnahmevolumen ohne zusätzliche Erlösschmälerungen zu erhöhen.

Es empfiehlt sich, über die Erfolgssignale formlos zu berichten und auch solche Vorkommnisse weiterzugeben, die subjektiv einen nicht zu hohen Stellenwert haben. In der Regel setzen sich die Erfolgssignale wie ein Mosaik zusammen und erzeugen synergieartig zusätzliche Motivationseffekte.

Während Erfolgssignale bereits die positive Umsetzung von Strategien signalisieren, sind Etappenziele Voraussetzungen für die erfolgreiche Umsetzung. Auch hier handelt es sich um qualitative Momente, deren Berücksichtigung im Informationssystem wesentlich ist, um die Entscheidungsträger

über die positive Gestaltung von Rahmenbedingungen in Kenntnis zu setzen. Etappenziele können z. B. sein

— erfolgte personelle Umbesetzungen
— Gesetzesentwicklungen
— Lieferantenverhalten
— Beurteilung durch die Fachpresse
— erzielte technische Fortschritte durch Investitionsvorhaben
— Abschluß wichtiger Verträge
— Vergabe von Lizenzen
— Forschungsergebnisse der eigenen Entwicklungsabteilung usw.

Checklist: Operationalisierung der strategischen Planung

	Ja	Nein
(1) Das Unternehmen praktiziert operatives Controlling als instrumentale Voraussetzung des strategischen Controlling seit Jahren erfolgreich	☐	☐
(2) Die mittelfristigen Unternehmensziele sind quantitativ untermauert und erreichbar	☐	☐
(3) Die Produkt-Markt-Strategien sind vor dem Hintergrund der Wettbewerbssituation bzgl. Marktanteil, Marktwachstum, Distribution, Cash-Beitrag formuliert	☐	☐
(4) Quantitatives Wachstum führt zu Degressionsgewinnen, qualitatives Wachstum zeigt eine Erhöhung der relativen Wertschöpfung	☐	☐
(5) Diversifikationsstrategien sind hinsichtlich Richtung, Zeitdauer, Verantwortliche, Mitteleinsatz präzisiert	☐	☐
(6) Die Steuerung der Strategien ist über Prioritäten eindeutig festgelegt	☐	☐
(7) Cash-Herkunft und Cash-Verwendung stehen in einem ausgewogenen Verhältnis zueinander	☐	☐
(8) Die Umsetzung der Strategien ist vor dem Hintergrund der Möglichkeiten der Unternehmung (Zeitdauer, Finanzierung, Ergebnisperspektive) realistisch	☐	☐
(9) Interne und externe Risikofaktoren sind als Prämissen in die strategische Planung eingegangen	☐	☐
(10) Über Maßnahmen- und Aktivitätenpläne sind wichtige Etappenziele fixiert	☐	☐
(11) Das Zielsystem und die Strategiewerte bilden den Filter für operative und strategische Gegensteuerungsmaßnahmen	☐	☐
(12) Die Mittelfristplanung ist ausreichend über Schubladenpläne ergänzt	☐	☐

3. Information: Sensibilisierung für strategisches Handeln

Das operative Berichtswesen wird um strategische Komponenten ergänzt mit der Zielsetzung,

— die Informationen gemäß dem in der Planung gesetzten Planrahmen für den Soll-Ist-Vergleich aufzubereiten,
— die Entscheidungsträger für strategisches Handeln zu sensibilisieren und
— strategisches Controlling mit der Zielsetzung der strategischen Unternehmenssteuerung zu ermöglichen.

Für den Aufbau des strategischen Plan-Ist-Vergleichs gelten die gleichen Regeln wie im operativen Bereich:

— empfängerorientierte Aufbereitung,
— Konzentration auf die wesentlichen Informationen,
— Nutzung als Einstieg für aktive Gegensteuerungsmaßnahmen,
— keine permanenten Änderungen.

Die Erweiterung des operativen Berichtswesens umfaßt folgende Teile:

(1) Mittelfristplanung Gesamtunternehmen

Die Einbeziehung der Mittelfristplanung bedeutet den Übergang zu einem rollierenden Forecast. Die laufende Hochrechnung in der Jahresbetrachtung wird auf die Erreichung der mittelfristigen Plandaten überprüfbar.

(2) Produkt-Markt-Strategien

Über die Umsetzung der Produkt-Markt-Strategien als Schlüsselaufgaben der strategischen Planung sollte monatliche Transparenz herrschen. Dazu kann nachfolgender Berichtsaufbau verwendet werden:

	Monat			Jahres-plan	Jahresvorschau				Abw. zu Jahres-plan	
	Plan	Ist	Abw. abs. | %		Plan kum.	Ist kum.	Erwar-tung	Vor-schau	abs. | %	
Marktwachstum Marktvolumen Marktanteil Distribution										
Bruttoumsatz Erlösschmälerungen										
Nettoumsatz Grenzkosten										
Deckungsbeitrag 1 zurechenbare Verkaufs-, Prod.- und Logistikkosten										
Deckungsbeitrag 2 Strategische Kosten										
Deckungsbeitrag 3 Ausgaben für materielle Investitionen										
Cash-Beitrag										

(3) Funktionsstrategien

Die Funktionsstrategien umfassen im Berichtswesen

— die Projektkosten, die mit der Umsetzung der Projekte entstehen (laufende Kosten, Einmalkosten),

— Informationen über den qualitativen Projektfortschritt, die den Reifezustand und den Terminfortschritt bei der Umsetzung von Projekten und Maßnahmen dokumentieren.

Während die Projektkosten weitgehend quantifizierbar sind, handelt es sich bei der Meldung über den Projektfortschritt wieder um qualitative Informationen, die ähnlich erfaßt werden können wie die internen und externen Risikofaktoren.

(4) Prämissen, interne und externe Risikofaktoren

Prämissen der strategischen Pläne als kritische Erfolgsvoraussetzungen werden zweckmäßigerweise qualitativ mit den Meßgrößen

— + : für den Fall, daß sich für dieses Kriterium die tatsächliche Entwicklung so gestaltet, wie bei der Erstellung der strategischen Planung angenommen wurde,

— ./. : falls die tatsächliche Entwicklung abweichend von den bei der Erstellung der strategischen Planung gemachten Annahmen verläuft,

erfaßt.

Die Prüfung der Prämissen anhand dieser Meßgrößen innerhalb eines Jahres zeigt nachfolgender Berichtsteil:

	J	F	M	A	M	J	J	A	S	O	N	D
1. Externe Risikofaktoren												
- Konkurrenzentwicklung	+	+	+									
- Abnehmersituation	+	+	/									
- staatliche Rahmenbedingungen	+	+	+									
- Sozio-ökonomische Trends	+	+	+									
- technologische Entwicklungen	+	+	/									
- Marktentwicklung												
- Rohstoffversorgungen												
2. Interne Risikofaktoren												
- Sortimentsbereinigung	+	+	·									
- Abschluß Kostensenkungsprogramm	/	/	+									
- Umstellung Steuerungssysteme	/	/	+									
- Aufbau Beschaffungsmarketing	/	/	/									

(5) Erfolgssignale / Etappenziele

Erfolgssignale können in standardisierter Form nicht im Berichtswesen einbezogen werden. Über sie ist ad hoc zu berichten entsprechend der Informationsempfängerpyramide. Etappenziele lassen sich standardisiert wie die Prämissen in das Informationssystem einbeziehen.

Für die Berichtszyklen gelten folgende Regeln:
— Das operative Berichtswesen läuft weiterhin in den gleichen Zeitrhythmen (monatlicher Plan-Ist-Vergleich) ab.
— Strategische Komponenten, die operativ soweit detailliert sind, daß sie eine operative Gegensteuerung ermöglichen, werden ebenso monatlich in den Plan-Ist-Vergleich einbezogen.
— Strategische Faktoren, für die längere Gegensteuerungszyklen erforderlich sind, werden zwar monatlich in das Berichtswesen übernommen, die Gegensteuerungsmaßnahmen setzen aber nicht zu den festgelegten Zeitzyklen ein.

4. Analyse/Kontrolle: Verzahnung operativ-strategisch

4.1 Analysefelder

Die Analyse und Kontrolle strategischer Pläne hat sicherzustellen, daß die Verzahnung zwischen operativem Geschäft und strategischen Zielsetzungen erreicht wird. Dabei ist die Analyse strategischer Komponenten die Ergänzung zum operativen Analyse- und Kontrollinstrumentarium des Controllers. Aus dem Wechselspiel zwischen operativen und strategischen Abweichungen sind die im Sinne der strategischen Zielsetzungen entsprechenden Gegensteuerungsmaßnahmen zu ergreifen.

Im Gegensatz zum operativen Analyse-Instrumentarium, das sich schwerpunktmäßig auf quantifizierbare Größen bezieht, treten mit der strategischen Analyse mehr externe qualitative Analyse-Komponenten in den Vordergrund. Diese Analyse-Aufgaben verlangen viel Übung und Beurteilungsvermögen. Grundsätzlich gilt:
— die operative Analyse hat weiterhin ihren Stellenwert mit der Einschränkung, daß
— Abeichungen bei strategischen Zielen und darauf aufbauende Gegensteuerungsmaßnahmen Vorrang vor operativen Abweichungen besitzen.

Aus diesem Zwang zum strategischen Gegensteuern resultiert eine noch stärkere Anwendung von Strukturabweichungen und die Ergänzung der Analyse um das Feed-forward.

4.2 Exceptions

Ebenso wie für die operative Analyse und Kontrolle sind auch für strategische Analysen und Gegensteuerungsmaßnahmen hierarchische Zuständigkeiten erforderlich. Insofern tritt neben die operativen Zuständigkeiten ein System von strategischen Zuständigkeiten, das entsprechend der kritischen Bedeutung für die zukünftige Unternehmensstrategie die Zuständigkeiten auf die einzelnen Unternehmensbereiche fixiert:

	GL	Funktions-bereiche	Projekt-verantwortl.	Controlling
Interne und externe Risikofaktoren	X			X
Produkt-Markt-Strategie	X	X		X
Funktions-Strategien	X	X		X
Projekte/Maßnahmen			X	X

Das Controlling hat die Aufgabe, die einzelnen Abweichungen zu kommentieren und zu analysieren und sich mit den entsprechenden Verantwortlichen in Verbindung zu setzen. Hierin besteht kein Unterschied zu dem operativen System der Abweichungs- und Zuständigkeitsanalyse.

Die Zuständigkeiten der Geschäftsleitung betreffen in jedem Falle Abweichungen im Bereich der internen und externen Risikofaktoren, Abweichungen von der Produkt-Markt-Strategie und Abweichungen bei den Funktions-Strategien. Während Abweichungen bei der Produkt-Markt-Strategie und bei den Funktions-Strategien — sofern diese eine kritische, unternehmensindividuelle Grenze nicht überschreiten — zusammen mit den zuständigen Funktions-Bereichen und dem Controlling gelöst werden, lösen gravierende Abweichungen in diesen Bereichen, ebenso wie im Bereich der internen und externen Risikofaktoren, eine Überarbeitung der strategischen Planung aus. In diesem Falle geht die Zuständigkeit wieder auf das strategische Planungsteam, dem ohnehin die Funktionsbereiche und die Geschäftsleitung angehören, über. Projekte und Maßnahmen werden am sinnvollsten vom Controlling und dem Projektverantwortlichen auf Gegensteuerungsmaßnahmen zu prüfen sein.

Der Übergang der Zuständigkeit für die Einleitung von Gegensteuerungsmaßnahmen von der Geschäftsleitung und den Funktionsbereichen in den strategischen Planungskreis bedeutet nicht, daß damit die Verantwortung der Geschäftsführung aufgehoben ist. Vielmehr können bei nicht gravierenden Abweichungen von der Geschäftsleitung und dem betreffenden Funktionsbereich die erforderlichen Gegensteuerungsmaßnahmen eingeleitet werden, wohingegen bei gravierenden Abweichungen alle Funktionsbereiche in den Planungsprozeß wieder mit einbezogen werden müssen.

4.3 Analyse-/Kontrollzyklen

Für die Analyse und Kontrolle strategischer Pläne empfehlen sich folgende Zyklen:

(1) Die laufende monatliche Überprüfung der wesentlichen Bestandteile der strategischen Planung ist durch das Berichtswesen sichergestellt.
    Damit ist jedem Entscheidungsträger die Möglichkeit gegeben, aus seiner Sicht die Entwicklung der wesentlichen strategischen Eckwerte zu analysieren.

(2) Zur Sensibilisierung der Entscheidungsträger, zur Erhöhung ihrer Identifikation mit den strategischen Plänen und um zu verhindern, daß operative Entscheidungen allein das Geschäft bestimmen, empfiehlt sich zumindest monatlich nach Vorliegen des Plan-Ist-Vergleichs eine Diskussion der wichtigsten strategischen Eckwerte auf Basis des Plan-Ist-Vergleichs durch die Geschäftsleitung und die Team-Mitglieder in einer gemeinsamen Sitzung. Zu diesem Zweck reicht eine Sitzung von vier Stunden aus, in der neben der Analyse des Plan-Ist-Vergleichs auch qualitative Momente, die von den Teilnehmern erlebt worden sind oder die ihnen verbal zugeleitet wurden, eingebracht werden können. Hierdurch nimmt das strategische Gedankengut auch im Tagesgeschäft den erforderlichen Raum ein und dokumentiert die Bedeutung der strategischen Planung.

(3) Vor Beginn des Planungsprozesses für die Jahresplanung ist es ratsam, jährlich das strategische Konzept zu überprüfen. Hierzu tritt der gleiche Teilnehmerkreis zusammen, der die strategische Planung des Vorjahres erstellt hat. Als Einstieg ist es vorteilhaft, anhand der nachfolgend wiedergegebenen Checklist das bisherige strategische Konzept zu überprüfen und den veränderten Anforderungen anzupassen.

(4) Sofern sich zwischen den jährlichen Kontrollzyklen Abweichungen bei wesentlichen Eckwerten des strategischen Konzeptes zeigen, die die bisher gefahrene Strategie infrage stellen, sollte sofort eine ad-hoc-Prüfung des Gesamtkonzeptes erfolgen. In diesem Falle gilt die alte strategische Planung nicht mehr und muß bezüglich der Faktoren, die Änderungen hervorrufen, neu erarbeitet werden.

Checklist: Überprüfung der strategischen Planung

		Ja	Nein
(1)	Wurde in der vergangenen Periode entsprechend dem Unternehmensleitbild gehandelt?	☐	☐
(2)	Ist eine Erweiterung oder stärkere Einengung des Leitbildes erforderlich?	☐	☐
(3)	Müssen die mittelfristigen Unternehmensziele unter Berücksichtigung des abgelaufenen Geschäftsjahres revidiert werden?	☐	☐
(4)	Haben sich im Bereich der Produkt-Markt-Strategien Abweichungen ergeben, die für die positive Umsetzung des strategischen Konzeptes entscheidende Bedeutung haben?	☐	☐
(5)	Kann die Konzentrations-/Diversifikationsstrategie noch beibehalten werden?	☐	☐
(6)	Führen Abweichungen bei den wesentlichen internen und externen Risikofaktoren zu einer grundlegenden Änderung der Strategie?	☐	☐
(7)	Konnten die Funktions-Strategien und die daran gekoppelten Projekte und Maßnahmen umgesetzt werden?	☐	☐

Ja Nein

(8) Erfolgte die Erreichung der operativen Ein-Jahres-Ziele strategiekonform, d. h. ohne Beeinträchtigung der strategischen
Position?   □   □
(9) Wurde die Durchdringung der Tagesarbeit mit den strategischen Gedanken und Zielen erreicht?   □   □
(10) Haben wir unsere Wettbewerber und das externe Unterneh-
mens-Umfeld richtig eingeschätzt?   □   □

5. Steuerung: Operative Gewinnsteuerung und nachhaltige Potentialsteuerung

Die strategische Unternehmenssteuerung mit der Priorität strategischer Ziele vor kurzfristigen Handlungen wird für die meisten Unternehmen noch ein
schwieriges Feld bilden. Hierzu ist im Management eine grundlegende Um-
orientierung erforderlich, um den Konflikt „kurz-/langfristig" zu bewältigen. Es bedeutet die Abkehr vom problemlosen Tagesgeschäft zu diffizilen
strategischen Entscheidungen, die in ihrer Tragweite für die Unternehmungen grundlegende Bedeutung haben.

Vom Controlling ist mit der strategischen Planung, dem Informationssystem und der Bereitstellung des Analyse- und Kontrollinstrumentariums
der entscheidende Beitrag geleistet. Es sind für die strategische Steuerung
Filter in Form
— des Zielsystems sowie der
— Strategieeckwerte
fixiert, die die operativen kurzfristigen Ziele beherrschen. Damit reduziert
sich die Gegensteuerung auf die Beantwortung der Frage:
„Ist bei Abweichungen die Strategie zu ändern oder reichen innerhalb der
bestehenden Strategie operative Gegensteuerungsmaßnahmen aus, um die
Ziele zu erreichen?"

Literaturverzeichnis

Aghte, Klaus:	Stufenweise Fixkostendeckung im System des Direct Costing. In: Zeitschrift für Betriebswirtschaft, 29. Jg. 1959, S. 404—418
Albach, Horst:	Kritische Wachstumsschwellen in der Unternehmensentwicklung. Unveröffentlichtes Manuskript, USW 1976
Aurich, Wolfgang; Schroeder, Hans-Ulrich:	Unternehmensplanung im Konjunkturverlauf. 2. Aufl., München 1977
Baur, Walter:	Sanierungen. Wiesbaden 1978
Bramsemann, Rainer:	Controlling. Wiesbaden 1978
Bücker, Klaus:	Strategisches Management/Strategisches Controlling. In: Controller Magazin, 1979, S. 221—228
Deyhle, Albrecht:	Controller Praxis I und II. 3. Aufl., Gauting bei München 1975
Deyhle, Albrecht:	Gewinn-Management. 3. Aufl., München 1971
Dreyfack, Raymond; Seibel, Johannes J.:	Zero Base Budgeting. Das Budget als Führungsinstrument in Wirtschaft und Verwaltung. Zürich 1978
Dunst, Klaus H.:	Portfolio Management. Konzeption für die strategische Unternehmensplanung. Berlin—New York 1979
Frese, Erich:	Grundlagen der Organisation. Wiesbaden 1980
Frese, Erich:	Kontrolle und Unternehmensführung. Wiesbaden 1968
Frese, Erich:	Ziele als Führungsinstrumente. Kritische Anmerkungen zum Management by Objectives. In: Zeitschrift für Organisation, 40. Jg. 1971, S. 227—238
Gälweiler, Aloys:	Controller & strategische Planung — 10 Thesen. In: Controller Magazin, 1976, S. 174—179
Gälweiler, Aloys:	Unternehmensplanung. Frankfurt / New York 1974
Gälweiler, Aloys:	Zur Kontrolle strategischer Pläne. In: Controller Magazin, 1979, S. 209—217
Haberstock, Lothar:	Kostenrechnung I und II. Wiesbaden 1975/1974
Hauschildt, Jürgen:	Finanzvorstand, Treasurer, Controller. In: Zeitschrift für Organisation, 41. Jg. 1972, S. 167—174
Henderson, Bruce D.:	Die Erfahrungskurve in der Unternehmensstrategie. Frankfurt—New York 1974
Hinterhuber, Hans H.:	Strategische Unternehmensführung. Berlin—New York 1977
Hoffmann, Klaus:	Wie man Flop-Raten reduziert. Neue Produkte finden und erfolgreich plazieren. München 1979
Horváth, Peter:	Controlling. München 1979
Jehle, Kurt; Blazek, Alfred; Deyhle, Albrecht:	Finanz-Controlling. Gauting bei München 1976

Kilger, Wolfgang: Flexible Plankostenrechnung. 8. Aufl., Wiesbaden
                           1980
Kleinebeckel, Herbert: Break-Even-Analysen. In: Zeitschrift für betriebs-
                           wirtschaftliche Forschung, Kontaktstudium, 28.
                           Jg. 1976, S. 51—58
Kleinebeckel, Herbert: Break-Even-Analysen für Planung und Plan-Ist-
                           Berichterstattung. In: Zeitschrift für betriebswirt-
                           schaftliche Forschung, Kontaktstudium, 28. Jg.
                           1976, S. 117—124
Mann, Rudolf: Die Praxis des Controlling. München o. J.
Mann, Rudolf: Praxis strategisches Controlling mit Checklists
                           und Arbeitsformularen. München 1979
Mayer, Elmar;   Frühwarn- und Steuerungssysteme im Controlling
Pawlowski, Ernst: eines Fertigungsbetriebes. Sortimentsbereinigung
                           — Umsatzplanung — Nutzenprovision. In: Ent-
                           wicklungen und Erfahrungen aus der Praxis des
                           Controlling, hrsg. von Wolfgang Goetkze und Gün-
                           ter Sieben, Köln 1979, S. 157—206
Mayer, Elmar: Kostenrechnung I für Studium und Praxis. Baden-
                           Baden — Bad Homburg v. d. H. 1977
Neubauer, Franz-F.   Portfolio-Management. Düsseldorf 1979
Olfert, Klaus: Kostenrechnung, 4. Auflage, Ludwigshafen
                           (Rhein) 1981
Petersen, Helge B.:   Kunde als Drehpunkt. In: Manager Magazin, Heft
                           2 1978, S. 53—60
Preißler, Peter R.:   Checklist: Controlling einsetzen und gewinnbrin-
                           gend durchführen. München 1977
Schröder, Ernst F.:   Kundendeckungsbeitragsrechnung als Control-
                           ling-Instrument in der Konsumgüter-Industrie. In:
                           Entwicklungen und Erfahrungen aus der Praxis
                           des Controlling, hrsg. von Wolfgang Goetkze und
                           Günter Sieben, Köln 1979, S. 97—113
Schröder, Ernst F.:   Operationalisierung strategischer Pläne. In: Con-
                           troller Magazin, II 1982, S. 65—71
Schwab, Klaus: Chancenmanagement. Düsseldorf 1976
Simon, Herrmann: Preisstrategien für neue Produkte. Opladen 1976
Wagner, Hardy R. H.:   Management by Bottle-neck (MdB). In: Controller
                           Magazin, 1977, S. 143—148
Widmer, Hans: Strategische Unternehmensführung. Unveröffent-
                           lichtes Manuskript. Zürich 1978
Wittek, Burkhard F.:   Strategische Unternehmensführung bei Diversifi-
                           kation. Berlin—New York 1980
Ziegenbein, Klaus: Der Boston-Effekt. In: Absatzwirtschaft, Heft 12
                           1975, S. 72—75
Zünd, André: Vom Buchhalter zum Controller. In: Der Schwei-
                           zer Treuhänder, 51. Jg. 1977, Heft 10, S. 4—6

Stichwortverzeichnis

(Die Zahlen verweisen auf die Seiten)